Innovation
Distribution / Marketing strategy

地域産業の振興と地域創生

地域産業の経営革新と流通・マーケティング戦略

西田安慶 NISHIDA YASUYOSHI ／ 岡本 純 OKAMOTO JUN ／ 岩本 勇 IWAMOTO ISAMU
河田賢一 KAWADA KENICHI ／ 丸山一芳 MARUYAMA KAZUYOSHI ［編著］

千倉書房

はじめに

2014年9月に「まち・ひと・しごと創生本部」が設立され同年11月28日には「まち・ひと・しごと創生法」(通称:「地方創生法」)が公布された。背景には人口減少と地域経済の縮小という悪循環からの脱却と東京一極集中の是正という課題を解決しようとする点にある。

地方創生にあたっての諸問題の解決には多様なアプローチ、多様な資源の確認、さらには多様な価値観の認識と検討が必要となってくる。そのうえで地域ごとに、より付加価値の高い産業集積や企業・団体、商品・サービスなどを育成していかなければならない。それによって雇用の創出や地域社会の活性化、魅力向上が図られる。

本書では、その視点は多岐にわたっている。地域再生、観光産業の推進、地場産業・伝統産業の継承、ビジネスイノベーション、グローバリゼーション、SDGsなど幅広いテーマを取り上げている。

本書の各章は以上のような問題意識に立って執筆されたものであり、第Ⅰ部 ものづくり産業、第Ⅱ部 食品関連産業、第Ⅲ部 観光関連産業の三部構成となっている。その構成は次のとおりである。

第Ⅰ部 ものづくり産業

第1章(西田安慶執筆)では手すき和紙の生産で約1,300年の歴史を誇る岐阜県美濃和紙産業を取り上げる。当地では1900年代に入って機械すき和紙業界にも進出した。本美濃紙(手すき和紙)の生産技術はユネスコの無形文化遺産に登録されており、訪日観光客に向けてのプロモーションの有効性と後継者確保と育成の重要性を指摘する。また、機械すき和紙業界はSDGsの観点から存在感を高めている点を紹介する。

第2章(岩本勇執筆)では豊橋筆の生成・発展の過程を述べるとともに、その現状を分析する。豊橋筆は書道や絵画の道具として使われており、この分野のトップ・ブランドとなっている。しかしながら需要は限られており、今後どのような経営・マーケティング戦略を展開すべきかについて考察する。

第3章（水野清文執筆）では、まず奈良県広陵町における靴下産業の発展過程について述べる。その発展に伴い当地で靴下生産に関連する染色、仕上げ、ネーム、包装、かがり等の産業が興り、一種の分業形態が確立した点について言及する。かねて奈良県靴下協同組合（組合員数百数十名）は下請型産地から、消費者ニーズに応え競争力のある商品を製造し供給できる産地へ向けて改革することを提唱してきた。そのためには企業間連携が効果的であることを論述する。

第4章（中嶋嘉孝執筆）では伝統工芸品「桐生織」が新しい技術を取り入れながら継承されている現状を分析する。そのうえでマーケティングの視点に立って新しい形で発展・成長している企業の事例を紹介する。最後に技術の継承とともに若者にとって魅力ある職場づくりの必要性を指摘する。

第5章（大驛潤執筆）では近年「公（政府）」と「私（市場）」以外に「共」の領域の事業を通じて新たな仕組みづくりが行われている点を指摘する。その事例として、島根県石州瓦企業の景観問題を取り上げる。そこでは、「企業の多角化」と「競争しつつ協働」という二つのパラドックスを俎上に載せる。そのうえで、社会問題の解決スキームが創造される仕組みについて考察する。

第6章（伍翔執筆）では日本の陶磁器産業の中心地の一つとして知られる愛知県瀬戸市の「瀬戸焼」を取り上げる。

知名度の高い「瀬戸焼」ではあるが近年、市場の低迷が続いている。まず、その理由を考察する。そのうえで愛知県の陶磁器産業構造は伝統的な陶磁器から産業用陶磁器へ転換しつつある点について述べる。一方、伝統技術の継承を目指す小規模工房やクラフトメーカーも多く存在している。瀬戸市（行政）は、それらに対して積極的な支援を行っている点を明らかにするとともに、当産地が今後とるべき流通・マーケティング戦略を論述する。

第Ⅱ部　食品関連産業

第7章（岡本純執筆）では豆味噌製造業の伝統と革新について論述する。豆味噌の中でも八丁味噌は昔からの製法で愛知県岡崎市の名産品として、また地場産業として定着している。本章では、まず味噌業界を取り巻く環境を分析する。そのうえで岡崎八丁味噌組合に所属する、まるや八丁味噌とカクキューの経営方針や取り組みを通して、そのマーケティング戦略を考察する。

第8章（河田賢一執筆）では、まず静岡県三ヶ日町における、みかん産業の園地開拓や機械化などの現状を述べる。そのうえで品種の絞り込みの必要性と、総合スーパーや食品スーパーなどの流通経路をどのように確保すべきかについて考察する。また、高品質のみかんの生産・出荷量を拡大・維持することにより三ヶ日みかんのブランド価値が向上した点を指摘する。

第9章（宮井浩志執筆）では山口県周防大島における柑橘農業の展開について述べる。そのうえで担い手、特に産地の量的規模の維持に重要な役割を期待される新規就業者に配慮した支援体制の重要性を指摘する。そして産官官連携による担い手支援の組織としての担い手支援センターの活動を検証する。さらに果樹専業経営を前提に新規就農希望者の育成を目的としたJA出資型農業法人の大島ファーム株式会社の活動についても紹介する。

第10章（丸山一芳執筆）では奈良県の日本酒メーカーを事例として新しい酒文化とイノベーションについて考察する。日本酒業界は、いま成人一人当たりのアルコール消費量が減少するなど厳しい経営環境下にある。そうしたなかで、その経営改革が注目されている奈良県の酒造メーカーの事例を検証する。当メーカーは経営危機に瀕して日本酒ベースの梅酒などリキュールに活路を見出し、先駆的な多角化を実施した酒蔵である。その事例を基に会社組織の改革、人事制度の改革など経営全般にわたる改革のあり方を考察する。

第11章（日向浩幸執筆）では播州（兵庫県）で手延素麺づくりが始まった理由として肥沃な農地が多く、小麦の栽培が盛んであったこととカルシウム含有量が少ない揖保川の軟水があったことを挙げる。そのうえで「揖保乃糸」の製造工程と品質管理システムについて説明する。結びとして地元、兵庫県から関東を中心に、北海道から沖縄まで全国で販売している「揖保乃糸」の流通・マーケティング戦略を考察する。

第12章（村橋剛史執筆）では岐阜県大垣市における和菓子製造業を取り上げる。大垣市は水の都といわれ、良質な地下水を利用して和菓子の製造が盛んになったといわれている。日本で最も古い菓子組合である大垣菓子業同盟会は和菓子だけでなく、他の製造業者や菓子問屋など約60社が加盟しプロモーション活動を行っている。本章では同会の加盟店３社の販売促進や運営体制などを検証する。

第Ⅲ部　観光関連産業

第 13 章（梅田勝利、西田安慶執筆）では山口県下関市における「観光まちづくり」を検証する。当市は 1996（平成 8）年に「観光都市宣言」を行い、2012（平成 24）年には改めて「観光交流都市 下関」を宣言した。そして、ハード・ソフトの両面から観光まちづくりを進めている。ハード面では 2001（平成 13）年、市立水族館「海響館」と新「唐戸市場」が開設され、翌年にはシーサイドモール「カモンワーフ」がオープンした。ソフト面では官民一体となって「しものせき観光キャンペーン委員会」を設立し、大型キャンペーンを実施している。本章では活発に行われている当市の「観光まちづくり」の活動を紹介する。

第 14 章（池口功晃執筆）では大分県中津市において鱧料理を提供する、ある料亭の伝統と革新について述べる。鱧料理を取り上げた理由は中津地区では全魚種漁獲量のうち鱧が１割程度を占め、中津の料亭や飲食店では鱧料理が中心メニューになっているからである。まず当料亭の、製品サービスの開発と広報活動について検証する。そのうえで、マーケティング・ミックスの重要性を指摘する。

第 15 章（川﨑友加執筆）では国内外から年間約 1,000 万人が訪れる国際観光都市・日光市で行われているブランド戦略に焦点を当てて当観光地の現状を分析する。そのうえで菓子などを製造する３社の事例を基に日光ブランドの戦略をどう展開すべきかを考察する。

以上のとおり地域によって異なるさまざまな地域創生策を分析し、今後の方向性を考察した。その目指すものは第一に国民一人ひとりが潤いのある豊かな生活を安心して営める地域社会の形成であり、第二に地域社会を担う多様な人材の確保であり、第三に地域における魅力ある多様な就業の機会の創出である。

本書は日本企業経営学会と日本産業経済学会で地域産業の研究に取り組む 15 名の会員の執筆によるものである。地域産業とそれに関連する中小企業の成功要因を分析し、他の地域で援用するヒントを提供している。自治体や各種団体で、この分野を担当する方々の手引書となるとともに、大学での授業用、サブテキストとして長く活用されることを意図して本書を企画した。

おわりに本書の出版をご快諾いただきました千倉書房取締役 川口理恵氏と編集の労を大いに煩わせてしまった編集担当 山田昭氏に厚くお礼申し上げる。また執筆にあたりインタビューや資料提供に快く応じてくださった方々に、この場を借りて感謝の意を表したい。

2023年12月吉日

編著者　西田 安慶

地域産業の経営革新と流通・マーケティング戦略

地域産業の振興と地域創生

目次

目　　次

はじめに…………………………………………………………………………………… i

第Ⅰ部　ものづくり産業

第1章　美濃和紙産業の伝統継承と流通・マーケティング戦略…………………西田 安慶 … 3

第1節　和紙の里・美濃市
―和紙産業の歴史と考察の視点― ……………………………… 3
1．美濃市の概要／3
2．美濃和紙の歴史／4
3．考察の視点／5

第2節　本美濃の生産と用途
―国無形文化財指定とユネスコ無形文化財登録― …………… 6
1．本美濃紙の生産／6
2．本美濃紙の生産者／6
3．本美濃紙の用途／7
4．重要無形文化財「本美濃紙」／7
5．ユネスコの無形文化遺産に登録／8

第3節　岐阜県紙業連合会
―美濃手すき和紙と機械すき和紙― ……………………………… 10
1．特殊な紙類等を製造する企業（9社）―機械すき和紙―／10
2．各種紙類を加工製造する企業（32社）―機械すき和紙―／11
3．岐阜県家庭紙工業組合（5社）―機械すき和紙―／11
4．美濃手すき和紙協同組合（16工房）／12

第4節　美濃機械すき和紙業界の市場規模 …………………………… 14

第5節　美濃機械すき和紙企業の新たな取り組み
—大福製紙株式会社および丸重製紙企業組合の事例—………… 15
1．大福製紙株式会社（美濃市前野）／15
2．丸重製紙企業組合（美濃市御手洗）／16

第6節　美濃和紙関連の主な観光施設・テーマパーク …………… 17
1．美濃和紙の里会館（市営）／17
2．旧今井家住宅・美濃史料館／18
3．美濃和紙あかりアート館／18
4．ワラビーランド（里山テーマパーク）／18

第7節　現状分析と今後の展望 ……………………………………… 19
1．現状分析／19
2．今後の展望／20

第2章　愛知県豊橋市における筆産業の経営・マーケティング戦略………………… 岩本 勇 … 25

第1節　豊橋市の概要 ………………………………………………… 25
1．豊橋市の沿革／25
2．豊橋市の位置／26
3．産業の概要／26
4．工業の概況／26

第2節　伝統工芸品　豊橋筆 ………………………………………… 27
1．毛筆の歴史／27
2．わが国の筆の流通／27
3．豊橋筆の由来／28
4．豊橋筆の特徴／29

第3節　豊橋筆の製造工程 ………………………………………… 30

第４節　豊橋筆振興協同組合の現状 ……………………………… 33
1．組合の概要／33
2．直面する課題／33
3．豊橋筆「高誠堂」の経営／33

第５節　筆工房と伝統工芸士の現状とマーケティング戦略 ……… 34
1．筆の里 嵩山工房の開設／34
2．筆工房の現状／34
3．工房の労働事情／35
4．筆職人を目指した事情／35
5．豊橋筆の技術承継／36
6．動物愛護の環境変化／37
7．新商品開発の取り組み／37

第６節　豊橋市における筆産業の将来展望 ………………………… 38
1．豊橋筆の価値の確認とブランドの再構築／39
2．新商品の開発／39
3．新市場の開拓／40
4．自社ブランドの開発／40
5．残存者利益の確保／40
6．撤退・転業／40

第３章　奈良県広陵町靴下産業の伝統と企業間連携
……………………………………………… 水野 清文 … 45

第１節　広陵町の靴下産業の変遷 ………………………………… 45

第２節　靴下の製造工程と企業関係 ……………………………… 49

第３節　靴下産業の発展に向けた企業間連携 …………………… 50

第4章 桐生織の継承と発展
…………………………………… 中嶋 嘉孝 … 63

第1節 伝統的工芸品とは …………………………………… 63
1．伝統的工芸品の定義／63
2．伝統的工芸品の現状／64

第2節 織物の町 桐生の成り立ち ………………………… 65
1．桐生と織物の歴史／65
2．桐生織の現状と派生産業／67

第3節 桐生織の継承 ……………………………………… 69
1．日本遺産の指定と技術を学ぶ仕組み／69
2．産官学によるバックアップ体制／70

第4節 桐生織からの発展事例 ユニマーク ……………… 71
1．ユニマークの沿革／71
2．マーケティング論から分析／76

結びに代えて ……………………………………………… 77

第5章 社会企業家と社会問題解決
—島根県「石州瓦」企業のイノベーション—
…………………………………………… 大驛 潤 … 81

第1節 公・共・私型社会における地域マネジメント ………… 81
1．経営の多角化理論／82
2．多角化の意味とメリット／83

第2節 先行研究と亀谷窯業 ……………………………… 84
1．先行研究と「社会問題起源」の事業／84
2．社会企業家と亀谷窯業の衰退／86
3．亀谷窯業の多角化Ⅰ：社会的使命に基づく
「本業メインの多角化」／88

4．亀谷窯業の多角化Ⅱ：コミュニティの形成／89

第３節　「共」領域におけるエコシステム………………………………… 91

1．従来の多角化とどこが違うのか／91

2．エコシステム参加者に共通の認識と正統性の確保／93

3．「協働」から「コレクティブ・インパクト」へ／94

結びに代えて ………………………………………………………………… 97

1．理論的インプリケーション／97

第６章　愛知県瀬戸陶磁器産地の経営実態と流通・マーケティング戦略……………………伍　翔 … 103

第１節　研究の背景と目的・産地の概要 ………………………… 103

1．日本における陶磁器産地／103

2．瀬戸陶磁器生産の歴史／105

3．瀬戸焼のグラフトマンシップ／106

4．研究の背景と目的／106

第２節　瀬戸陶磁器産地の経営実態 ……………………………… 107

1．窯業・土石事業所数および従業員数／107

2．主な陶磁器製造業事業所数および従業員数／109

3．陶磁器生産の市場動向／109

第３節　瀬戸陶磁器産地における流通・マーケティング戦略 … 111

1．会社沿革／111

2．会社概要／112

3．株式会社アイトーにおける流通・マーケティング戦略の分析／113

第４節　今後の課題と展望 ………………………………………… 115

1．今後の課題／115

2．瀬戸市の政策支援・取り組み／115

3．瀬戸陶磁器産業の流通・マーケティング戦略に対する展望／116

第Ⅱ部　食品関連産業

第７章　豆味噌製造業の伝統と革新 ―八丁味噌を通して―
……………………………………………岡本 純 … 121

第１節　味噌の製品特性と動向 …………………………………… 121
１．味噌とは／ 121
２．味噌の種類と特徴／ 122

第２節　味噌業界を取り巻く環境 ………………………………… 123
１．味噌の生産や消費／ 123
２．味噌業界のマーケットシェア／ 124
３．味噌の販売経路／ 126
４．味噌の海外輸出／ 127

第３節　八丁味噌の伝統と革新 …………………………………… 130
１．八丁味噌の歴史／ 130
２．八丁味噌の特性／ 131
３．八丁味噌の製造工程／ 132
４．八丁みそを巡る地理的表示制度の問題／ 133
５．八丁味噌のマーケティング／ 135

第８章　みかん産地三ヶ日の戦略
…………………………………………… 河田 賢一 … 141

第１節　日本のみかん産業 ………………………………………… 141

第２節　静岡県と三ヶ日町のみかん産業 ………………………… 145
１．静岡県のみかん産業／ 145
２．三ヶ日町のみかん産業／ 146

第３節　みかん産地三ヶ日の戦略 ………………………………… 147

1．みかん園地開拓と機械化／147
2．三ヶ日みかんのキャラクター「ミカちゃん」／147
3．高品質みかんブランド「ミカエース」／148
4．三ヶ日町柑橘出荷組合／148
5．地の利／149
6．他農産物との競合が少ない／149
7．スーパーマーケットとの取引／150
8．品種の絞り込み／151
9．農地銀行／151
10．機能性表示食品／152
11．AI 選果場／152
12．物流 2024 年問題／153

まとめと今後の課題 …………………………………………… 153
1．まとめ／153
2．今後の課題／154

第9章　柑橘農業における流通・マーケティングと新規就農促進
—山口県周防大島「山口大島みかん」の事例から—
……………………………………… 宮井 浩志 … 159

第1節　柑橘農業の歴史と現状 ………………………………… 159
1．柑橘農業の生成と展開／159
2．柑橘農業の現状と課題／160

第2節　周防大島における柑橘農業の展開と山口大島みかんの流通・マーケティング…………………… 162
1．周防大島における柑橘農業の展開／162
2．山口大島みかんの流通・マーケティング／163

第３節　周防大島における柑橘農業の新規就農促進
―行政による移住促進とJAによる
就農指導の連携に着目して― …………………………… 168
１．周防大島町における農業の担い手支援の政策的位置付け／168
２．官民協働による担い手支援の組織体制／168
３．農業研修の仕組み／170
４．園地流動化の取り組みと農地銀行／170
５．労力補完／172

第４節　JA出資型農業法人周防大島ファーム株式会社による
就農促進の取り組み …………………………………… 173
１．JA出資型農業法人設置の背景／173
２．周防大島における就農支援とその成果／174
３．周防大島ファームでの研修の状況／177

課題と展望 ……………………………………………………… 178

**第10章　奈良県の日本酒メーカーによる新しい酒文化と
イノベーション―梅乃宿酒造の事例分析―
……………………………………… 丸山 一芳 … 181**

第１節　日本酒メーカーの経営環境と梅乃宿酒造の概要 ……… 181
１．産業としての日本酒をめぐる環境の変化／181
２．梅乃宿酒造の概要／183

第２節　OEM生産から自社ブランド構築への改革 …………… 184
１．３代目の桶売りと４代目社長吉田暁氏の就任／184
２．OEM生産からの脱却を目指し吟醸酒造りへ／185
３．正社員の増加と設備投資による費用の増加／186

第３節　日本酒ベースのリキュールへの参入 ………………… 187
１．梅酒などのリキュールへの参入／187
２．リキュール販売への葛藤と克服／188

3. あらごし梅酒の開発／189

第4節　父から娘への事業承継 …………………………………… 191

1. 5代目吉田佳代氏の入社と事業承継宣言／191

2. 事業承継と5代目社長佳代氏の就任／192

3. 古参幹部との関係構築と「新しい酒文化を創造する蔵」／193

第5節　個人商店から株式会社のマネジメントへ ……………… 194

1. 組織人事制度改革／194

2. 杜氏制度の廃止による製造改革／195

3. 海外輸出と新蔵建設・ECによる顧客接点改革／196

4. 新しい酒蔵経営文化の創造／198

まとめと考察 ……………………………………………………… 199

1. 事例のまとめ／199

2. 知識経営論からの考察／201

第11章　播州手延素麺「揖保乃糸」の伝統と革新 …………………………………………… 日向 浩幸 … 205

第1節　手延素麺の起源 ………………………………………… 205

第2節　兵庫県手延素麺協同組合 ……………………………… 208

第3節　「揖保乃糸」の全社的品質管理………………………… 209

第4節　「揖保乃糸」の製造工程………………………………… 211

第5節　「揖保乃糸」のマーケティング・流通戦略……………… 216

1.「揖保乃糸」の販売促進／216

2. 新たな価値の創出による需要開拓／218

3.「揖保乃糸」の戦略的海外展開／219

第12章 岐阜県大垣市における和菓子製造の伝統と革新……………………… 村橋 剛史 … 223

第1節 日本の和菓子業界の動向 …………………………… 223

第2節 岐阜県の和菓子業界、大垣の和菓子業界 ……………… 225
1．岐阜県の和菓子の状況／225
2．大垣菓子業同盟会／226

第3節 金蝶園総本家（株式会社金蝶園総本家） ……………………… 227
1．沿革と営業体制／227
2．金蝶園饅頭と水まんじゅう／227
3．その他の商品／228
4．販売促進と運営体制／229

第4節 つちや（株式会社槌谷） ………………………………… 229
1．沿革／229
2．販売と製造／230
3．柿加工品／230
4．洋菓子／230
5．その他の商品、広告宣伝／231
6．最近の動向／232

第5節 柏屋つちや ………………………………………… 232
1．事業立ち上げの経緯／232
2．商品／233
3．販路と広告宣伝／233

第6節 田中屋せんべい総本家 ……………………………… 234
1．沿革と営業体制／234
2．商品／234
3．本和菓衆、ワカタクと和菓子の革新／235
4．田の中屋／236

第７節　みやこ屋 …………………………………………………… 237
　１．沿革と経営方針／237
　２．商品構成／237
　３．生産体制と販売体制／238

第８節　餅惣（もちそう）………………………………………………… 238
　１．沿革と現在の営業体制／238
　２．商品構成／239
　３．今後の方針／240

第９節　大垣市の和菓子業者の特色と今後の展望 ……………… 240

第Ⅲ部　観光地関連産業

第13章　山口県下関市における観光まちづくり
……………………… 梅田 勝利・西田 安慶 … 245

第１節　海峡と歴史のまち下関市 ………………………………… 245

第２節　「観光都市」への転機……………………………………… 246
　１．ハード面の充実／246
　２．「観光交流都市下関市」の宣言／247
　３．JR 西日本による大型キャンペーン／247
　４．NHK 大河ドラマ「武蔵 MUSASHI」／248

第３節　日本の観光動向 ……………………………………………… 248
　１．日本の観光の動向／248
　２．訪日旅行の状況／249

第４節　下関市の観光客数と宿泊客数（2022 年） ………………… 249
　１．観光客数／249
　２．宿泊客数／250

3．観光客数と宿泊客数の推移／ 251

第５節　下関市の代表的な観光関連施設 ………………………… 252
1．関門の台所「唐戸市場」／ 252
2．下関市立しものせき水族館　海響館／ 253
3．カモンワーフ／ 254
4．春帆楼／ 256

第６節　観光産業振興に向けて ……………………………… 259
1．観光産業振興の意義／ 259
2．下関市の観光施策／ 259

第14章　大分県中津市における料亭の伝統と経営革新
―日本料理・筑紫亭を事例に―
……………………………… 池口 功晃 … 263

第１節　中津市の地誌 ………………………………………… 263

第２節　「日本料理 筑紫亭」とは …………………………… 266
1．筑紫亭の歴史／ 266
2．鱧料理と南蛮菓子／ 267

第３節　料亭の伝統と経営革新 ……………………………… 269
1．筑紫亭の理念と伝統／ 269
2．マーケティング・ミックスと経営革新／ 270

まとめと考察 ………………………………………………… 273

第15章　栃木県日光市の観光地マーケティング戦略
—日光ブランドによる地域活性化—
……………………………………… 川﨑 友加 … 277

第1節　日光市の概要 …………………………………………… 277

第2節　避暑地としての発展と観光の現状 ……………………… 278
1．避暑地としての発展／278
2．観光政策／279
3．観光の現状／279

第3節　日光市のブランド戦略 ………………………………… 281
1．日光市のブランド戦略プランのはじまり／281
2．新たな日光ブランド戦略プラン／282
3．CHOCOTTO NIKKO によるプロモーション／283

第4節　個別企業からみた日光ブランド戦略 …………………… 284
1．株式会社金谷ホテルベーカリー／284
2．虎彦製菓株式会社／286
3．株式会社永井園／288

第5節　観光地のブランド戦略と今後の課題 …………………… 290
1．観光地のブランド戦略の現況／290
2．今後の課題／291

主要索引……………………………………………………………… 295

第 I 部

ものづくり産業

第 1 章

美濃和紙産業の伝統継承と流通・マーケティング戦略

東海学園大学　西田　安慶

第1節　和紙の里・美濃市
—和紙産業の歴史と考察の視点—

1．美濃市の概要

美濃市は日本の中央に位置し、天下の名川・長良川や緑濃い山々など豊かな自然に恵まれている。このまちが栄えた背景には良質の原料と清流の恩恵により根付いた和紙産業がある。

中心市街地には、その和紙を扱い、財を成した商人たちが築いた伝統的な建造物が多く残っている。江戸時代から明治・大正時代の歴史的建造物が立ち並ぶ「うだつ[1]の上がる町並み（重要伝統的建造物群保存地区）」がある。また、美濃和紙の文化と産業を展示する「和紙の里会館」もある。当市には年間を通じて多くの観光客が訪れている。なお、毎年開催される美濃和紙あかりアート展[2]は「美濃和紙」と「うだつの上がる町並み」のコラボレーションとして数多くの独創的な明かりの作品が展示され、幻想的な世界が醸し出される。

当市の成り立ちについて述べておきたい[3]。1600（慶長5）年、関ヶ原合戦の功により徳川家康から当地を拝領した金森長近（かなもりながちか）は長良川河畔に小倉山城を築城した。1606（慶長11）年頃に現在の町割は完成した。この頃、金森長近は長良川に上有知湊（こうずちみなと）を開き経済の発展を目指した。

1911（明治 44）年、上有知（こうず）町は美濃紙にちなんで「美濃町」に改名した。1954（昭和 29）年 4 月 1 日には武儀郡美濃町、洲原村、下牧村、上牧村、大矢田村、藍見村、中有知村の 1 町 6 村が合併して美濃市となった。和紙産業で栄えた当市は現在、東海北陸自動車道と東海環状自動車道の結節点として、市の玄関口である美濃インター周辺は区画整理や大型店舗の進出で変貌しつつある。住民基本台帳によると 2023（令和 5）年 7 月末現在の当市の人口は 8,205 世帯、1 万 9,369 人である。

2．美濃和紙の歴史

美濃和紙の歴史[4)]は古く、奈良時代には写経用の紙は美濃の紙が使われていたと伝えられている。奈良の正倉院には 702（大宝 2）年、美濃国ですかれた戸籍用紙が筑前、豊前の紙とともに所蔵されている。このことからも、美濃和紙は 1300 年以上の歴史があると考えられる。当時においても、美濃の紙は繊維が整然と絡み合い技術的にも優れていた。

平安時代に入ると紙の普及により品質の高い美濃和紙の需要が増加した。京都の貴族や僧侶たちの手紙などに、その名がたびたび現れることからも美濃和紙に対する評価の高さがうかがえる。

江戸時代には高級障子紙として評判となり、江戸幕府に障子紙を納め幕府の手厚い保護を受けた。また、提灯やうちわなどの工芸品にも用いられるようになった。

明治の旧戸籍関連の政府通達では戸籍用紙は美濃紙を用いることとなった。1873（明治 6）年のウィーン万博、1876（明治 9）年のフィラデルフィア万博にも美濃和紙が出品された。

第二次世界大戦後は生活様式の変化、洋紙や機械すき和紙の台頭により手すき和紙の職人は激減した。しかし、その技術は脈々と受け継がれている。現在では伝統的な製法により製造されている紙のほかにも模様をつけた美術紙、工芸紙も製造され、伝統的技術を受け継ぎながらも新しい製品を生み出し続けている。

1985（昭和 60）年、美濃和紙（美濃手すき和紙）は国から伝統的工芸品[5)]に指定された。それ以前の 1969（昭和 44）年に本美濃紙は国の重要無形文化財に指定されている。その本美濃紙の手すき和紙技術は 2014（平成 26）年、ユネスコ（国際連合教育科学文化機関）の無形文化遺産に指定された。脈々と受け継がれてきた伝統の技が世界的に評価されたものである。美濃和紙の魅力は柔らかみのある繊細な風合いを持ちながら強靭で耐久性があり薄く斑がないことである。その品質の高さから古文書、絵画、掛け軸など国宝級の文化財の修復に活用されている。また、京都の迎賓館の障子や照明器具にも採用されている。海外でも高い評価を得ている。イギリスの大英博物館やフランスのルーブル美術館、アメリカのスミソニアン博物館などでも絵画の修復に使用されている。

美濃和紙はその品質を国内外に正しく伝え認知度をさらに高めるために品質基準を厳しく設定し、その基準をクリアした製品のみブランドマークを使用することになっている。美濃和紙の正しい価値を世界に知らしめるべく世界標準の美濃和紙ブランドを目指している。

3．考察の視点

前述のように「美濃手すき和紙」の生産は輝かしい歴史を刻み今日に至っている。しかしながら、最盛期には約 4,000 軒で生産されていたといわれているが、今では 16 工房で生産されているに過ぎない。また、国の重要文化財に指定されるとともにユネスコの無形文化遺産に登録された「本美濃紙（ほんみのし）」の生産に携わる職人は僅か 7 名である。したがって、美濃手すき和紙の伝統をいかに継承していくかが課題となっていると考えられる。そこで、本章はまず「本美濃紙」と「美濃手すき和紙」の生産の現状を明らかにしたい。そのうえで、美濃手すき和紙の生産地の課題について考察する。

次に、日本の和紙産業の中心地である美濃地域に集積して活動している機械すき和紙（美濃和紙）企業の現状を明らかにしたい。本業界は技術革新が著しく、消費者ニーズに応える新商品の開発を行っている。また、SDGs に貢献すべく新たな原材料の活用にも取り組んでいる。これらの点を踏まえて今後の展望を考察したい。

第2節　本美濃の生産と用途
―国無形文化財指定とユネスコ無形文化財登録―

1．本美濃紙の生産

本美濃紙は長い年月により培われた職人の技術と最高級の材料によって製造されている[6]。茨城県産の大子那須楮（白波）のみを原料とし、それを丁寧に処理している。本美濃紙特有の美しい色沢、地合いを出せるのは高品質な楮と丁寧な原料処理があってこそ、である。楮の白波を湧水や地下水に数日間浸したあと自然漂白させるとともに不純物を取り除く。その後、煮熟し柔らかくなった楮のちりや傷を丁寧に取り除いていく。この楮の繊維をさらにほぐすために木槌やビーターを使って叩解をする。これだけの工程を経て紙をすく準備ができる。

すき槽に、ほぐした楮とトロロアオイの根から抽出した粘液である「ねべし」を混ぜて、まんべんなく分散させ本美濃紙特有の縦揺りに、ゆったりとした横揺りを加え繊維を複雑に絡み合わせる。すきあがった紙を紙床板（しきづめ）に敷いた布の上に重ね、そのまま一晩置く。圧力をかけながらゆっくりと水分を抜き脱水後、栃の一枚板に専用の刷毛を使って貼り付け天日で乾燥させる。日光で乾燥させることにより紙が自然漂白され本美濃紙の上品な地合いが生まれる。天日乾燥なので晴天の時のみに干し、日の位置を見ながら干し板を移動させていく。出来上がった紙は一枚ずつ日に透かしながら厚さや色合いにより選別し、傷やちりの多い紙は取り除かれる。原料から和紙になるまでには約10日程度が必要で、原料となる白波一束（15 kg）からできる和紙の枚数は約330枚（6.6 kg）であり、これだけの工程を、ほぼ一人の職人がこなす。職人が手間と時間、経験に裏打ちされた技術で製造した本美濃紙は紙本来の美しさ、強さを兼ね備えた高品質紙である。

2．本美濃紙の生産者

明治から大正にかけて製造戸数が約4,000戸になった時もあった。しかし、高度成長とともに伝統的な和紙を生産する工房（事業所）は減少していった。それ

表1－1　本美濃紙の生産者と製作作品

保存会会員名	所在地	製作作品
澤村　正	美濃市蕨生 752-3	本美濃紙、薄美濃紙 京間書院紙　ほか
鈴木　竹久	美濃市蕨生 1806	本美濃紙、薄美濃紙 和紙小物　ほか
鈴木　豊美	美濃市蕨生 1806	本美濃紙、薄美濃紙　ほか
加納　武	美濃市保木脇 385-5	本美濃紙、薄美濃紙 粕入り紙　ほか
石原　英和	美濃市上野 416	本美濃紙、薄美濃紙 もみ紙、染紙　ほか
家田　美奈子	美濃市千畝町 2710-23　（小島方）	本美濃紙、薄美濃紙 キラ引き　ほか
倉田　真	美濃市蕨生 2175-2	本美濃紙、薄美濃紙 雁皮紙、極薄紙　ほか

出典：資料「本美濃紙」岐阜県美濃市発行を基に筆者作成。

を危惧した地元の有志が本美濃紙の伝統技術を絶やさず継承していくことを目指して1960（昭和35）年に本美濃紙在来書院保存会を結成し、1969（昭和44）年に本美濃紙保存会に改名した。現在、7名（**表1－1**）が本美濃紙の生産技術を保持し、伝承を図っている。

3．本美濃紙の用途

職人が手間と時間をかけて製造した本美濃紙の薄口（薄美濃紙）は薄くて丈夫である。そのため、絵画の修復には欠かすことのできないものとなっている。また、文化財修理用紙や高級障子紙としても使われている。大英博物館では修理用に本美濃紙が使われており、本美濃紙初代会長の故古田行三氏がすいた和紙が保存されている。日本だけでなく世界中で使われている。

4．重要無形文化財「本美濃紙」[7)]

「本美濃紙」は1969（昭和44）年4月15日、国の重要無形文化財に指定された。指定要件は次のとおりである。

(1) 名称　本美濃紙
(2) 区分　重要無形文化財
(3) 保持団体　本美濃紙保存会
(4) 芸術工芸区分　工芸技術
(5) 種別　手漉和紙（てすきわし）
(6) 認定区分　保持団体認定
(7) 指定年月日　1969（昭和44）年4月15日
(8) 指定要件　一　原料はこうぞのみであること
二　伝統的な製法と製紙用具によること
1　白皮作業を行い、煮熟（しゃじゅく）には草木灰またはソーダ灰を使用すること
2　薬品漂白を行わず、填料（てんりょう）を紙料に添加しないこと
3　叩解（こうかい）は、手打ちまたはこれに準じた方法で行うこと
4　抄造（しょうぞう）は、「ねり」のとろろあおいを用い、「かぎつけ」または「そぎつけ」の竹簀による流漉きであること
三　伝統的な本美濃紙の色沢（しきたく）、地合い等の特質を保持すること

本美濃紙は指定された要件を満たしたもので、美濃手すき和紙全製品のうち1割ほどである。長良川の支流・板取川を流れる質の良い水、最高級の茨城県産大子那須楮、道具は木曽ヒノキと硬い真鍮のすき桁、竹ひごをそぎつけしたすき簀などを使っているすき方は縦揺りに横揺りを加えた複雑な方法で繊維を整然と組み合わせている。

5．ユネスコの無形文化遺産に登録

本美濃紙は石州半紙、細川紙とともに2014（平成26）年に、その手漉和紙技術がユネスコの無形文化遺産に登録された[8)]。その内容は次のとおりである。

(1) 名称

和紙：日本の手漉和紙技術

(2) 定義

原料に「楮」のみを用いる等、伝統的な製法による手漉和紙の製作技術

(3) 構成

国指定重要無形文化財「手漉和紙」（保持団体認定）により構成

名称	保持団体	関係自治体
石州半紙	石州半紙技術者会	島根県浜田市
本美濃紙	本美濃紙保存会	岐阜県美濃市
細川紙	細川紙技術者協会	埼玉県小川町、東秩父村

(4) 3紙の特徴

紙の原料は楮、三椏（みつまた）、雁皮（がんぴ）等、さまざまな種類があるが、3紙の共通点として「楮」のみを使用する。楮を原料とした紙はほかの原料を使用した紙と比べて丈夫であることが特徴であり、耐久性が求められる用途に使用される。すき方においても「流しすき」が共通点であるが、各産地により縦揺りにゆったりとした横揺りを加え繊維を絡み合わせるものや、前後に調子をとって繊維を絡み合わせるものがある。すいた紙は板干しにより乾燥させ、選別に合格したものが完成品となる。この3紙は薬品による漂白を行わないことから、最初は生成りだが紫外線により徐々に白くなっていく。

(5) 3紙の主な用途

①石州半紙：帳簿用紙（江戸時代）、書画用紙（現代）

甘皮（あまかわ）を残し白皮とともに使用しており、微細で強靭で光沢のある紙である。

②本美濃紙：高級障子紙（江戸時代、現代）、文化財保存修復用紙（現代）

白くて上品、柔らかく丈夫な紙は陽の光に透かしたときの優雅な地合いの紙である。

③細川紙：大福帳（江戸時代）、版画用紙（現代）

楮の白皮のみを使用することで地合いがしまり、剛直で雅味に富んだ紙である。

第３節　岐阜県紙業連合会
―美濃手すき和紙と機械すき和紙―

岐阜県紙業連合会の会員事業所は、その発祥を約1300年の伝統を誇る「美濃和紙」を基礎として、日本の和紙産業の中心地である美濃地域に集積して活動している。技術革新が著しい機械すき和紙、機械付与対応の加工紙、環境調和型産業の再生紙家庭紙、伝統的地場産業の手すき和紙と幅広い分野で活動している企業集団である。それぞれが消費ニーズに応え新商品開発や品質保持につとめている。なお、岐阜県紙業連合会は特殊な紙類等を製造する企業９社、各種紙類を加工製造する企業32社、岐阜県家庭紙工業会５社、美濃手すき和紙協同組合16工房と賛助会員４社で組織している[9)]。

１．特殊な紙類等を製造する企業（9社）―機械すき和紙―

９社は美濃の伝統的抄紙技術をベースに新技術、新素材をプラスしてさまざまな和紙、高度な機能紙を生産している。なお、特殊紙とは一般家庭用紙ではないものをいう。例えば、マスキングテープ用原紙、両面粘着用テープ原紙、和紙糸などである。

(1)　原料

木材パルプ、マニラ麻、合成繊維など

(2)　特殊紙による主な商品

①和風ファンシー（小倉紙、金和紙など）
②機能紙（麻典具帖紙、春雨紙など）
③伝統的需要紙（薄鳥の子紙、傘紙原紙など）
④家庭用紙Ⅰ（油こし紙、油取紙など）
⑤機能紙（マニラ紙、仙貨紙など）
⑥加工用紙（麻紙、提灯原紙など）
⑦建築用紙（難燃紙、ビニロン紙など）
⑧情報文化用紙（封筒用紙など）
⑨包装用紙（高級奉書紙、レーヨン紙など）

⑩ファンシーペーパー（マーメイド、アングルカラーなど）

⑪家庭用紙Ⅱ（ナプキン、おしぼり原紙など）

２．各種紙類を加工製造する企業（32社）―機械すき和紙―

32社では伝統技術とハイテク技術を駆使、融合させながら新しい機能分野に挑戦し加工紙を生産している。それは豊かな暮らしと調和のとれた社会を創造するためである。なお、加工紙とは特殊紙に樹脂などを含侵（がんしん）および塗布したものをいう。

(1) 原料

アクリル系樹脂、ゴム系樹脂が主原料として使われている。

(2) 機械すき和紙の生産工程

機械すき和紙は短網抄紙機（たんあみしょうしき）、丸網抄紙機（まるあみしょうしき）などといった機械を使用して手すきに近い和紙をすくことができる。美濃手すき和紙の特徴である縦揺りに横揺りを加えたすき方も可能となっている。

工程は原料の投入に始まり粘材入れ、すき、脱水、乾燥、巻取りまで機械による流れ作業で行われる。短時間で大量に生産されるためコストパフォーマンスに優れている。また、美濃機械すき和紙は安全性やエコロジーにも配慮している。

伝統を守りながらも高度な機能やデザイン性を持った和紙、さまざまな機能を持った機能紙、特殊紙まで市場のニーズに合った和紙を開発、生産している。薄くて強いという美濃和紙の特徴にハイテク技術が融合された紙の持つ無限の可能性に挑戦している。

(3) 主な商品

薬包紙、卓上テープ、サージカルテープ、テーブルマット、マスキングテープ、ラッピングペーパー、ハンドタオルなど

３．岐阜県家庭紙工業組合（5社）―機械すき和紙―

当組合の加盟企業は「地球環境を守り資源を大切に」をテーマに活動している。古紙100％の再生紙トイレットペーパーや新聞紙、コピー用紙など家庭用紙を生産している。生産しているのは５社である。

4．美濃手すき和紙協同組合（16工房）

当協同組合加盟の16工房は美濃和紙の源流を守り、新しい風を取り入れながら「美濃手すき和紙」を生産している。1985（昭和60）年には経済産業大臣指定の伝統工芸品「美濃手すき和紙」となった。

次に、美濃手すき和紙の製造工程、生産者および伝統工芸品指定について述べたい。

(1) 手すき和紙の製造工程

①原料

和紙の原料である楮・三椏・雁皮等は樹皮を剥ぎ、乾燥させて保存する。

②川晒し・水晒し

清流や水槽に数日間浸し、自然漂白させるとともに不純物を取り除く。

③紙煮・煮熟

草木灰やソーダ灰を溶かした湯の中で白皮を軟らかくなるまで煮熟。

④紙しぼり・ちり取り

川屋と呼ばれる清らかな水の流れる所で丁寧に不純物を取り除いていく。

⑤紙打ち・叩解

槌や機械を使って一本ずつの繊維にほぐす。

⑥紙すき1：すき舟に水を張り繊維を混ぜ合わせる。

紙すき2：すき方は縦揺りにゆったりと横揺りを加えるのが特徴である。

⑦紙干し

脱水後、栃の一枚板に貼り付け天日で乾燥させる。日光によって紙が自然漂白される。

⑧選別　紙こしらえ・裁断

厚さだけでなく、紙の色合いや地合いによって厳密に分類される。

(2) 手すき和紙の生産者と製作商品

手すき和紙の生産者は本美濃紙保存会会員6名を含む16名である。その製作商品は表1-2のとおりである。

表1-2　手すき和紙の生産者と製作商品

会員名	所在地	製作商品
家田　美奈子	美濃市千畝町	のし袋（赤・白）、さんかくしおり、みのふくのかみ、のし袋（帯）、ぽち袋、Washi 犬
石原　英和	美濃市上野	書院紙、白楮紙、典具帖紙、もみ紙（白）、もみ紙セット（5枚入）、葉書セット（5枚入）
市原　俊美	美濃市中央	落水紙（春雨、花麻、市松、青海波、七宝、菊唐草）、金箔入り和紙、笹入り和紙、紅葉入り和紙、大すじ入り和紙
市原　智子	美濃市蕨生	マーブル紙、染紙美濃判、雲龍紙、色雲龍紙大判、色雲龍紙半切、わしの花
松尾　友紀	美濃市蕨生	美濃書院紙、楮紙 薄口、かすみ、落ち穂、薄柳、揉み紙、楮・三椏混合紙、名刺用紙、葉書、ご朱印帳、トートバッグ、真田紐かけふくろ、レターセット、MINOGAMI CRAFT、小粕紙、琥珀糖紙
高橋　まゆみ	美濃市松栄町	書院紙（美濃楮）、美濃楮紙（厚口）、雲龍紙（美濃楮）、もみ紙（美濃楮）、ちり入り紙（美濃楮）、ちり入り紙（大子那須楮）
倉田　真	美濃市蕨生	雁皮紙、本美濃紙（耳付京間判）、薄美濃紙
加納　武	美濃市保木脇	楮紙、粕入・白、粕入・黒、下漉紙、薄美濃紙
澤村　正	美濃市蕨生	在来書院紙、在来書院紙（四ッ折）、在来書院紙（巻紙）、本美濃紙 和帳、本美濃紙 和帳（特装品）
城　尚子	美濃市上野	楮紙、染め紙、もみ紙
藤田　淳子	美濃市片知	染紙典具半切、染紙厚口半切、一枚漉き名刺（箱入り100枚）、扇面紙・円面紙、長方形面紙、封筒長、便箋、はがき生成、巻書簡紙、一枚漉き色紙、短冊植物入り
保木　美保	美濃加茂市蜂屋町	透かし文様紙（麻の葉、京格子、唐草、雪の結晶、よろけ縞、市松30（2層）、矢羽、水玉10）、しおり
浦部　喜代子	美濃市蕨生	宇陀簀、半切、薄美濃紙 極薄、美濃こうぞ紙甘皮入り、宇陀簀ちり入り、奉書判ちり入り、奉書判、薄美濃紙 薄口、薄美濃紙 中口
鈴木　竹久	美濃市蕨生	和紙の折花、和紙の“はたき”、朱印帳（20枚）、福寿扇（桐箱）、朱印帳（47枚）、福寿扇（PP袋）、美濃和帳（100枚）、書簡箋セット（便箋20枚・封筒10枚）、一筆箋、美濃紙名刺（薄美濃6枚合せ・110枚）
柳川　杏美	美濃市極楽寺	美濃楮紙、小判厚紙（美濃楮ちり入り）、小判厚紙（大子那須楮ちり入り）、小判厚紙（美濃楮・三椏）、絵葉書、便箋、水玉紙、美濃楮紙・金箔
千田　崇統	美濃市蕨生	草木染め和紙 藍、草木染め和紙 黄檗、草木染め和紙 茜、みそぶた紙、麻炭入り和紙、マコモ和紙、檜入和紙、落水紙（UDATHU、渦巻、花麻、群時雨、縦丁子、胎動、NAGARE、七宝）

出典：「美濃手すき和紙協同組合会員名簿」と“Mino Tesuki-washi”（美濃手すき和紙協同組合商品カタログ）を基に筆者作成。

第４節　美濃機械すき和紙業界の市場規模

岐阜県紙産業の品目別出荷額（表１－３）を基に美濃機械すき和紙業界の市場

表１－３　岐阜県紙産業の品目別出荷額

（2021 年 1 月から 2021 年 12 月まで）

品　目　名	出　荷	出　荷	出荷高
	数量単位	数　量	百万円
特殊印刷用紙	t	10,645	2,804
情報用紙	t	43,835	7,479
さらし包装紙	t	60,394	8,941
衛生用紙	t	43,602	8,523
雑種紙	t	31,421	8,692
中しん原紙（段ボール原紙）	t	263,056	14,910
浸透加工紙、積層加工紙以外の加工紙			8,980
段ボール（シート）	千m²	120,173	9,825
壁紙、ふすま紙			883
事務用書式類、事務用紙袋以外の事務用、学用紙製品			23
祝儀用品、写真用紙製品、その他の日用紙製品以外の紙製品			7,093
段ボール箱			34,712
印刷箱			8,364
簡易箱			363
貼箱			2,463
その他の紙器			6,618
セロファン以外の紙製衛生用品			32,852
紙管			1,937
他に分類されないパルプ・紙・紙加工品			4,416
パルプ・紙・紙加工品製造業			207,706
合　　計			377,584

注１：個人経営を含まない集計結果である。

注２：産出事業所数が２事業所以内のときは出荷額は非公表となる。

出典：経済産業省「経済構造実態調査 2022 年」を基に筆者作成。

規模を推定することとしたい。美濃市を主たる産地とする品目は次の7品目である。

1. 特殊印刷紙	出荷数量	10,645トン	出荷額	28億	400万円
2. 情報用紙	出荷	43,835トン	出荷額	74億	7,900万円
3. 衛生用紙	出荷	43,602トン	出荷額	85億	2,300万円
4. 雑種紙	出荷数量	31,421トン	出荷額	86億	9,200万円
5. 段ボール（シート）	出荷数量	120,173千㎡	出荷額	98億	2,500万円
6. 壁紙・ふすま紙			出荷額	8億	8,300万円
7. セロファン以外の紙製衛生用品			出荷額	328億	5,200万円

なお、手すき和紙業界についてはデータの公表はない。個人経営は調査対象となっていないことと産出事業所数が2事業所以内のときは出荷額が非公表となっているからである。

第5節　美濃機械すき和紙企業の新たな取り組み
―大福製紙株式会社および丸重製紙企業組合の事例―

1．大福製紙株式会社（美濃市前野）

(1) 会社概要

当社は1934（昭和9）年、謄写版原紙メーカーとして設立された。「優れた製品を作り、社会に貢献する」という基本理念の下で活動している。美濃和紙の「均一で、美しく、強い」という伝統技術継承に努めている。それに加えて、技術革新を進めて特殊紙の可能性を追求している。そして現在、マスキングテープや両面粘着用原紙を主力に、電気・電子材料、住宅・建材、医療など工業資材や和紙糸によるタオル・靴下・衣服まで、さまざまな分野の製品に向けての原紙生産を行っている。また、日本各地の農業残渣（ざんさ）や製品加工の際に生じる副産物のパウダーを含有させた糸や生地の開発を進めている。新商品の開発は松久永助紙店（和紙の卸店）の協力を得て行っている。資本金5,400万円、従業員数約100人、年間売上高は約 33 億円である。

(2) 新しい取り組み

当社は現在、培ってきた製紙、撚糸（ねんし）技術を用いて沖縄県で廃棄処分されるバガス（サトウキビの搾りかす）をジーンズの原材料の一部として使う取り組みに参画している。

沖縄では年間約 20 万トンのバガスが出て、燃料や飼料として利用されるもの以外は廃棄されている。そうしたバガスをデニム生地として有効活用するプロジェクトが沖縄で発足した。当社は 1939（昭和 14）年から着物の帯に使う金銀糸用の原紙を製造しているほか、現在も靴下やセーターの生地になる紙糸を手掛けており、豊富な実績があることが評価されプロジェクトへの参加を要請された。

バガスを用いた和紙糸を商品化するために品質や機能性、強度などを試行錯誤し、1 年半をかけて開発した。粉末状に加工したバガスとマニラ麻パルプなどを混ぜて、まず和紙を製造するが、バガス粉末の細かさや配合率は長年培った当社のノウハウそのものである。

和紙を幅 4 ミリに細くして撚（よ）りをかけ撚糸にする。それを広島県に送り染色された別の生地と編まれてジーンズが完成する。和紙糸は生地の 40 %に使われている。

2017（平成 29）年 4 月に開発したジーンズは沖縄県内で売られているほか、電子商取引（EC）サイトで全国展開している。当社は 2017 年 4 月から 2022（令和 4）年 12 月の間に 1.5 トンのバガスを再利用して約 2.4 トンの和紙を生産した。このことは当社の技術が SDGs に貢献していることを意味している。

2．丸重製紙企業組合（美濃市御手洗）

(1) 企業組合[10] の概要

当企業組合は 1951（昭和 26）年、謄写版原紙（ガリ版原紙）やタイプライター原紙のメーカーとして設立された。その後、業務用の懐紙、提灯の原紙、和傘の紙など工業用の和紙というよりも伝統文化に関係する和紙を多く製造してきた。現在は、茶道用懐紙原紙のトップメーカーである。特に透かし懐紙の原紙のシェアは断トツのナンバーワンで美濃和紙の懐紙ブランド「KAI」を展開している。また、共同出資により、まちづくり会社「みのまちや株式会社」を開業し地域の観光産業の振興を図るとともに、うだつの上がる町並みにある同施設内で直営和紙専門店 Washi-nary を運営している。

①企業使命：美濃と和紙を元気にする会社

②企業理念：社員が元気に働ける会社

③経営理念：天人の気と繋がる会社

当企業組合の設立は 1951（昭和 26）年、資本金 1,000 万円、社員数 9 人、年間売上高は約 1 億円である。

(2) 新しい取り組み

当企業組合は日本たばこ産業（JT）の岐阜支社と葉たばこ原料を調達する西日本原料本部（熊本県合志市）との協業で不要となった葉たばこの幹をリサイクルし和紙製品にする取り組みを 2022（令和 4）年秋に行った。

葉たばこの幹の部分は残幹と呼ばれるほどで、収穫後には堆肥の製造に使うなど農家にとってさまざまな処理方法がある。なかには二酸化炭素を排出してしまう焼却処分の場合もあり、リサイクル率を高められるような新たな活用策が求められてきた。

この取り組みに使われる葉たばこの幹は国内有数の産地、熊本県で収穫したものの一部で、乾燥後の重量は 23.5 kg である。丸重製紙は持ち込まれた幹を再利用して和紙を製作し、A4 サイズのファイルとカレンダーを製作した。

葉たばこの幹で紙製品を作るのは国内初である。生産過程における環境保全への意識が高まるなか、幹のアップサイクルに新たな道をつけることとなった。

第 6 節　美濃和紙関連の主な観光施設・テーマパーク

1．美濃和紙の里会館（市営）

かつて和紙づくりが盛んであった牧谷地区で板取川に沿って端正な姿を見せるのが「美濃和紙の里会館」である。和紙について学び、紙すきの体験もできる参加体験型のテーマパークである。気軽に体験できるワークショップや常設展、企画展、手すき和紙をはじめとする和紙製品の売店などを備えている。第 1 展示室では、美濃和紙の歴史や製造工程、紙すきに使う道具などを紹介している。ユネスコ無形文化遺産に登録された本美濃紙をはじめとして全国各地の和紙を展示している。第2展示室では和室と洋室の生活空間の中で和紙をどのように使うかを具体的に提案している。しつらえには岐阜県産材や飛騨家具、美濃焼を使い、和紙との融合を図っている。

2．旧今井家住宅・美濃史料館

今井家は最も古い、うだつ軒飾りの形式を残している。当家は江戸末期から1941（昭和16）年頃まで庄屋（納税や役所の事務）を務めてきた和紙問屋である。家の東と西で様式が異なることから江戸中期に建てられ明治初期に増築されたといわれている。間取りは市内最大規模で、奥の6室が他よりも一段高くなった上段造りとなっているのが特徴である。琴窟（きんくつ）が響く情緒のある中庭の水琴窟（すいきんくつ）は江戸時代の文政年間に考案されたものといわれている。底に小さな穴をあけた瓶（かめ）を庭に逆さにして埋め込んだものである。茶室の入り口や手洗いなどの地下に風流な仕掛けで穴から落ちた水が瓶の中で反響し、琴のような涼やかな音が聴こえる。

また、美濃市の古い歴史・文化・建築物に関する史料を展示している。ほかに、うだつについて学べる「うだつ蔵」、郷土芸能である美濃流し仁輪加を紹介する「にわか蔵」も見学できる。

3．美濃和紙あかりアート館

幻想的な展示空間が広がる秋の風物詩「美濃和紙あかりアート展」が毎年、約2か月間にわたり美濃市中心部のうだつの上がる町並みで開かれる。そして、町並みが和紙を通した光で浮かび上がる。あかりアート館はこのイベントを再現しており、いつでもあかりアートを観賞できる。

建物は、1941（昭和16）年頃に美濃産業会館として建てられたものである。切妻造りの木造総二階建のスレート葺きで、美濃市の現存する中では最大の近代木造建築物である。水平線を強調した外観意匠に特徴があり、昭和初期の姿を今に残す貴重な建造物として国の登録有形文化財に指定されている。

4．ワラビーランド（里山テーマパーク）

美濃市蕨生の美濃手すき和紙職人、千田崇統さん[11]が2021（令和3）年、工房の隣の築60年を超える古民家を手に入れ、農林漁業体験施設（農泊）の開設を計画した。紙すきが盛んな蕨生地区でも紙をすく家は数えるほどになり、人口も年々減少し、空き家も目立つようになった。このような蕨生地区を盛り上げるためである。

「ワラビーランド」は里山テーマパークであり、改修した古民家が農泊の滞在拠点となる。最大9人まで宿泊ができる。和紙の手すきや楮の栽培、収穫など和紙にまみれて自然と交わる体験を提供する。運営会社は合同会社 warabee（共同代表：千田崇統、小笠原寛）である。当施設は2023（令和5）年6月にオープンした。

第7節　現状分析と今後の展望

1．現状分析

(1) 手すき和紙業界

まず、手すき和紙業界の現状について述べる。岐阜県紙業連合会加盟の美濃手すき和紙協同組合の会員となっている和紙職人は16名であるが年々減少の傾向にある。本会員による製作商品は伝統工芸品に指定されている。製作商品は美濃書院紙、紅葉入り和紙、雲龍紙（美濃楮）、雁皮紙などさまざまである。

本美濃市保存会に所属する和紙職人は7名である。本会員による製作作品は国の無形文化財に指定されるとともに、ユネスコの無形文化遺産に登録されている。本美濃紙は大子那須楮のみを使い、指定された道具、製法ですいた独自の風合いを持つ紙を指している。製作作品の本美濃紙は高級障子紙や文化財修復用紙として使われている。また、本保存会は本美濃紙を製作することができる職人を育てるために研修会を開いている。研修会に参加し選考委員会で認定されると本美濃紙の職人となることができる。

(2) 機械すき和紙業界

機械すき和紙業界は岐阜県紙業連合会に加盟している特殊な紙類等を製造する企業（9社）、各種紙類を加工製造する企業（32社）、岐阜県家庭紙工業組合（5社）からなっている。

特殊な紙類等を製造する企業の９社は機能紙（マニラ紙、仙貨紙（せんかし）など）や建築用紙、情報文化用紙、包装用紙などの製造を行っている。伝統的抄紙技術をベースに新技術、新素材をプラスして生産している。

各種紙類を加工製造する企業32社は美濃和紙起き上り人形「和紙ころころ」、お祝い飾り金封「鯛」、美濃和紙ハンドタオルなどを生産している。高度な機能やデザイン性をもち、市場のニーズに合った和紙を開発、生産している。

岐阜県家庭紙工業組合所属の５社は古紙100％の再生トイレットペーパーやちり紙を生産している。また、新聞紙、コピー用紙にも古紙を一部活用している。当組合は「地球環境を守り資源を大切に」をモットーとしている。

２．今後の展望

(1) 美濃手すき和紙業界

次の二点により業界の活性化を図りたい。

①訪日客（インバウンド）の誘致

ユネスコの無形文化遺産に登録されている「和紙：日本の手漉和紙技術」を観光資源として活用したい。

政府観光庁が2023（令和5）年７月19日に発表した推計によると、2023（令和5）年６月の訪日客数は207万3,300人であった。同年１月から６月まで（上半期）の累計は1,071万２千人で、新型コロナウィルス禍による激減を経て４年ぶりに１千万人を突破した。年間では２千万人を超えるペースで折り返し点を通過した。これらの訪日客は近年、地方の文化・産業や人々の生活に関心を寄せる傾向にあるといわれている。そこで、今こそ美濃市をアピールするプロモーション活動を行うべきだと考える。

東京五輪・パラリンピック（2021年夏開催）の賞状は透かし入りの美濃手すき和紙であった。これはニュースにもなり美濃手すき和紙の知名度を高めるのに役立った。また、世界遺産・美濃和紙をアピールする観光施設・テーマパークも多い。今後、いっそう美濃手すき和紙の知名度を高め美濃市へ訪日客を招き入れたい。

②手すき和紙職人の発掘と育成

美濃手すき和紙は伝統工芸品に指定されており、その生産に携わる和紙職人は

16名である。また、国重要文化財とユネスコの無形文化遺産に登録されている「本美濃紙」を生産する和紙職人は７名である。ここで問題となるのは美濃手すき和紙職人が年々減少の傾向にある点である。そこで、いかに本業界に人材を呼び込み担い手を育成していくかが問題である。

和紙の里会館や里山テーマパークなどで手すき和紙づくりを体験した人の中から手すき和紙職人を志す人を発掘したいものである。

(2)　美濃機械すき和紙業界

機械すき和紙業界は「地球環境を守り資源を大切にする」ことをテーマとして次のとおり活動している。

本業界は古紙100％のトイレットペーパーやちり紙を製造したり、破棄や焼却されるものを原料として活用している。それによって原料を低価格で調達できて営業利益の増大に寄与している。また、SDGsにもかなった活動となっている。

世界の潮流はSDGs（持続可能な17の開発目標）を「環境、経済、社会」の三つの領域で2030年までに達成しようと国連で決議されている。日本も国を挙げて地方自治体や商工会議所などの構成企業ベースで積極的に目標に取り組んでいる。

美濃機械すき和紙業界は前述の目標に呼応してSDGsを実践している。この動きは住みよい社会の実現に貢献するものであり存在感を高めるものとなっている。

前述のSDGsの実践と和紙や和紙糸利用の新商品の開発によって美濃機械すき和紙業界の明るい未来を展望することができる。

謝辞

本章の執筆にあたっては次の方々から貴重な情報をいただいた。記して感謝の意を表したい。

市原英樹氏（美濃手すき和紙協同組合事務局長）
梅村成稀氏（美濃市産業振興部美濃和紙推進課 美濃和紙の里会館）
荻康彦氏（大福製紙株式会社顧問）
辻晃一氏（丸重製紙企業組合理事長）
影山徹也氏（日本たばこ産業株式会社岐阜支社長）
藤田英仁氏（日本たばこ産業株式会社岐阜支社課長）
千田崇統氏（合同会社 warabee 共同代表）
小笠原寛氏（合同会社 warabee 共同代表）
松久恭子氏（株式会社松久永助紙店取締役）
小野寺彩夏氏（株式会社松久永助紙店企画・営業担当）

●注

1）卯建（うだつ）とは、屋根の両端にある防火壁のことをいう。火事が多かった江戸時代、せっかく築いた町を守るため類焼を防ぐ工夫として設けられた。しかし、この「うだつ」を上げるためには、いっぱしの店を構えなければならなかった。

2）美濃市は、美濃和紙の生産地であり「うだつの上がらない」の語源である「うだつ」を数多く残す町並みとしても知られている。美濃和紙あかりアート展は「美濃和紙」と「うだつの上がる町並み」を融合し、1994年から開催されているイベントである。1300年の伝統を誇る、あかりのオブジェを全国公募し作品を「うだつの上がる町並み」に展示する。

令和5年開催の第30回美濃和紙あかりアート展は第一部として10月8日（日）から21日（土）まで、今年の応募作品（一般部門、小中学生部門）の展示が行われる。第二部として歴代の入賞作品を10月22日（日）から11月30日（土）まで展示する。毎年、期間は変わらないが日程は若干、変更される。

3）岐阜県美濃市のホームページ　https://www.city.mino.gifu.jp/

4）岐阜市歴史博物館（1987），pp. 16-23。

5）伝統工芸品とは以下のものをいう。(1) 生活に豊かさと潤いを与える工芸品、(2) 機械により大量生産されたものではなく、製品の持ち味に大きく影響を与えるような部分が職人の手作りによって作られているもの、(3) 100年以上前から今日まで続いている伝統的な技術や技法で作られたもの、(4) 品質の維持や持ち味を出すために主要な部分が100年以上前から今日まで伝統的に使用されてきた材料でできているもの、(5) 一定の地域において、ある程度の規模を形成して作られてきたもの

6）ユネスコ無形文化遺産登録手漉和紙連携推進実行委員会（2014），pp. 5-6。

7）同上書（2014），p. 3。

8）同上書（2014），pp. 1-2。

9）岐阜県紙業連合会のホームページ　http://www.chuokai-gifu.or.jp/kamiren/

10）企業組合は勤労者その他、個人が共同して事業を起こし出資し労働し運営する非営利型の相互扶助組織であり、中小企業等協同組合法（昭和24年法律第181号）第3条第4号に規定されている。企業組合は「中小企業等協同組合」の一種であり法人である。

11）千田崇統（たかのり）（40）岐阜県各務原市出身。青山学院大学卒業後ファッションや音楽に興味があってロンドンへ留学。帰国後しばらくして「水がきれいな場所に住みたい」と美濃市に移住。アルバイトとして美濃和紙会館で紙すき体験を指導。紙すき工房の後継者を探していた職人から声をかけられ弟子入りした。その後、工房を受け継ぎ職人として腕を磨いてきた。畑では和紙の原料になるコウゾの栽培にも取り組む。

【参考文献・資料】

加藤和也（2019）「パルプ・紙・紙加工品　令和元年度」，岐阜県産業経済振興センター。

岐阜県美濃市“MINO—TRAVEL GUIDBOOK—”，岐阜県美濃市。

岐阜市歴史博物館（1987）『企画展　美濃の和紙』，岐阜市歴史博物館。

澤村守編（1983）『美濃紙—その歴史と展開—』，同和製紙株式会社。
牧瀬稔（2021）『地域づくりのヒント：地域創生を進めるためのガイドブック』，学校法人先端教育機構社会情報大学院大学出版部。
美濃手すき和紙協同組合『美濃手すき和紙』，美濃手すき和紙協同組合事務局。
美濃手すき和紙協同組合 “MINO Tesuki-washi”（美濃手すき和紙商品紹介カタログ），美濃手すき和紙協同組合事務局。
美濃和紙ブランド価値向上研究会編（2017）『美濃和紙ブランドブック 美濃和紙』，岐阜県，美濃市，美濃和紙ブランド協同組合。
美濃和紙ブランド価値向上研究会編（2020）『かみのつくりびと』，美濃和紙ブランド価値向上研究会事務局（岐阜県）。
森義一（1946）『岐阜県手漉紙沿革史』，岐阜県手漉紙製造統制組合。
ユネスコ無形文化遺産登録手漉和紙連携推進実行委員会（2014）『ユネスコ無形文化遺産　和紙：日本の手漉和紙技術』，岐阜県美濃市。

第 2 章

愛知県豊橋市における筆産業の経営・マーケティング戦略

豊橋創造大学　岩本　勇

第1節　豊橋市の概要

1．豊橋市の沿革

この地方は、古くは穂国（ほのくに）と呼ばれていたが、大化の改新の頃、三河国に統合され、鎌倉時代には今橋といわれるようになった。その後、1505（永正2）年に牧野古白（まきのこはく）が今橋城を築いてから、政治的・軍事的要地として戦国武将の攻防が繰り返され、今川義元の支配する吉田と改称され、江戸時代には譜代大名9家22代にわたる城下町として、また東海道五十三次34番目の宿場町として当代交通の要衝であった。

1869（明治2）年に吉田は豊橋と改称され、1889（明治22）年に町制施行を経て、1906（明治39）年8月1日、県下で2番目に市制を施行し、人口3万7,635人の豊橋市が誕生した。戦前は、糸の町あるいは軍都として発展し、特に蚕糸業は本市の代表的な産業であり、豊橋の象徴でもあった。1945（昭和20）年の空襲で市街地の90％を焼失したが、終戦後には戦災復興事業、都市計画事業の推進により都市整備が行われ、公園・街路樹などの緑豊かな都市として生まれ変わり、太平洋ベルト地帯の中間に位置する恵まれた地理的条件のもと、工業整備特別地域、農業経済圏などの指定に基づく開発、整備とともに、三河港も国際貿易港として整備が進み、自動車輸入が台数、金額とも全国一となるなど、全国有数の自動車貿易港としてめざましい発展を遂げている。なお、現在の人口は、2023（令和5）年10月1日現在、36万8,996人となっている。

2．豊橋市の位置

豊橋市は愛知県の東南端に位置し、東は静岡県、北は豊川市・新城市と接し、南は太平洋、西は三河湾に面し、温暖な気候に恵まれている。また、東西大経済圏のほぼ中央に位置しており、東京駅および大阪駅から2時間以内の行動圏域にあり、ハイウェイ・ネットワークでも東西大経済圏から4時間圏域に包含されるなど、陸海交通の要衝をなしており、恵まれた立地条件にある。

3．産業の概要

産業面では、大葉、キャベツ、トマト、豚、乳用牛などをはじめとした農畜産物の生産が盛んで、農業産出額は全国有数である。

製造品出荷額等は約1兆3,853億円（2019（令和元）年工業統計調査）であり、輸送機器やプラスチック、電気機器や食料品など多種多様な製品を製造している。また、三河港は国内屈指の国際貿易港として名をはせ自動車の輸入額においては全国1位で、多くの外資系企業が進出する国際物流拠点として重要な役割を果たしている。

小売業・卸売業の年間商品販売額は約1兆899億円（2016（平成28）年経済センサス活動調査）となっており、多様性に富んだ産業構造となっている。

4．工業の概況

古くは、当地方の産業の中心であった農業から発生した「吉田煙草」に代表される煙草製造業、「吉田鎌」などの鍛冶業、醸造業、蚕糸業、金物製造業、水産加工業などが主産業であり、巻煙草・刻煙草、味噌・醤油・酒類、生糸、魚肉練製品、金物類が主要な産品であった。戦前の工業は、明治以来の繊維工業で、木材・木製品工業と、昭和10年代ごろから急速に発展した食品加工業、機械器具工業などを中心に発展してきた。戦後の工業化は、広大な旧軍用地への工場誘致と、港湾建設を核とした総合的な工業開発であった。1954（昭和29）年には豊橋市工場設置奨励条例を制定し積極的な工場誘致を図り、昭和30年代には二川地区を中心とした内陸部への企業進出がなされた。一方、1964（昭和39）年には工業整備特別地域の指定を受けるとともに、三河港が重要港湾に指定されたことを契機として臨海工業用地の整備などを行い、段階的に成長を遂げてきた。その後、昭和40年代後半のオイルショックなどの経済情勢の変化や産業構造の移行などにより、臨海工業用地への企業進出などにさまざまな狂いが生じるなど大きな打撃を受けたものの、その後の経済の回復や企業誘致活動の見直しや立地企業の業種拡大により輸送機器をはじめとする各種の優良企業が進出した。特に、臨海部には港湾整備の充実や積極的な誘致活動により外資系の自動車産業が集積している。

第２節　伝統工芸品　豊橋筆

１．毛筆の歴史

筆の発生時期は明確な記録がないが、筆自体は多くの古文書に記録が残っているが、発生について正確に記された文献は見当たらない。一説には、中国・秦の始皇帝に仕えた蒙恬という武将が発明したとされているが、1928（昭和3）年に殷墟が発掘された際、墨で書いた文字が発見され、殷代に毛筆が存在していたことが明らかになった。周の時代、その後の戦国時代の遺跡からも筆が発見されており、蒙恬は筆の改良を行った人物ではないかと考えられている。秦代から漢代、三国時代を経て晋代に至るまで、文字文化が急速に発展することに伴って、毛筆も著しく改良発展したものと考えられる。後漢時代以降の毛筆が今日の形となった。日本への伝来は、漢字が渡来した５世紀ごろとされており、日本最古の文章は５世紀後半に書かれている。

２．わが国の筆の流通[1)]

筆の流通に関しては西田（1996）が広島県の熊野筆、川尻筆、愛知県の豊橋筆を中心に、その生産工程や流通経路を言及している。それによると、わが国に残っている最古の筆は、正倉院に所蔵されている17本の筆で、8世紀中頃の作といわれている。奈良時代には仏教が盛んになり、「写経」が広く行われるようになって、筆の需要が高まったのである。当時、東は武蔵（東京）から西は長門（山口）まで全国13か国で筆の生産がされていたといわれている。

平安時代には筆の生産は全国28か国で行われるようになり、最も生産高の多かった遠江（静岡）では年間千本が朝廷に献上されたと延喜式に記されている。書の名人空海は、804（延歴23）年に遣唐使として入唐し2年後に帰朝したが、法式筆の最新技法を中国から持ち帰り、大和国今井（現在の橿原市）の酒井名清川につくらせ、嵯峨天皇と皇太子に献上したといわれる。こうして筆づくりの技法が多彩となるとともに書の技術も高まり、空海、嵯峨天皇、橘弓勢の「三筆」や、小野道風、藤原佐理、藤原俊成の「三蹟」などの歴史に残る書家たちが傑作を生み出すに至った。

江戸時代は教育が広く一般にまで普及した時期で、寺小屋で「読み・書き」に使う筆の需要は一挙に高まったのである。専門の筆づくり工房の生産では間に合わず、内職者が普及品の製作を手がけるに至ったのである。一方、芸術家や上流階級の人たちが使う高級な筆の生産は専門の筆師（筆職人）があたり、きわめて高い技術を競い合っていたのである。熊野、川尻、豊橋の各産地に筆づくりが伝わったのは、江戸時代末期のことと指摘している。

3．豊橋筆の由来

豊橋筆の起源は、1804（享和4、文化元）年に京都の鈴木甚左衛門が当時の吉田藩学問所の御用筆匠に迎えられ、毛筆を製造したのが最初であるといわれている。その後幕末のころになると、吉田藩の財政も苦しくなり、節約と減俸に苦しめられた下級武士たちは、人の目に触れずに内職ができるという理由で、筆づくりに励むようになり、豊橋の毛筆生産は士族授産の仕事となった。また、豊橋地方は北部に山地をひかえ、いたちや狸などが多く棲息し、原料が容易に入手できた。筆管の材料である竹も豊富にあったため、副業として十分成り立っていた。明治に入り教育が普及すると、毛筆の需要は著しく増加し、廃藩置県により職を失った渥美郡高師村（現、豊橋市）の芳賀次郎吉が、筆造りの技術向上のため東京へ修行に出向き、従来の芯巻筆の製法ではなく、現在の水筆の製法を身に付けてこの地に戻ってきた。その後、1874（明治7）年に弟子入りした渥美郡豊岡村

（同上）の佐野重作の並々ならぬ才能と努力で豊橋筆は有名となり、地場産業として定着した。豊橋筆が日本国中にその名を知らしめるきっかけは、本市が交通の要衝であったことにもよる。本市は、東海道五十三次のほぼ中間地点であり、奈良の墨商人が上京の折、この地で豊橋筆の存在を知り、東京への販路拡大を進言したことも豊橋筆の名声を高めるきっかけとなった。このような結果、豊橋筆は脈々と伝統を受け継ぎ、1976（昭和51）年12月15日には歴史と品質が高く評価され、通商産業省（現、経済産業省）より「伝統的工芸品」の指定を受けている。

4．豊橋筆の特徴

豊橋筆の最大の特徴は、水を用いて練りまぜをすることである。そのため墨をよく吸い、墨になじみやすく、書き味がすべるようだと多くの書家から絶賛を集めている。現在では広島県熊野町についで全国2位の生産本数を誇っており、特に高級品の分野に関しては、生産数量、金額とも他産地を大きく引き離し、高級品の約7割は本市で生産されている。筆の良否は原毛の選別にあるといわれ、豊橋筆の質の高さもここに起因している。

穂の原材料とその性質を整理すると、「山羊毛」は、毛先が良く、墨含みが良い。「馬毛（尾脇毛）」は、毛筋が良く、光沢粘りがあり、弾力がある。「鹿毛」は、非常に弾力がある。「狸毛」は、毛先が良く、弾力が非常に良い。「いたち尾」は毛先が良く、まとまり・弾力に富み、粘りもある。「猫毛」は、背の部分の毛は力強く粘りがあり、特に白猫の毛は良い。「むささび尾」は、毛先が良く、墨含みが良い。「りす尾」は、美麗、柔らかく粘りがあり、色彩豊かである。「てん尾」は、いたち毛に似ている。豊橋筆は長い経験を経た職人が山羊、馬、いたち、狸、鹿など多くの獣毛の性質を熟知し、おのおのの長所を合わせて一本の筆を作りあげている。

また、豊橋筆は筆師がすべて手作りで製作しているので、材料とともに筆師の技術・能力に筆の良否がかかっている。その伝統的な技術は、①「火のしかけ」および「手もみ」には、もみがらの灰を用いること、②「櫛上げ」をした後、「分板」およびはさみを用いる寸切りをすること、③混毛は、「練りまぜ」によること、④「おじめ」には、麻糸を使用すること、が挙げられる。

製造されている地域は、豊橋市、豊川市、蒲郡市、新城市、田原市である。生産量は、年間約130万本（2019（令和元）年度実績）、販売額が約10億円（同上）、組合員が38人（2023（令和5）年4月1日現在）である。

豊橋筆は優秀な筆師に恵まれ、伝統的な技術・技法を継承しており、現在活躍する伝統工芸士は11人を数えている。しかし、企業規模は零細な家内工業が多く業界の高齢化も進んでいるため、後継者の確保と育成が課題となっている。

第3節　豊橋筆の製造工程

豊橋筆は、太筆が出来上がるまでの工程が36工程あり、原則として一人の職人が全工程を担当し、最後まで責任を持って仕上げるという特徴を有する。分業化されていないため、出来上がった筆は職人ごとに技術や個性が反映され、同じ材料を使用しても書き味が異なる。ここでは豊橋筆が出来上がるまでの工程を一部紹介する。

(1)　原毛の種類

筆には山羊、馬、鹿、狸、いたち、むささび、りす、てん、猫などの毛が使われた。一度でもハサミが入ってしまうと毛先が水平になり、筆に加工することができない。生まれたままの状態の獣毛だけが豊橋筆に加工される。かつては豊橋市北部の山岳地帯から豊富な原料が供給されたが、現在ではほとんどが中国からの輸入品である。

(2)　原毛の選別

原毛が届いたら品質に応じて5段階に選別する。その基準は手触りと視覚で見分ける。繊維の細い毛ほどランクが上がり、高級な筆に使われる。毛丈の長短などを目で見て選別し、用途別に選り分ける。その後、原毛に煮沸や湯通しを行うが、原毛の種類によって温度を調整し、煮沸した原毛を乾燥させたあとは、金櫛を使用して、不要な毛を取り除く。

(3)　手もみ（脂分を取る）

選別した原毛ごとにもみ上げる工程で、火のしをかけて真っ直ぐにした原毛にもみ殻を焼いて作った灰をまぜ、鹿のなめし皮などで巻いて両手で強くもみ上げる。ツルツルした手触りは油分が抜けてキシキシした感じになるまで何度も繰り返す。この作業によって毛の脂分が抜けて墨の吸収が良くなる。その後、毛先を寄せて、命毛（いのちげ）、喉毛（のどげ）、腰毛（こしげ）などに区分する。

(4)　毛もみ（毛先を揃える）

毛もみしたのちに金櫛で形を整えてから銅製の「三日月」に載せ、毛先を揃える。「手板」を使ってトントンと振動を与え、長さの違う毛を先に寄せて揃える。ここまでが下ごしらえの工程である。

(5)　さらい（毛先の悪い毛を取り除く）

下ごしらえを終えると、豊橋筆のこだわりといえる「さらい」の作業に入る。原毛の中には何らかの理由で毛先が切れてなくなっている毛が混じっている。それを一本一本取り除く。片手で持てるほどの束の中から、その一本を見つけて抜き出す技は修練の賜物である。さらいの作業は、他の工程でも何度も繰り返され、一切妥協しないことが高級品の根拠となっている。

(6)　とぎだし（櫛上げ）

さらいを終えた毛を湯で煮出し、水でしめらせた後に、手で持てるくらいの束に分ける。それを毛が絡み合ったり、折れ曲がったりしないよう、金櫛で丹念にすき、「はんさし」を使ってガラス板の上で整える。毛は適度な水分によって軽くくっつき合って板状になる。右手にはんさし、左手に毛束を持ち、素早く進められる技術は職人技といえる。

(7)　寸切り

ここでいよいよ、毛にはさみを入れる工程になる。穂先の寸法を決める「分板」という道具で長さを測り、毛の根元を切り落とす。分板は0.75～1.5ミリ間隔で並び、筆の太さや種類によって組み合わせて使う。筆の性格（弾力など）を決定する工程である。

(8)　型づくり、練り混ぜ（荒混ぜ）

選別後、種類の違う獣毛ごとに処理加工された芯毛（穂先の芯になる毛＝穂先にあたる命毛、穂先のすぐ下にあたる喉毛、根本にあたる腰毛）を水で湿らせガラス板の上に並べて混ぜ、金櫛ですきながら余分な毛をはさみで切り、こま（型）を使って一本分を試作する。豊橋筆で最も特徴的な工程で、はんさしでトントンと折りたたむように混ぜる工程で、丹念に練り混ぜていく。墨によくなじむ、弾力性のある筆を製造することができる。この混ぜ方や配合は、職人の経験と勘が頼りで、熟練の職人が作る穂先は、すべての芯毛の配合が均一で、脱毛もない仕上がりになる。

(9) 総練り

荒混ぜした毛二束（職人はかっこと呼ぶ）をとり、再度混ぜ合わせて一つにする。つまり荒練りの工程を２回繰り返すことで毛を均一に混ぜ、見た目の美しさだけでなく、水を使うことで墨含みも墨はけも良くなる。豊橋筆独自の技法で高品質を裏付けている。

(10) 芯立て

総練りした毛をはんさしを用いてとり、こまを使って芯の形に整え、ふのり（海藻で作った天然のり）をしみ込ませて穂先の形をつくる。姿形を一本ずつ確認し、天日で１日から２日乾燥させる。

(11) 化粧毛を練り、巻く

天日乾燥を終え、芯ができたら、その上に化粧毛（けしょうげ）を用いた上毛を巻き付ける。人は見た目から入るので、美しいものほど売れ行きが良い。化粧毛の原料は、羊毛や馬の胴毛、いたちも使われる。

(12) 尾締め

乾燥させた穂先の根元の部分に麻糸を巻いて尻の部分をコテで焼き、熱いうちに一気に麻糸で締めてしっかりと食い込ませる。バラバラだった毛が焼け溶けて一つになる。

(13) けつきり、ほこり払い、穂先「穂首」の完成

穂の尻をコテで焼いた後、熱で膨らんだ部分をカットする。切った部分をもう一度焼き固めた後、毛の部分に櫛を通してふのりなどを払い落とす。これで穂先が完成する。

(14) 練りこみ、接着

筆の軸は日本産の雌竹を用いる。穂の直径よりも小さい刀を付けたドリルで穴をあけ、繰小刀（くりこがたな）で手を回転させながら、片方の手で穴の大きさを調整しながら軸を仕上げる。繰り込みが終わると軸の穴のまわりに接着剤をつけ、穂を軸に差し込んでしっかり固定させ乾燥させる。

(15) 仕上げ

完成した筆を数本手に持ち、ふのりをもう一度、芯までしっかりと含ませて固め、根本に巻き付けた麻糸を固く締めて、穂の形を整える。その後、出来上がっ

た穂首を竹の軸に差し込んで接着し、穂を天日で乾燥させる。軸には、作家名や商品名などを掘り、全国に出荷する。

第4節　豊橋筆振興協同組合の現状

1．組合の概要

豊橋筆振興協同組合 理事長 鈴木和毅氏へのインタビュー[2)]をもとに組合の現状を考察する。本組合は豊橋筆が通商産業省の伝統的工芸品に認定された1976（昭和51）年に創立され、現在47年目を迎える。現在の組合員数は38名で、創立時の136名と比べると、大幅に規模が縮小している。本組合は、後継者や従事者の共同研修会や原材料の仕入や豊橋筆の販売などの共同事業を進めている。

豊橋筆の伝統工芸士は、現在11名である。伝統工芸士は産地で12年以上の経験を有し、実技・知識・面接試験に合格しなければならない。試験官は、筆の熟練者が一人、外部の専門家が一人で構成され、後継者の育成など、産地振興に対する大きな影響力を期待している。

豊橋筆の特徴は、軸は問屋から仕入れ分業しているが、穂先はすべて一人の職人が作り上げている。したがって筆の良し悪しは、作り手の職人の腕次第であって、その職人の個性が作品に注ぎ込まれることだろう。

2．直面する課題

ヨーロッパやアメリカからの獣毛の仕入が禁止され、原材料は中国からの輸入が90％を占めている。求める原材料の入手が困難になり、そのため原材料の仕入価格も5倍に急騰した。竹の価格も同様に急騰している。原材料の価格高騰で販売価格も値上げせざるを得ず、不景気と相まって売上に影響が出ている。当面、手持ちの在庫で回しているが、在庫がなくなると生産が止まることになるだろう。

3．豊橋筆「高誠堂」の経営

祖父は1893（明治26）年生まれの豊橋筆の職人で、弟子を12名ほど抱えていた。父も筆職人で、東京の問屋さんに納価を叩かれてしまうので「高誠堂」という自社ブランドで商品を売り出した。自分の代は産地卸として流通に特化した商売を進めている。現在は豊橋筆の産地卸として、横浜の文具店に卸している。年々書道人口が減少し、コロナの影響や原材料の高騰、販売価格の値上げという事情が相俟って、売上が年々減少している。

息子が当店の後継者であるが、豊橋筆の産地卸として商売が継続するか不安を払拭できない。

第5節　筆工房と伝統工芸士の現状とマーケティング戦略

嵩山（すせ）工房は、代表の山崎亘弘氏が 1958（昭和 33）年に個人事業として開設した豊橋筆の製造工房である。1998（平成 10）年に豊橋市北部の嵩山町に移転し「筆の里 嵩山工房」を開設した。代表の山崎亘弘氏は、200 年以上の歴史を誇る伝統的工芸品豊橋筆の保存と発展に尽力しており、伝統工芸士として豊橋筆の伝承に日々取り組み、2013（平成 25）年には瑞宝単光賞叙勲を受けた。ここでは伝統工芸士の山崎亘弘氏へのインタビュー[3]から、筆工房と伝統工芸士の現状とマーケティング戦略を考察する。

1．筆の里 嵩山工房の開設

この工房に移り、現在 26 年目を迎える。その前の持ち主は自分の親方で、筆職人を何人か雇って、豊橋筆を生産していた。突然世の中にコンピューターが出現し、筆の需要が一気に激減した。それまでは漫画でもテレビアニメーションでもすべて筆を使って描いていたが、コンピューターで制作するようになってから筆が必要なくなった。その影響で親方はこの工房を閉めるということになり、自分が借りることにした。販売先は今でも、東京や大阪にある問屋だが、この工房に移ってからは交通上の利便性が良いので、一般の消費者の方々も来店するようになった。一般客に豊橋筆を見てもらって、使ってもらって、体験してもらうサービスを提供している。

2．筆工房の現状

一般客は、ほとんどが書道家の方々だが、伝統工芸士の工房という希少性からか、テレビ番組で放映される機会も多くあり、その番組を見て応援しようとする海外の方々も来店するようになった。特にアメリカ人が多く、日本文学や文化を学ぶグループで、その延長で書道を始めた方々だ。

筆職人の仕事は、第一に使う人が喜んでくれる物づくりを目標として、日々コツコツと精進を続けている。卸問屋は、一度に何百本単位で注文するので、一本当たりの値段は安いが、量的に採算が取れる。個人客は1本1本の値段で取引するため、商売のやり方が異なる。

卸問屋との取引は、まず卸問屋が見本を職人に送り、職人はその見本通りに豊橋筆を作り、細かいスペックを調整する。卸問屋への納品価格は消費者への販売価格の3割程度だが納品数量が多いため採算に乗る。高級品の受注もあるが、数はそれほどでない。工房を経営するためには、ある程度の受注量が必要になる。廉価品と高級品の違いは、原材料となる獣毛の品質である。筆の制作工程や手間は大きくは変わらない。廉価品といえども手は抜けない。安い材料の方が毛先の悪い素材が混じるので、逆に手間がかかる。

3．工房の労働事情

この工房は、近所の高齢女性二人の方に手伝ってもらって40年になる。自分は中学を卒業してから65年間、豊橋筆を作ってきた。豊橋筆の職人は、一人前になるまで5年間は親方について住み込みで修行し、6年目から自分の家で独立するという慣習だ。

昔はどの家庭も生活が大変で、家から一人でも外に出てくれれば食事代が浮く。住み込みで働けば、食事や寝泊りの心配がなく、給金は500円だったが何とか生活ができた。スマホなども無かった時代で、今のようにお金は必要なかった。

毎朝6時に起床して、朝7時から夜の9時まで仕事をした。年末の年賀状や書初めシーズンは繁忙期だった。一仕事の受注が1,000本単位で、その受注を1週間で仕上げた。職人によって仕事の速さや出来が違ったが、給金は皆同じだった。自分は、自分が納得できる商品しか作らないと決めて修行した。

4．筆職人を目指した事情

中学を卒業したら、当時は職人になることが一般的な時代だった。大工、左官、床屋、印刷屋など、手に職をつければ食べていけると信じていた時代だ。自分は活版印刷の職人になることを目指したが、就職試験の当日、土砂降りの大雨に見舞われ、車の無い時代だったことから試験場に行くことができなかった。就職が決まらず学校に居たところ、筆屋の親方が学校を訪ねてきて、それがご縁で友人3人と一緒に弟子入りした。仕事は大変だったが、毎日夜が修学旅行のように楽しかった。

自分は1942（昭和17）年まれで、当時はほとんどの人が職人になった。職人は仕事を覚えることが大変で、豊橋筆も種類が多いから5年間ではすべてを覚えきれない。勉強法は本で学ぶのではなくて、親方や先輩の仕事を見て聞いて覚えていく。自分が弟子入りした当時は、工房に15～16人は兄弟子がいた。当時の豊橋筆の職人は、400～500人はいたが、今は100人ほどにまで減少した。

5．豊橋筆の技術承継

豊橋筆の技術の継承は、親方が太筆なら太筆、細筆なら細筆というように、親方から弟子へ受け継がれている。筆ごとに制作の方法や技術が全く異なる。太筆の場合は材料の量も必要で、獣毛は馬や山羊の毛を配合するが、自分は細筆でイタチの毛を使う。毛皮を仕入れて、毛を抜く作業から行うので、素材によって毛皮の処置方法が異なる。職人の拘りによっても作り方が異なる。

自分の拘りは素材の毛の抜き方で、最近は薬品で抜く方法もあるが、毛が痛まないようカッターで切ることを守っている。とても手間がかかる作業でもある。薬品で毛を抜くと毛に力もなく早く痛んでしまう。外見では分からないが、品質に差が生まれる。

そのほかの拘りは、練り混ぜで毛を混合させる作業で、大きく混ぜる人や薄く混ぜる人もいる。筆の毛というのは、長い毛、真ん中の毛、腰の毛が入って1本の筆になる。それを1枚練るのに大きくなると4本ぐらい立てるように練る。量が大きくなると流れが悪くなり、短い毛が固まったり、真ん中の毛が固まったり、それが綺麗に均等に混ざらないと1本の筆にならない。その混ぜというのが豊橋筆の職人にとって一番大事な作業だ。

この混ぜ作業は、しっかりと金櫛を入れて、基本作業を怠らなければある程度は混ざる。要するに金櫛を良く入れると広がるので、何度も繰り返すことで長い毛も短い毛もムラなく混ざる。基本を怠ってはいけない。この工程で水を使うため、何度も毛を水にさらすことで墨の馴染みが良くなる。機械生産では作れない品質になっていく。豊橋筆は手作りだから１本、２本でも作れるが、機械生産の場合は採算をとるために大量生産が必要になる。

6．動物愛護の環境変化

昔は原料も安く仕入れることができた。今は獣毛が高騰してなかなか手に入らない。化粧筆などの需要はあるようだが、原料が高騰したおかげで商品の値段も上がってしまい、大量生産して大量販売するにはリスクがある。特にヨーロッパでは動物愛護の風潮が強く、獣毛は使っていないらしく、ほとんどナイロンなど人工毛で化粧筆を作っている。ヨーロッパで使ってもらうと、やはり獣の毛の方が肌のノリも良いようだが、現地のデザイナーは子供達から、獣を殺してそんなふうに筆を作るのとか言われたとも聞いた。このような世の中の流れで化粧筆には力を入れづらい。現在では獣毛の原材料は中国からの輸入に頼っている。

7．新商品開発の取り組み

犬、猫、うさぎ、モルモットなど、毛の長さが2.5 cm以上であれば筆をお作りできるという商品だ。豊橋筆は、書道、絵をやっている人しか興味を持って貰えないので、マーケットを拡大するためには、どうしたら良いか考えた。ペットを亡くして悲しんでいる方々へ、ペットの毛を使った記念品の制作を新商品として開発した。ホームページで発信したところ好評で、筆と同じくらいの売れ行きがある。

価格設定は１万円～３万円程度で、販路も流通業者を介在させずに直接流通で取引している。ペットの霊園や葬儀会社が扱いたいと寄ってくるが、価格を引き上げることや売り上げを伸ばすことばかり提案してくる。私達はお客様に喜んで頂くことが経営理念なので、利潤追求よりも喜んで貰えるモノづくりに拘りを持っている。

第6節　豊橋市における筆産業の将来展望

本節では、豊橋市における筆産業の将来展望と題して、マーケティング戦略論の観点から方策を考察する。周知のとおりマーケティングとは市場創造技法であり、戦略論とは企業間競争を前提とした理論構築である。豊橋筆を取り巻く環境変化や競合する産地事情を踏まえながら、豊橋筆の市場創造を描いていく。

まず豊橋筆が発展した歴史的背景を整理すると、豊橋筆は古くから、山村地域への好アクセス立地と河川を使った物流網が優位で、多種の獣毛を安価に入手でき、筆の生産に適していたこと。東海道の宿場町であったことから、マーケットへのアクセスや販売面で優位であったこと。下級武士たちの内職という労働市場を用いて、安価で良質な労働力を得られたこと。そして明治期に入り義務教育による習字が必要になり巨大マーケットを得ることで急成長を遂げたことなどが挙げられる。

他の産地との比較から豊橋筆の差別化を挙げるのであれば、地域内分業ではなく職人が一人で一貫生産を行っている点、そして機械による大量生産ではなく手作りによる少量生産を志向する点、利潤追求ではなく使い手の満足を第一に考える職人気質が継承されたことが注目に値する。そこから競争環境における豊橋筆の市場地位[4)]を推測するなら、ニッチャーのポジションを獲得したといえよう。

次に習字や絵画の筆をプロダクト・ライフサイクル[5)]から考察すると、1990年代から社会に出現したパーソナルコンピューター（パソコン）は、私たちの生活様式や労働環境を一変させ、文字を書く・絵画を描く道具は筆からパソコンに移動した。さらに国内の少子化の影響は、年々書道人口の縮小に拍車をかけ、豊橋筆のマーケットは衰退期に突入したと考えられる。

他方、チャネル・リーダー移動[6)]の観点から、豊橋筆の職人が置かれている取引上の交渉力を推察すると、元請業者（問屋または小売店）の下請けという立場の職人が多数存在するものと考えられる。豊橋筆の商標を職人自身が持っているのか、元請業者が持っているかの違いである。後者の場合、職人は元請業者から筆見本が渡され、その商品スペックに合わせて筆を生産する。その場合、納品価格の交渉は、豊橋筆の商品価値ではなく、労働価値しか認められない。商品価値とは、筆の品質に相当する価値であり、筆づくりの商品開発によって付加価値を高め、販売単価を引き上げることができる。一方、労働価値とは、既に商品開発は完了しており、その商品をどこまで効率的に生産できるかが価値となる。つまり安く生産できるほど労働価値が高まる。言い換えれば筆職人が努力すればするほど納品単価は安くなる。

最後にSWOT分析[7]の視点から豊橋筆の生存領域を考察する。前述の通り、強みと弱みは、職人による高品質な筆で、高価格で少量生産であること。機会と脅威は、パソコンの普及や少子化による市場規模の縮小、動物愛護の風潮から獣毛の取扱いが難しくなりつつあること、原材料の確保が難しく価格高騰を迎えていること、総じて後継者難に陥っていることであろう。このような厳しい環境のなか、課題解決に向けた方策を次のように整理した。

１．豊橋筆の価値の確認とブランドの再構築

消費者にとって豊橋筆はどのような価値を有しているか。消費者ニーズに満たす価値は、機能価値、情緒価値、自己実現価値の三方向から確認し、より消費者に受け入れられる豊橋筆のブランドを再構築することが求められる。機能価値とは、習字や絵画の道具として使用する品質を意味する。職人が一本一本手作りする筆だからこそ得られる価値を再確認する。次の情緒価値とは、消費者が豊橋筆を所有することで心がどのように変化し、どのような感情が生まれるかを確認する。自己実現価値とは、豊橋筆を作る職人の生き様や価値観が消費者に共感され共創する価値を意味する。実際に遠方から豊橋筆の職人に会うために、工房を訪問し学ぼうとする消費者も存在する。機能・情緒・自己実現の価値を再確認し、その価値観を共に共創する消費者が将来の豊橋筆の産業を支えることになる。

２．新商品の開発

習字や絵画の筆から脱却し、常に新商品を開発する姿勢が求められる。熊野筆は化粧筆として活路を開いた。豊川の職人は赤ちゃん筆を開発した。豊橋ではペット筆の開発も始まった。どんなに優れた商品でも、やがて寿命を迎える。地域産業を継承し発展させるためには、守らなければならないこと、守るために変わらなければならないことを見極め、常に新しい分野へ挑戦し続けることが必要

だ。実用品の筆から芸術品へ移行や、豊橋筆の認定書や保証書など、ブランドの確立や投機購買への対応、他の商品との組み合わせによるイノベーションなど、さまざまな取り組みを検討し挑戦し続けることが必要だ。

3．新市場の開拓

習字や絵画用の筆の需要は、年々減少しているのだが、爆発的に増加する世界人口に注目し、世界市場をターゲットとする方策も検討すべきであろう。特に注目すべき社会変化は、情報化、グローバル化によるSNS（Social Networking Service）の力で、全世界の消費者と繋がることが可能な時代である。例えば豊橋で書道教室を開設し、インターネットで海外向けに遠隔教室を開くことも可能である。将来的には人体の五感をインターネットで繋げる技術も開発され、筆の試し書きもインターネットで行うことが可能な時代が到来するだろう。

4．自社ブランドの開発

元請業者（問屋または小売店）主導の流通から脱却し、自社ブランドによる直接流通も実現が容易な時代になった。その場合は、消費者と直接販売チャネルを作るルートが必要になるが、インターネットが基盤整備された現在、数多くの通販サイトが存在する。または共同事業で販売サイトを作ることも容易であろう。

5．残存者利益の確保

市場が縮小し、競合する企業が撤退すると、最後まで生き残った企業は残存者利益を獲得することができる。これはどんなに習字や絵画の筆を利用する消費者が減少しても、最後には一定数の利用客が残り、その顧客との間で商品が供給できればよいので、競争上必要であった営業コストが必要なくなる。寡占状態になるため、価格競争に陥ることなく利益を享受することができる。豊橋筆の中で数社は確実に存続することを示唆する。

6．撤退・転業

最後の方策は、撤退・転業である。豊橋筆の職人はその多くが高齢化を迎え、筆職人の育成も現実的には難しい。高齢化を迎えた筆職人は、動けるうちは仕事を続けるが、そのあとは引退することになろう。計画的に引退または転業することが必要だ。既存顧客や業界内での調整、社内で働く従業員をはじめ、利害関係者との調整、もしくは筆の生産から新しい経営への移行など、多方面にわたった検討と配慮が必要だ。

本節では、豊橋筆の課題解決に向けた方策を整理したが、実現化させるためには実行組織が必要だ。日々の業務で多忙を極め、未経験分野に挑戦することには限界がある。結果を残すためには、協同組合組織による事業、有志による事業、個人による事業を明確に分け、行政や大学校などの協力者を募り、地域課題の解決に向けた社会活動として取り組むことが実現性を高めよう。

豊橋筆は、愛知県豊橋市とその周辺で製造されている筆である。高級で高品質な書道用の筆として、さらに日本画、化粧品用の筆のほか工芸品としても使用され、その種類は数百にのぼる。高級筆としてのカテゴリーでは、豊橋筆が全国シェアでトップ座に君臨している。

豊橋筆の特徴は、一人の職人が一貫生産する手法で、軸以外は一人の職人がすべての工程を受け持つ。職人の個性や拘りが筆に宿り、他者では代替できない高級筆が出来上がる。しかしながら筆職人になろうとする者は皆無であり、技術の継承も困難な状況になっている。

そのようななか、新商品開発や新市場開拓に挑戦し、成果をあげている工房も存在する。われわれを取り巻く環境は、情報化社会、グローバル化社会、世界人口は爆発的な増加など、大きな変化を作り出している。これらの環境変化をマーケティング機会に転換し、積極的なイノベーションを生み出すことが期待できよう。

謝辞

本章を執筆するにあたり、次の方々から貴重な情報を頂いた。記して感謝の意を表する。

豊橋筆振興協同組合 理事長 鈴木和毅氏
伝統的工芸品豊橋筆 筆の里 嵩山工房 伝統工芸士 山崎亘弘氏
伝統的工芸品豊橋筆 筆の里 嵩山工房 山崎亜紀氏
豊橋市役所 産業部商工業振興課 課長 坂口錦也氏
豊橋市役所 産業部 商工業振興課 上水理香氏
豊橋創造大学 事務局長 吉原郁仁氏

●注

1）西田安慶（1996）「わが国筆産地の生成と発展—マーケティングの視点から—」,『東海学園大学紀要』, 創刊号, 125 頁から引用した。
2）豊橋筆振興協同組合理事長 鈴木和毅氏へのヒアリング調査。2023 年 9 月 7 日（木）9：45～11：00、豊橋市呉服町 44 番地　有限会社高誠堂に於いて, 組合概要、組合の歴史(変化)、直面する課題、解決策、今後の方向性などを調査した。
3）伝統的工芸品豊橋筆 筆の里嵩山工房 伝統工芸士 山崎亘弘氏、山崎亜紀氏へのヒアリング調査。2022 年 12 月 6 日（火）15：00～16：30、豊橋市嵩山町下角庵 1-8　筆の里 嵩山工房において、経営理念、商品のこだわり、生産工程の見学、一番伝えたいことなど調査した。調査者は、岩本勇のほか、岩本プロジェクト学生（大谷龍生、池辺航太、石川柊平、犬井海人、坂口伊吹、白井裕太、夏目凌汰、平田晴己、山口暖乃、吉田楓、中村颯太）が担当した。
4）市場地位とは、1980 年にＦ・コトラーが提唱した競合企業間の地位を示しており、市場占有率を最も獲得している企業をリーダー、リーダーの地位を奪える追随企業をチャレンジャー、競争を避け類似品で利益を生むフォロワー、独自の技術を有し小規模な隙間マーケットを独占するニッチャーの四つのカテゴリーを意味している。
5）プロダクト・ライフサイクルとは、1950 年にＪ・ディーンが提唱した理論で、新製品を開発し市場に投入されてから、寿命を迎えるまでのサイクルを導入期、成長期、成熟期、衰退期の四つに類型化し、それぞれの局面で戦略定石を示したものである。
6）チャネル・リーダー移動とは、流通チャネルを主導的に支配する企業の移動を意味し、一般的には卸売業（問屋）⇒製造業⇒小売業⇒消費者への移動を示唆するものである。
7）SWOT 分析とは、自社の内部環境を強み（Strength）と弱み（Weakness)、外部環境を機会（Opportunity）と脅威（Threat）のそれぞれの角度から考察し、自社の生存領域を導くためのフレームワークである。

【参考文献】

佐中忠司（2007）「伝統的工芸品産業の事例調査—毛筆製造業に関する全国的概況—」,『比治山大学現代文化学部紀要』, 第 14 号, 71-93 頁。
西田安慶（1996）「わが国筆産地の生成と発展—マーケティングの視点から—」,『東海学園大学紀要』, 創刊号, 125-140 頁。
平見尚隆（2020）「日本の「筆産業」の存続を可能にしている産業構造の特徴」,『異文化経営研究』, 第 17 号, 79-92 頁。

豊橋市（2022）「豊橋の産業」
https://www.city.toyohashi.lg.jp/37446.htm　(2023 年 9 月 6 日アクセス)
豊橋市広報広聴課（2008）「一筆啓上、豊橋筆にて候。」,『知るほど豊橋』その 2。
https://cccc.backshelf.jp/bookview/?filseq=2064　(2023 年 9 月 6 日アクセス)
豊橋市 都市計画部 まちなか活性課（2021）「豊橋市中心市街地活性化基本計画 2021-2025」。

https://www.city.toyohashi.lg.jp/secure/83287/Toyohashishichuushinnshigaihikasseikakihonkeikaku2021-2025.pdf　(2023年9月6日アクセス)
中川政七商店（2020）「熊野筆とは。ピンチをチャンスに変えた一大産地の知恵と歴史とは」，『日本全国工芸百科事典』。
https://story.nakagawa-masashichi.jp/craft_post/121598　(2023年9月6日アクセス)

第 3 章

奈良県広陵町靴下産業の伝統と企業間連携

愛知工業大学大学院博士後期課程　水野　清文

第 1 節　広陵町の靴下産業の変遷

私たちの生活に欠かせないものは数多く存在するが、その一つに靴下がある。靴下の国内生産は、約 7 割が奈良県で生産される。そして、国内生産の約 4 割が奈良県葛城（かつらぎ）郡広陵町[1)]で生産されている。これは、いわゆる産業集積である。

本節では、日本の靴下産業の変遷と広陵町の靴下産業について整理する。

そもそも、日本で一般庶民がカジュアルな普段着として洋服を楽しみ、それに伴って靴下が広く世間に出回るようになったのは第二次世界大戦後といわれる。日本での靴下の歴史として、「襪（しとうず）（下沓とも書く）」が取り上げられることがあるが、襪は、神社や寺での重要な儀式の際に用いられてきたものであり、現在の靴下の役割ではなかったと考えられている。これに対し、足袋は足を覆うものとしてその後、広まることになった。足袋は、元来は皮革をなめして作られたものであったが、次第に布製の足袋が普及するようになった。広陵町でも昭和 30 年代（1955～1964 年）に、靴下編み機でメリヤスの足袋が生産されていた[2)]。メリヤスとは、機械編みによって、綿糸・毛糸などをループ状に編むことで伸縮性・柔軟性に富んだ編み物および布地である。

メリヤスや靴下が、誰の手によって日本に伝えられたか詳しい資料は残されていないとされるが、遅くとも南蛮貿易時代（1567～1638 年）に日本に渡来した西欧人が手編みの靴下を着用し、メリヤスが伝来していたと考えられている。メリヤスという語句は、ポルトガル語の「メイアス（Meias）」やスペイン語の「メディアス（Medias）」が訛ったものであり、どちらも靴下を意味する。日本で発見された最も古いメリヤス足袋は、陸奥太田（茨城県）の瑞竜寺で発見された徳川光圀（1628-1701）の長持から出てきた長靴下であった[3]。江戸時代になると、オランダ人が長崎の女性に足袋や手の甲を覆うものとして手編みと好みの色で編む技術を教えたといわれている[4]。

その後、明治時代になると大きな転換期を迎えることになる。そのきっかけは、西洋式軍隊調練が盛んになったことである。その服装が陣笠に洋服、白の兵児帯に大小を差し、鉄砲を担いで草鞋履きという不調和から、大村益次郎（1825-1869）が靴の必要を感じて、多量の靴を外国に注文した。しかし、輸入された注文の靴は日本人の足に合うものでなかったために、西村勝三という江戸日本橋で鉄砲店を開いていた御用商人に依頼して、国産靴工場を建てさせた。この洋靴の生産に伴って、1871（明治4）年に日本で最初の靴下の生産が始まった。その後、大部分は軍需品として急速に進歩と発展を遂げた。1886（明治19）年には兵庫県志方町の稲岡啓吉が上海から手回し機を導入したことで、兵庫県で産地が形成された。奈良県に産地が形成されたのは1910（明治43）年で、馬見村疋相（現在の広陵町疋相）の吉井泰治郎が、手回し機を購入したことが始まりであった。当初は、軍足が中心であったが、セーラー服が子ども服として流行するとともに次第に洋服と合わせたものへと変わっていった。奈良県広陵町の産業集積としては、農家の副業的な仕事であった機織りに代わる工賃仕事として地域に広がっていった[5]。戦後の馬見村は、県内の靴下生産の一大中心地として、その名声を高め、靴下生産の成長に伴って住民の職業構造は短期間のうちに変化した（**表3-1**）。また、人口は増加し、1953（昭和28）年に馬見町が誕生し、1955（昭和30）年には百済村、瀬南村との合併により広陵町が誕生した。広陵町の靴下産業に関する主なあゆみをまとめたものが**表3-2**である。

広陵町を中心とする奈良県の靴下産業は、1940年代以降、産業集積として急速に発展した。1957（昭和32）年8月の機械台数は、全国で1万8,541台あり、その中で奈良県の機械台数は1,871台と全国の約10％だったものが、1964（昭和39）年には全国機械台数の33％を占めるに至った。また、1947（昭和22）年から1962（昭和37）年の間に生産が約6倍になるという驚異的な成長、伸長率を

表3-1　馬見町の職業別人口の変化
(1948～1952年)

	1948年		1949年		1950年		1951年		1952年	
	人数	%	人数	%	人数	%	人数	%	人数	%
農業	2,294	43	2,109	40	1,966	37	1,788	33	1,632	30
工業	680	13	924	17	1,150	21	1,316	24	1,493	27
商業	512	10	506	10	498	9	529	10	537	10
公務・自由業	1,400	26	1,303	25	1,319	24	1,322	24	1,310	24
その他	403	8	448	8	484	9	499	9	498	9
合計	5,289	100	5,290	100	5,417	100	5,454	100	5,470	100

出典：広陵町史編集委員会編（1965）『広陵町史・本文編』，広陵町，p. 684。

表3-2　奈良県靴下産地と広陵町靴下組合の主なあゆみ(1910～2011年)

年	出来事
1910	奈良県馬見村の吉井泰治郎が、手回し機による靴下の製造を開始。
1931	奈良県輸出莫大小工業組合が設立。奈良県輸出靴下工業組合が設立。
1950	奈良県靴下工業協同組合設立の発起。県組合員数100名。
1960	奈良県産地が日本一の生産地になる。
1970	奈良県で初めて総合型基金として靴下工業厚生年金基金を設立。
1981	奈良県靴下産地シンボルマーク設定。
1990	広陵町靴下組合、靴下の店AIRLAND（エアランド）出店。
1996	広陵町靴下組合、第1回「靴下の市」開催。
2001	広陵町靴下組合と広陵町商工会が共同で広陵町靴下産業振興事業を開始。新商品に伴うアンテナショップ出店（店名SOCKS)。
2011	広陵町靴下組合、広陵町の靴下百周年記念事業を立ち上げる。東日本大震災被災地域への救済物資発送。

出典：「広陵町の靴下百年史」編集委員会編（2013）『広陵町の靴下百年史』，広陵町靴下組合，pp. 10-15を一部抜粋。

示した[6]。1950（昭和25）年に発足した奈良県靴下工業協同組合[7]の組合員数でみても、発足当初は100名だったものが、その後、産業がこの地域に拡大し、1953（昭和28）年は210名、1956（昭和31）年は408名、1958（昭和33）年は540名となり、1967（昭和42）年のピーク時には920名となった[8]。

この発展の背景として次の要因があるとされる[9]。

①産地としての立地条件が良好であった。

大阪の近郊にあって、馬見、陵西（おかにし）、御所（ごせ）といった産地的母体の中に集団で発生していた。

②行政機関がこの業界に対し理解があった。

労働、税務、行政指導等の各関係官庁が理解を持って業界振興を助成した。

③金融機関のバックアップがあった。

馬見農協、南都銀行の全面的協力があった。

④業者に対する組合の指導が的を得ていた。

統制時代から引き続き専従の職員を団結と関係官公庁との連絡を密にし、良き指導を行った。

⑤戦災を受けず、編み機が温存されていたところへウーリー[10]をいち早く靴下に取り入れ、自分のものとした業界に良き指導者を得てウーリーの靴下化に先鞭をつけ、その技術を一般に公開し技術的な基礎を固めた。

⑥勤労意欲が旺盛であった。

経営者の年齢は若く、経営者自ら先頭に立って事業を切り廻し、創業的精神により業界をリードした。

⑦関連産業の発達

靴下企業がますます盛んになるにつれ、これに関連する染色、仕上げ、ネーム、包装、かがり等の産業が発生し一個の分業的形態を完備した。

しかし、その後は徐々に産業規模は縮小し、組合員数をみると、1987（昭和62）年は454名、1990（平成2）年は397名、そして2023（令和5）年には100数十名まで減少した[11]。

こうした産業の衰退ともいえる現象が起こった大きな要因は、中国やベトナムといった海外諸国の台頭である。従来は国内生産が大半であったものが、年々国内産業が減少している。靴下需要推移を図3-1に示す。

図3-1からわかることは、輸入浸透率が年々高まっており、2022年時点で89.3％となり、もはや国内生産は10％にも満たないことがわかる。同時に国内総生産量も減少傾向にあることから国内産業そのものが縮小しているといえる。

このように、靴下産業は衰退したものの、製造技術の専門性が高いがゆえ、そ

図3－1　靴下需給推移

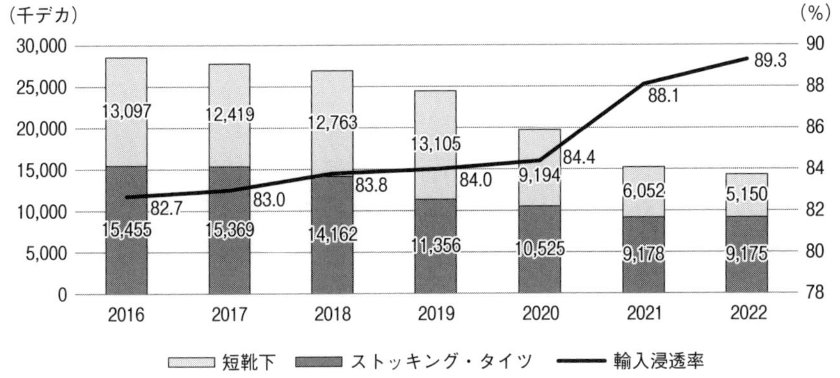

出典：日本靴下協会ホームページ「靴下需給推移」（http://www.js-hosiery.jp/about.html 2023年9月11日取得）より筆者作成。
注：※単位のデカは、靴下や手袋に使われる単位で、1デカ＝10着。

れに応じた設備・技術が必要で参入障壁が高いため、国内産業が継続できたともいえよう。

第2節　靴下の製造工程と企業関係

日本の靴下製造は、専門性の高い技術と多くの工程を経て、高品質な商品の完成に至る。その工程は、一般的に次のとおりである。

①原糸（靴下編み機に糸が送り出される。）
②編み立て（編み機で糸を筒状に編む。）
③抜き（何本もが繋がった靴下の「つなぎ糸」を抜いて1枚ごとに分ける。）
　返し（つま先を縫うため靴下を裏返す。）
④先縫い（専門のミシンを使ってつま先を縫う。）
⑤傷見（網目の乱れや傷の確認をする。傷があれば傷見針で整える。）
　刺繍とソーピング（編み目の密度を高めて強度を増すために湯洗い、乾燥により縮ませる。）
⑥仕上げ（セットともいう。靴下を金属の足型に挿し、蒸気でセットを行う。）

⑦検査・ペアリング（検査をしながら２枚で１組にする。）
⑧包装（口巻、シール、サイズ転写、袋詰め等。）
⑨検針
⑩箱詰め
⑪出荷

①～④までが編み立ての工程である。⑤の傷見の工程は内職として依頼することもある。刺繍とソーピングは刺繍屋に外注（分業）する。⑥の仕上げは仕立て専門工場に外注（分業）する。⑦の検査・ペアリングの工程で再び編み立て工場に戻る[12)]。このように、靴下製造の工程は多く、大きく編み立てと仕上げに分業されている。奈良県靴下産業の産業特性としては、製造企業が多く集まったことで、糸商[13)]、編み立て、仕上げ（セット）屋、刺繍屋、といった分業がすすみ、各業者が地域に集積していたことが挙げられる。これにより、企業間関係として急な注文があった場合の工程間での対応（協力）を可能とする集積メリットがあったといえる。しかし、編み立てに該当する製造企業同士での共同仕入、共同生産、技術の共有といったことは基本的になく閉鎖的であった。これは奈良県広陵町における靴下産業に限らず、その他の地域産業にもみられる傾向といえよう。

第３節　靴下産業の発展に向けた企業間連携

前述したように、靴下産業は海外生産の増加が目覚ましい。こうした状況は、アパレル業界において顕著にみられ、産地での差別化商品の生産、国際分業体制の確立などといった対応が求められるようになった。

こうしたなか、1989（平成元）年に広陵町内の馬見地区靴下組合、東靴下組合、箸尾靴下組合の３組合が発展的改組し「広陵町靴下組合」が結成された。この組合が発足初年度に行った事業が、多目的複合施設「ふるさと会館グリーンパレス」の１階に開店した靴下組合のオリジナルブランドショップ「靴下の店 AIRLAND（エアランド）」[14)]である。その目的は、地域住民や仕入れ業者のアパレルや問屋関係者に「靴下の町 広陵町」のPR、組合員の交流、情報の収集、企画商品の研究開発、流通、マーケットに関する調査研究などであった。

他方、国は増加する靴下輸入製品から産地・企業を守ることを目的に再度、靴下製造企業に多品種・小ロット・短サイクル化した高付加価値商品生産を求め、それに必要な機能を補完し合う複数の企業間連携・統合形成を呼び掛けた[15)]。

この分業についての今後の方向性としては、二つの考え方がある。一つは、これまで通り価格競争力を重視した分業である。もう一つは、分業からの脱却、つまり、ワンストップの体制に切り替えていくことである。これは、分業と比較すると明らかに製造コストが高くなる。これまで外注に頼ってきた設備・場所の拡張、技術者の確保といったことが必要となる。しかし、クイックな生産体制、ロスが出にくい、細かい対応が可能といったメリットが期待できる。

1990年から2000年代にかけて、大手総合スーパーが、次々と低価格PB商品を取り扱うようになった。アパレル商品の生産拠点は海外が中心となり、奈良県の靴下産業のリーダー的企業は、「量産商品では海外品に太刀打ちができない。そして、量産商品で満足できない人たちを対象にすれば、国内メーカーとしてまだ生きる道が開かれる」[16)]という考えを示した。それは、前述の分業についての二つの考えのどちらでもない、「価格競争力に捉われない分業」といえる。

広陵町靴下組合は、靴下市場に対するビジョンとして、産地の技術力を活かして、大手アパレル・卸企業等が参入困難な介護やエコ、健康関連商品、アウトドア商品など衣料品としての新市場の開拓やインターネット通販の立ち上げ、アンテナショップ設置等を提案した[17)]。これは、国内靴下産業が縮小したとはいえ、技術力を活かした品質・性能と市場の棲み分け、さらにはマーケティングにより活路を見出す方向を示したといえる。

実際のところ、企業規模が大きく大量生産ができる企業は低価格商品、企業規模が小さい場合は価格以外の差別化という棲み分けがなされてきた。靴下製造企業各社は、商品差別化戦略として品質（素材)、性能（防寒、伸縮性)、デザインといった面で特徴を持った商品の企画、開発、製造に取り組んだ。これは、靴下は生活になくてはならない商品ではあるが、価格でいうと大多数の消費者は靴下に大きな価値観を持っていないこともあって、低価格商品を求める。自分の足の形状、丈夫さ、素材の質、ファッションの一部、といった「こだわり」を持つ消費者、または、こだわりを持ってもらえる商品といったところに焦点を当てて特化してきたのが現実である。また、自社製品の対象顧客の絞り込みとしては、子供用・紳士用・婦人用、用途としては、普段着・ファッション性・フォーマル用・スポーツ用・アウトドア用といった区分をすることで「選択と集中」をした。国内靴下市場が縮小するなかで、それができている企業こそが生き残ってきた。

2010年代以降、地域産業・地域企業が生き残るために、奈良県靴下工業協同組合は、下請型産地から消費者の要求に応え競争力のある商品を創造し供給できる産地への変革を提唱してきた。これを機に、多くの企業が自社ブランドを立ち上げている。靴下産業の発展に向けたキーワードとして、「技術力」、「ブランド力」、「販売力強化」、「企業間連携」が挙げられる。以下、この四つのキーワードに関わる経営活動について述べる[18)]。

①「技術力」

広陵町で生産される靴下は、実用性・機能性だけでなく、ファッショントレンドをおさえているところに特徴がある。素材と機能・ファッションを融合することで、アパレルや流通企業のブランドをつけることができる。その中には、世界的にも著名なブランド企業からも評価され、パリでのコレクションに出展している企業もある。

靴下製造企業に求められる技術力はさまざまである。職人の技術力としては、新旧の編み機を扱うことができるなどといった能力がトレンドを表現した靴下を生み出すきっかけになることもある。

企業が新たな製法に取り組むことで顧客を獲得した例としては、有機綿花を紡績機の一機種である「ガラ紡機」で糸にした商品（**写真3-1**）が挙げられる。こうして作られる商品は、独特の撚りむらによる素朴な風合いがあり、希少価値のある商品として消費者から評価されている。

②「ブランド力」

ブランド力の向上は、大きく三つに分けられる。一つ目は、自社の屋号をブランドにする場合である。この場合は、高級素材の使用や特殊な製法によるもので、製品の品質やデザイン性を求める顧客を対象とした戦略として効果的である。二つ目は、自社ブランドである。NB商品に該当するもので、自社のオリジナリティを発揮できることから、自社の強みの源泉として期待できる。三つ目は、地域ブランドである。産業集積によって生み出される。

写真3-1　ガラ紡機で作った靴下

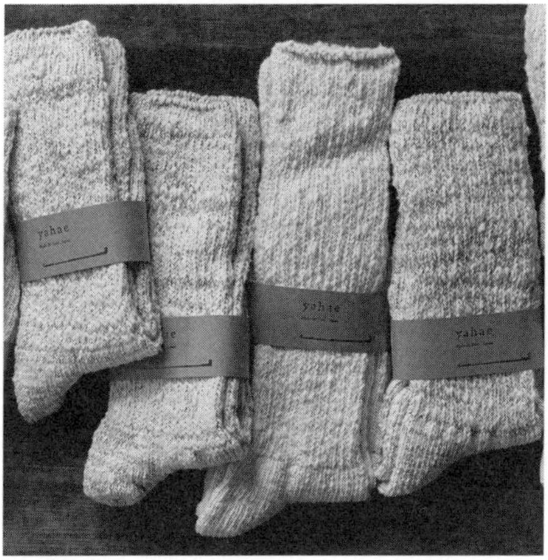

写真提供：ヤマヤ株式会社。

③「販売力強化」

直営店を構えるSPA（製造小売業）の形態をとる企業が存在する。自社製品を直営店で販売することにより、消費者の声を直接聞き取り、自社製品の製造に反映できることからこの効果は大きく、今後はさらに増えることも予想される。

販売力強化には、もちろん営業活動が根幹となる。従業員のコミュニケーション力、需要の変化や顧客に対する理解、リピート率、顧客満足度につながる販売技術が重要であることは当然である。

④「企業間連携」

特定のアパレル業界と長期的な関係を構築するため、多品種・小ロット・短納期に対応した生産体制を構築し、自社内での内製化による経営の効率化を図るといった方法もある。また、自社で小売価格を設定できる自社ブランドを生産することで、アパレルからの受注比率を抑える方法もある。いずれにしても、アパレル企業との連携は非常に重要で、一定の取引を確保することは売上の安定や海外製品の流入、さらには、大手靴下製造企業との競合の回避にもつながる。

しかし、製造企業が主導となった連携が実行されるには、各企業は独自の路線をいくという地域産業文化なるものが阻害する傾向がある。これは、他の地域産業の多くにみられる傾向である。

奈良県靴下工業協同組合は、地域産業の維持・復興に向けて、2003（平成15）年以降、繊維連合会と共同で、参加を希望する組合員企業に門戸を開いた「中国市場での靴下販売支援事業」を展開し、統一ブランド「NARA-SAKURA」で構成された靴下・インナー商品を出展した。販売は中国側代理店を通じて、百貨店などで販売されると同時に、ウェブサイトでのインターネット販売も行った。この事業は、靴下組合が参加企業のイノベーションを促す「インキュベータ」の役割となり、企業は事業を通じてファッショントレンドや、相手国の人々の感性、要求される品質等を商品企画に反映させる技術、貿易等の実務知識などを学んだ[19]。

また、広報宣伝事業の一環として、ホームページで組合員企業の地域での販売会告知を行う形で情報発信を行うとともに、組合員企業の立地・地域配置図の作成や販売拠点の設置をすすめた。これには、地域住民が販売会への参加を通じて地場産業としての繊維産業を認知し、産地への関心が深められるよう工夫している。さらには、後継者問題の解消に向けて、人材の養成、技術の継承と後継者の確保を目的に、現場を離れている技術者を募集・登録し、企業の要請に応じた実技講習等に派遣する事業や人材紹介事業を開始した[20]。

靴下産業においてさまざまな取り組みがなされるなかで、その現状を探るべく広陵町靴下組合は、「次世代への課題」の分析を試みようと、2012（平成24）年7月に靴下組合員企業47社を対象にアンケート調査を実施した。そこから次のことが明らかになった。

靴下の販売先として、問屋・商社が45％と最も多いことがわかる（図3-2）。この理由として、量的確保による売上（運営）の安定を重視していることが考えられる。

広陵町の強みとしては、この地域の産業集積の特性に関わる回答で大半が占められる（図3-3）。この地域に編立・加工といった靴下づくりの根幹が形成されている、比較的小規模工場が多い、独自の技術や編み機を保有している、歴史がある、それらの結果から多種多様な商品を作れる、といったことである。

図3-2　製造された靴下の販売先

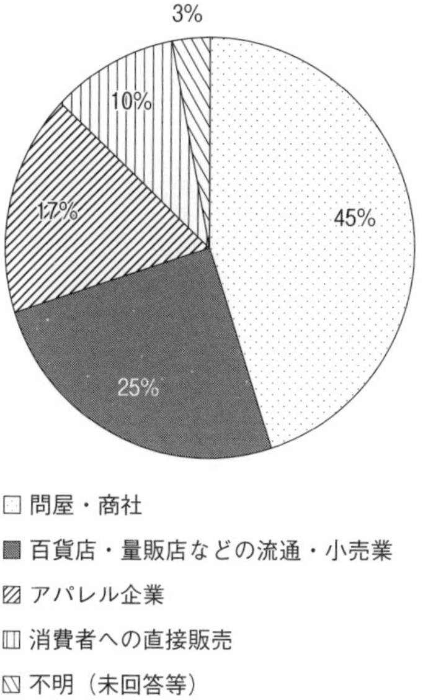

出典：広陵町靴下組合データ（2012）[21]。

図3-3　広陵町の強みといえること

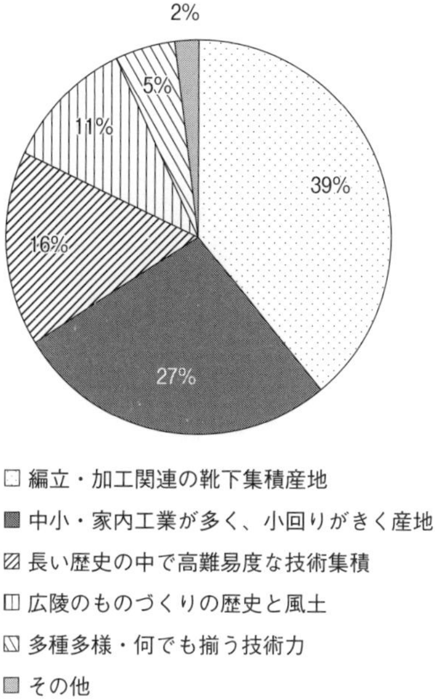

出典：広陵町靴下組合データ（2012）[22]。

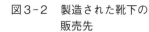

広陵町靴下産業の関連企業は、海外生産の拡大というグローバル化による経営環境の変化に直面している。近年の海外工場の技術が国内と遜色ないものとなり、出来上がった商品の品質向上が著しいことも実感している。そして、それに伴う地域産業の衰退を危惧している[23]。そして、その対策となる戦略として、多くの企業が、高ファッション・高機能という高付加価値商品への特化やOEM（Original Equipment Manufacturing）、多品種・少量・短納期商品生産をとっていると回答した（図3-4）。これこそが海外商品との競争ができる仕組みの構築といえよう。

各社別将来構想としては、生産にウエイトを置く企業、自社ブランドの開発と自社店舗での販売、商品の特化、など多岐にわたる（図3-5）。これは企業ごとの棲み分けこそが生き残りの指針と考えていることが読み取れる。

こうした環境下で、靴下製造企業がとるべき戦略として、砂山七郎氏は次の三

図3-4　取り組んでいる戦略

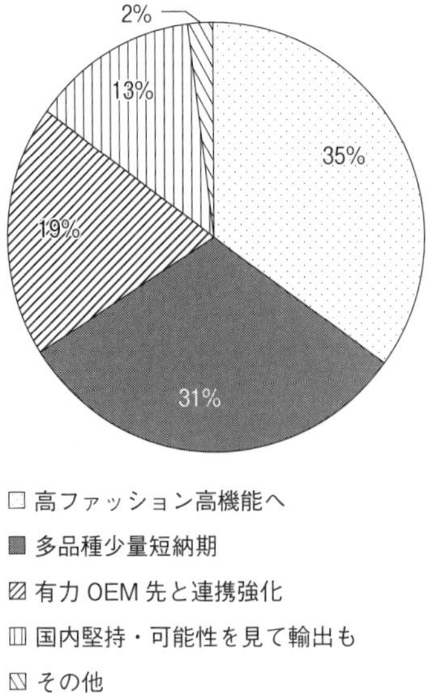

出典：広陵町靴下組合データ（2012）[24]。

図3-5　各社別将来構想

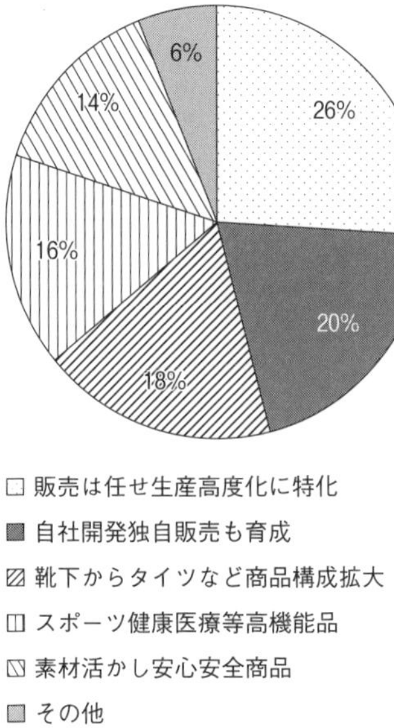

出典：広陵町靴下組合データ（2012）[25]。

つを提言している[26]。

第一は、企業の「コア技術」による高付加価値商品の創造と生産を深耕させることである。海外製品の技術イノベーションの進展、時間軸などの環境変化を見越したファクトリーブランド商品、アパレル企業や小売・流通企業への提案型商品生産の拡大で「コア事業」の育成と拡大を図る経営に軸足を移すことである。

第二は、小規模企業であっても、自社オリジナル商品が生産できる商品企画力や営業力の形成が必要であり、生産では実用商品と付加価値商品を両立させ、季節動向要因などの市場動向に左右されない経営を目指すことである。小規模な隙間商品であっても、他社が参入しないオンリーワン商品を生産し、売り切ることで収益力の改善を図ることができる。

第三は、製造から販売までの経営資源、機能を社内外に確保して競争力を維持することである。市場からの「スピード」、「フレキシビリティ」の要請に、連携する企業の「技術」、「専門性」が活かされてくる。また、靴下組合の輸出事業における県内「統一ブランド」化した商品生産は、海外市場に単独で進出が困難な企業の下支えの役割を果たしている。

広陵町靴下組合は、靴下産業が直面する課題を受け止め、その打開策として「広陵くつした」ブランド戦略アクションプランを提案し、これを近畿経済産業局が支援する形をとった。広陵町靴下組合は、地域ブランドの維持には産業集積の保持が必要であり、企業の戦略として自社ブランドの立ち上げが重要であると認識した。近年の業績低迷により廃業・倒産が進む国内靴下産業において、2020年以降の新型コロナウイルス感染拡大による影響がさらなる業績を悪化させた。その一方で、自社ブランドやEC（Electronic Commerce）サイトを立ち上げている企業においては、それほど大きな落ち込みは見られなかった。このアクションプランは、ベースブランドとしての「広陵くつした」の確立を目指し自社ブランド展開事業者を支援するもので、その内容は次のとおりである[27)]。

- OEM供給に大きく依存してきた広陵町の靴下産業において、自社ブランド展開に活路を見出そうとしている事業者を支えるため、地域ブランド「広陵くつした」を確立。
- 「広陵くつした」の認知度を高めることで、各社の自社ブランドの価値を向上させ、地域の基盤産業である靴下産業を支援。
- 現時点で自社ブランドを立ち上げていない事業者に対しても、自社ブランドの立ち上げを選択肢の一つとして検討してもらう機会を提供。

「広陵くつした」のブランド確立に向けた取り組みの方向性として二つをテーマに掲げた。一つ目は、「事業者間の連携強化」である。市場の最新情報、ブランディングやマーケティング、顧客とのコミュニケーション構築、情報発信等を事業者間でコミュニケーションがとれる場を設けた。二つ目は、「顧客とのタッチポイントの拡大」である。自社で世界観、コンセプト、ブランドに込めた思いを直接的に訴求しやすいECサイトおよびSNSでの情報発信の注力が挙げられる。他には、ふるさと会館グリーンパレス内の「くつした博物館」を開設し、靴下販売と広陵町が誇る靴下づくりの歴史や技術、編み機の変遷等、靴下に関わるあらゆる情報の発信拠点とした。

奈良県靴下工業協同組合が主導となり、加盟企業が提携した動向では、2017（平成29）年に靴下製造企業8社による共同開発のオリジナルブランド「The Pair」（**写真3-2**）を立ち上げが挙げられる。その目的は、従来の生産者から消費者への一方向のモノづくりを見直し、消費者ニーズをカタチにしながらファンを増やすこと（双方向型企画）であった[28]。

これは、企業自らが率先して協力することがさほど多くないという地域産業の特徴があるなかで、組合を通した共同を計画したものである。結果、複数企業が集まり意思決定を行い、ブランド立ち上げる困難を乗り越え、努力の結果、技術力を終結した製品開発・製造を実現した。また、全国への発信としてインターネット販売の他、百貨店でのポップアップ販売を展開している。今後は、共同開発によるブランド開発を通し、技術・情報の共有、広報・宣伝、人材の養成などでも大きな期待が寄せられるところである。

他にも、産地内の企業数社が連携し、生産ネットワークを形成することで各社の維持存続を試みた事例がある。その際に生産した商品は、靴下など医療用品の他、介護関連商品、医療機器に装着する編地商品であった。当時の各社が保有する専門的設備・技術・得意分野によって工場を振り分けて生産した。生産する商品の種類は多様であったが、各社のコア技術を活かし、さらには既存の機械を改

写真3-2　共同開発ブランド「The Pair」[29]

写真提供：奈良県靴下工業協同組合。

造することで製作可能とした。また受注数量の増減にも柔軟に対応できる能力を発揮したベンチャー的な経営戦略を構築した[30)]。

こうした製造企業間連携については、まだまだ始まったばかりである。そして、製販連携に至っては、国内生産ではほとんど見られない。連携といってもOEM事業にとどまっているのが現状である。なかには、売上のOEM比率が大半を占めている企業も存在する。もはや下請けという感じで、専属工場に近い状態になっている企業もあれば、リスク回避として複数社から請け負う企業もある。業績の安定という意味で、OEMは重要ではあるが、商品差別化による企業間競争という観点では自社ブランドの比率もある程度確保したいところであろう。

広陵町における靴下製造企業には、自社ブランドを中心に考え、その商品認知度を向上させる努力し、その結果として広陵町靴下産業が認知されるという認識を持つ企業があることも明らかになった（間接的PRとなってしまっている）。そのため、地域産業全体としての一体感と持続的取り組みが今後の地域ブランド向上へのカギとなるであろう。

この取り組みとしては、広陵町靴下組合と広陵町商工会などが協力する形で「靴下の市」[31)]を開催し、多くの企業が参加している。その他には、デザインコンテスト、産学官連携、社会見学としての工場見学がある。これらは、地域からの情報発信となる。近年、産業集積がみられる地域の情報発信として注目されるのが「地域一体型オープンファクトリー」[32)]である。

奈良県靴下産業で現存する企業の多くは、低価格化を追求する価格訴求型商品ではない。多品種・少量・短納期商品生産はコストアップに繋がる。これに拍車を加えることになっても、高付加価値商品への特化した価値訴求型商品を製造している。これは、ポーター（Porter, M. E.）がいう競争戦略の基本戦略[33)]でいえば、コスト・リーダーシップ戦略（価格の差別化）ではなく、商品差別化戦略（価格以外での差別化）である。そして、そのような商品を求める顧客を対象とした集中戦略に基づく棲み分けができているといえよう。

最後に、製販連携については、現在のところ事実上困難となっている現状について述べる。それは、総合スーパーのような大手小売企業が取り扱う靴下のほとんどは、海外で製造されており、その取扱商品のほとんどが低価格PBに代表される価格訴求型商品である。近年、食品については価値訴求型商品の高価格PB

が注目されてきているが、靴下に対する消費者の商品意識は、まだ品質や性能にはさほど目が向かないのが現状である。総合スーパーの動向としては価格訴求型商品として海外生産の商品に頼りながらそこでの商品の品質の向上を求めるというのが主流となっている。この動向は、アパレル企業大手についても同様で低価格 PB を取り扱うか、OEM による価格訴求商品であることほとんどである。

価値訴求型商品を求める百貨店や靴下専門店、セレクトショップ、ブティック、スポーツ・アウトドア用品店等であれば、共同企画といった製販連携は実際にある。たとえ、靴下市場全体からすればニッチな市場であったとしても、需要に応える役割として製販連携が機能していることは確かである。

謝辞

本章の執筆にあたり、多くの皆様から貴重な資料提供やインタビューにご協力いただきました。とくに奈良県靴下工業協同組合の大坪真志様、昌和莫大小株式会社代表取締役・井上克昭様、ヤマヤ株式会社の専務取締役・野村泰嵩様、調査・研究にあたりご指導くださった愛知工業大学大学院の加藤里美教授には心より感謝申し上げます。

●注

1）南北に二上山を望み，一大古墳群である馬見丘陵の東の麓に広がる。町は，箸尾駅を中心として発展してきた北部地域，地元の靴下産業が息づく西部地域，のどかな田園風景が広がる東部地域，閑静な住宅街が広がる真美ヶ丘ニュータウン地域と大きく四つに分けられる。（「広陵町の靴下百年史」編集委員会編（2013）『広陵町の靴下百年史』，広陵町靴下組合，巻頭ページ，ならびに広陵町ホームページより。）

2）同上書，pp. 38-41。

3）同上書，p. 42。どこの国のものであるかは不明とされる。

4）享保 4（1719）年『長崎夜話章』に「“女利安”紅毛詞なるゆえに文字なく，足袋，手覆，綿糸または真糸にて漉きたるものなり。根本紅毛人，長崎女人におしえたり，色ものみぞ次第なり……」と記載されている。
株式会社ナイガイホームページ「靴下博物館」https://www.naigai.co.jp/museum/#mct02 （2023 年 9 月 11 日取得）

5）「広陵町の靴下百年史」編集委員会編（2013），前掲書，広陵町靴下組合，p. 10，pp. 48-49，pp. 60-61。

6）菊浦重雄編（1964）『奈良県靴下のあゆみ―奈良県靴下工業発展史―』，奈良県靴下工業協同組合，p. 390。

7）基本的には奈良県内に事業所を持つことを加入条件とする。

8）「広陵町の靴下百年史」編集委員会編（2013），前掲書，広陵町靴下組合，pp. 10-15。

ちなみに，1989年に広陵町内の三つの組合が改組して設立された「広陵町靴下組合」の組合員数は，当初（1989年）は143名であったが，2020年には約40名まで減少した。（近畿経済産業局 令和2年度地域ブランディング実践支援事業（2020）「“広陵くつした”ブランド戦略アクションプラン」，p. 5）

9）菊浦重雄編（1964），前掲書，奈良県靴下工業協同組合，pp. 390-391。

10）伸縮性のある素材。ウーリーナイロン。ゴムの役割でずり落ちるのを防ぐ。

11）「広陵町の靴下百年史」編集委員会編（2013），前掲書，広陵町靴下組合，pp. 10-15。2023年の数字は，2023年8月時点。

12）⑦で編み立て工場に戻る場合や検査だけして包装は家内労働にお願いしたり，包装を専門業者に外注したりする場合もある。

13）糸の販売業者。

14）開店は1990年。

15）「広陵町の靴下百年史」編集委員会編（2013），前掲書，広陵町靴下組合，pp. 10-15。

16）同上書，p. 116。

17）同上。

18）同上書，pp. 123-131を中心に，その他資料内容，靴下産業関係者に対する筆者によるインタビュー調査（2023年8月下旬～9月上旬実施）よりまとめた。

19）「広陵町の靴下百年史」編集委員会編（2013），前掲書，広陵町靴下組合，pp. 129-130。

20）同上書，pp. 130-131。

21）同上書，p. 132。

22）同上書，p. 133。

23）広陵町靴下組合による同調査の「グローバル化による経営環境の変化をどう受け止めているか」という質問（選択）の中で，33％の企業が「このままでは産地が衰退する」と回答している。

24）「広陵町の靴下百年史」編集委員会編（2013），前掲書，広陵町靴下組合，p. 134。

25）同上書，p. 135。

26）同上書，pp. 137-138にて，砂山七郎は三つの戦略を提案している。

27）近畿経済産業局 令和2年度地域ブランディング実践支援事業（2020）「“広陵くつした”ブランド戦略 アクションプラン案」，p. 1。

28）奈良県靴下工業協同組合ホームページ。
https://www.apparel-nara.com/socks/overview/ （2023年9月11日取得）

29）写真は，「The Pair」の商品「レーシーフリル NT7228」。

30）「広陵町の靴下百年史」編集委員会編（2013），前掲書，広陵町靴下組合，pp. 127-129。

31）毎年4月と11月にそれぞれ2日間開催され，2023年4月時点で50回を超える。

32）経済産業省近畿経済産業局によると，「ものづくりに関わる中小企業や工芸品産地など，一定の産業集積がみられる地域を中心に，企業単独ではなく，地域内の企業等が面として集まり，生産現場を外部に公開したり，来場者にものづくりを体験してもらう取組」としている。開催する地域社会（住民）にとっては，自らのまちの魅力や奥行きを再認識する契機となり，企業にとっては，地域社会と新しい接点を持つことで，地域の企業としての意識（ローカル・カンパニー・プライド）の芽生えやイノベーティブな着想を得る機会に繋がる。また，継続的に実施されている地域一体型オープンファクトリーが持つ集客力や求心力は非常に強力であり，地域内外から多くの集客を獲得する。
https://www.kansai.meti.go.jp/1-9chushoresearch/openfactory/openfactory.html（2023年9月11日取得）

33）ポーター（Porter, M. E.）著・土岐坤他訳（1985）『競争優位の戦略―いかに高業績を持続させるか―』，ダイヤモンド社。

【参考文献・参考資料】

Hamel, G. and Prahalad, C. K.（G・ハメル＆C・K・プラハラード）著・一條和生訳（1995）『コア・コンピタンス経営―大競争時代を勝ち抜く戦略―』，日本経済新聞社。
Porter, M. E.（M・E・ポーター）著・土岐坤他訳（1985）『競争優位の戦略―いかに高業績を持続させるか―』，ダイヤモンド社。
菊浦重雄編（1964）『奈良県靴下のあゆみ―奈良県靴下工業発展史―』，奈良県靴下工業協同組合。
近畿経済産業局 令和2年度地域ブランディング実践支援事業（2020）「“広陵くつした”ブランド戦略 アクションプラン案」。
広陵町史編集委員会編（1965）『広陵町史・本文編』，広陵町。
「広陵町の靴下百年史」編集委員会編（2013）『広陵町の靴下百年史』，広陵町靴下組合。

株式会社ナイガイホームページ「靴下博物館」https://www.naigai.co.jp/museum/#mct02（2023年9月11日取得）
広陵町靴下組合ホームページ
https://r.goope.jp/sr-29-294261sl912/（2023年9月11日取得）。
広陵町ホームページ
http://www.town.koryo.nara.jp/（2023年9月11日取得）
奈良県靴下工業協同組合ホームページ
https://www.apparel-nara.com/socks/overview/（2023年9月11日取得）。
日本靴下協会ホームページ
http://www.js-hosiery.jp/about.html（2023年9月11日取得）。

第 4 章

桐生織の継承と発展

拓殖大学　中嶋　嘉孝

徳富蘆花（とくとみろか）が「機の音、製糸の煙、桑の海」と表現した群馬県は、蚕から織物まで一貫して生産できた絹織物産業・繊維産業が盛んであった。本章は群馬県を代表する伝統的工芸品である桐生織が新しい技術を取り入れながら継承され、織物から新しい形へ発展し成長している事例を、マーケティングの視点から考察した。

第 1 節　伝統的工芸品とは

1．伝統的工芸品の定義

伝統的工芸品とは、1974（昭和 49）年に施行された伝統的工芸品産業の振興に関する法律（伝産法）により、経済産業大臣から指定される工芸品であり、桐生織は 1977（昭和 52）年に指定されている。伝統的工芸品は、①主として日常生活の用に供されるものであること。②その製造過程の主要部分が手工業的であること。③伝統的な技術又は技法により製造されるものであること。④伝統的に使用されてきた原材料が主たる原材料として用いられ、製造されるものであること。⑤一定の地域において少なくない数の者がその製造を行い、又はその製造に従事しているものであることを要件としている[1)]。この法律によって、伝統的工芸品に指定されることにより、認証マークの使用はもちろんのこと、「伝統的工芸品産業支援補助金」の交付や、東京都港区の合同展示場である伝統工芸青山スクエアでの展示、ジェトロ・日本貿易振興機構による輸出支援などさまざまな支援を受けることができる。

2．伝統的工芸品の現状

伝統的工芸品とは、2022年現在、240品目が指定されている。織物38品目、染色品13品目、その他繊維品5品目、陶磁器32品目、漆器23品目、木工品・竹工品33品目、金工品16品目、仏壇仏具17品目、和紙9品目、文具10品目、石工品4品目、貴石細工2品目、人形こけし10品目、その他工芸品25品目、工芸材料・工芸用具3品目になっている。その生産高は870億円（令和2年度・2020年度）、従事者数は5万4,000人になっている[2]。なお40年前は5,800億円（昭和58年度・1983年度）、28万8,000人である。

これら伝統的工芸品のうち、織物、染色品、その他繊維品は、産地の特徴から七つに分類できる（**表4－1**）。

前川（1982）は、フィラメント（長繊維）織物産地の発展過程を分析し、類型化している。第一類型である生産性志向型輸出向織物産地型は、絹織物から化学

表4－1　伝統的工芸品織物産地の分類

類型	該当地域	該当伝統的工芸品
生産性志向型輸出向織物産地型	福島、富山、石川、福井	牛首紬
衰退型輸出向織物産地型	鶴岡（山形）、新潟、岐阜	小千谷縮、十日町絣
西陣総合先染織物産地型	京都	西陣織
和装後染織物・西陣出機混合産地型	滋賀、兵庫、丹後（京都）	近江上布
単一和装先染織物特化産地型	東京、博多	村山大島紬、博多織
衰退型関東先染織物産地型	米沢（山形）、秩父（埼玉）、栃木、群馬、鹿児島奄美、八王子（東京）	置賜紬、秩父銘仙、結城紬、伊勢崎絣、桐生織、大島紬、多摩織
関東後染織物・先染出機産地型	山梨、飯能（埼玉）	

出典：前川恭一（1982）「フィラメント織物産地の諸類型とその特質」，同志社大学人文科学研究所編，『和装織物業の研究』，ミネルヴァ書房，pp. 107-153。
経済産業省伝統的工芸品ウェブサイト
https://www.meti.go.jp/policy/mono_info_service/mono/nichiyo-densan/index.html（2023年8月10日閲覧）から作成。

繊維、合成繊維を使い、大企業の下請け産地として賃機産地の性格を持っている産地である。第二類型である衰退型輸出向織物産地型は、北陸産地の輸出向織物産地の集中化に伴い衰退を余儀なくされた輸出向け産地である。第三類型である西陣総合先染織物産地は、和装織物の主力産地であり、多様な種類を生産する産地である。第四類型である和装後染織物・西陣出機混合産地型は、織物業者が西陣織の下地を農漁村に対して織らせることから発展した産地である。第五類型である単一和装先染織物特化産地型は、西陣と競合しない和装先染織物を展開し、専門化し発展した産地である。第六類型である衰退型関東先染織物産地型は、生活様式の洋風化により実用着の需要が減少し、また工業地帯に隣接したことで、土地・労働力を確保できなくなり急速に衰退した産地である。第七類型である関東後染織物・先染出機産地型は、高度成長期に工業化の影響を受けずに、生産基盤を維持し、出機生産を維持した産地である。桐生は、第六類型・衰退型関東先染織物産地型に該当するとされ、1950 年代半ばをピークに急激に生産量が減少している。

第２節　織物の町　桐生の成り立ち

1．桐生と織物の歴史

群馬県は、富岡製糸場に代表される蚕糸業から織物まで揃うシルク・カウンティや絹の国と呼ばれ、その完成品の代表例が桐生織である。

群馬県南東部、栃木県南西部を指す両毛地区は、繊維産業と関係する都市も多い。群馬県伊勢崎市には伊勢崎絣、栃木県足利市は足利織物、隣の栃木県小山市、茨城県結城市は結城紬というように多く集積している。また隣県の埼玉県秩父市、新潟県小千谷市、東京都八王子市など、関東平野に広がる大産地であり、横浜港からの輸出と合わせて日本を代表する産業だったことが伺える。

これらの関東平野の産地の中で、西の西陣、東の桐生といわれるまでに成長した要因は、以下の七つの要因が挙げられる。第一に古くから絁が取れたこと。第二に百姓渡世難儀の地であったこと（田畑の耕作に向いていない土地）。第三に天領となったこと。第四に市を獲得したこと。第五に新技術導入等に熱心あったこと。第六に西陣に比べ生産組織が柔軟であったことが挙げられる[3)]。

桐生と織物の歴史は、「魏志倭人伝」や「続日本記（しょくにほんぎ）」に言葉として出てきており、「東大寺献物帳（けんもつ）」には、上毛の絁（あしぎぬ）を東大寺へ献上したと記されており、700年代初めには産地になっていたとされる。その後南北朝時代から、桐生氏の統治のもとに、織物生産が奨励され、関ヶ原の戦いでは、1日で2,400疋の東軍の白旗を織って献上したといわれている[4)]。

桐生織の技法として「お召織（めしおり）」、「緯錦織（よこにしきおり）」、「経錦織（たてにしきおり）」、「風通織（ふうつうおり）」、「浮経織（うきたており）」、「経絣紋織（たてかすりもんおり）」、「綟り織（もじおり）」の七つがある（表4-2）。

表4-2　桐生織の歴史

年	出来事
700年頃（飛鳥時代）	桐生を含む両毛地区が織物の産地と認知される
1350	織物の生産を奨励
1600（慶長5）	関ヶ原の戦いに多くの旗を献上
1603（慶長8）	徳川幕府の天領
1722（享保7）	越後屋（現三越・伊勢丹ホールディングス）が仕入れのための支店を設置
1738（元文3）	京都から新しい技法を伝授
1783（天明3）	水車を利用した八丁撚糸（はっちょうねんし）を考案
1859（安政6）	横浜開港　生糸の輸出が始まる
1877（明治10）	ジャカード機を導入
1879（明治12）	輸出用羽二重を生産
1948（昭和23）	織機を復元、生産を回復
1956～59（昭和31～34）	生産高最高記録、輸出も増加
1972（昭和47）	日米繊維協定調印　輸出の減少
1977（昭和52）	伝統工芸品の指定を受ける
1987（昭和62）	桐生地域地場産業振興センター開館
2008（平成20）	地域団体商標を登録

注：羽二重とは、経糸（たていと）2本、緯糸（よこいと）1本で織る平織り技術のこと。これにより光沢のある織物にすることができる。

出典：はたや記念館ゆめおーれ勝山編（2012）『織物のまち、桐生と勝山：輸出向け羽二重のルーツと桐生織の魅力』, pp. 36-39。
福井繊維協会ウェブサイト
http://www.fukui-seni.or.jp/70topics/71silk.html （2023年8月3日閲覧）。
桐生市ウェブサイト
https://www.city.kiryu.lg.jp/sangyou/1012348/1012405/1012412/index.html （2023年9月1日閲覧）。

しかし明治期に入ると、西洋式のジャガード機が導入された。ジャガード機は、フランスにおいて1801年に発明されたといわれ、パンチカードを使い、糸の縫い方をプログラミングし、素早く織る織機である。横浜のバイヤーが桐生織の羽二重に着目し、輸出がはじまり、桐生だけでは需要を捌けなくなり、福井や石川、福島、東京等に技法を教え、広まっていった。

洋装化が進んだことに危機意識を持ち、桐生をはじめ周辺の産地は、銘仙と呼ばれるカジュアルな着物を開発、普及させる。銘仙とは、先染め平織りの大衆向け絹織物であり、その普及において、有名画家、有名俳優を使ったプロモーションの手段を駆使するマーケティング活動が盛んに行われ、大正、昭和初期に流行した[5)]。

戦時中には、軍需産業への提供などもあったが、戦後、桐生織は復活し、1950年代には生産、輸出とも活況を呈した。しかし生活の洋風化がさらに進み、輸出向けでは、日米において貿易摩擦による輸出規制や円高などにより、生産高が急減したのである。

2．桐生織の現状と派生産業

上述のように伝統的工芸品の市場が減少するなかにおいて、桐生織の市場規模を表す産地収入高は減少傾向が続いている。桐生市繊維振興協会は、13団体から構成されている。13団体とは、桐生織物協同組合、桐生染色組合、桐生商工会議所繊維部会、桐生ものづくり協同組合、桐生糸商組合、桐生刺繍商工業協同組合、東日本編レース工業組合、桐生紋紙組合、東毛ジャガード刺繍協同組合、桐生織物商友会、桐生テキスタイル商業グループ、桐生織伝統工芸士会、起龍である。そのうち桐生商工会議所繊維部会、桐生織伝統工芸士会、起龍を除く10団体に所属する165事業所の合計販売高（生産高＋加工高＋販売高）は115億円4,410万円になっている（図4－1）[6)]。

このように織物産業自体は、減少に歯止めがかからない。この要因として、和服の需要減少、輸出の減少、化学繊維の普及などが挙げられる。

また、桐生織から派生した産業として、桐生市の工場出荷額において最上位である自動車関連の部品製造を挙げることができる。その代表例は、東証プライム上場の株式会社ミツバ、小倉クラッチ株式会社、株式会社山田製作所、ニデック

図４－１　産地収入高の推移

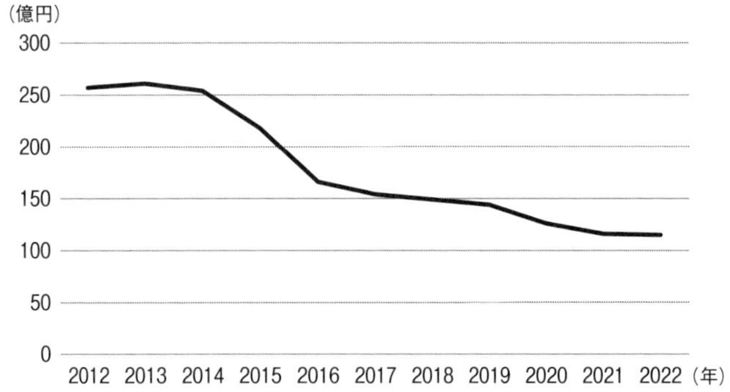

出典：桐生市織維振興協会編（2023）『桐生織維業界の実態』，p. 2から作成。

アドバンスドモータ株式会社（旧日本サーボ株式会社、日本電産サーボ株式会社）である。これらの企業は戦時中に東京から桐生に疎開し、桐生は空襲がなかったことから、これらの部品製造企業はいち早く立ち直り、SUBARUやホンダへ部品を供給し拡大したことで、関連・下請け工場として桐生織の機屋が転換していった。

つぎの派生した産業としてパチンコ台の製造が挙げられる。桐生には織物用の機械が多く使われており、それらを製造、メンテナンスする技術者も多く存在し、それの技術者を集め、パチンコ台の製造が行われた。株式会社平和の創業者である中島健吉は、当時のパチンコ台はベニヤ板を使用し、その乾燥に桐生の気候が適していたと指摘している[7)]。2000年代まではパチンコ台製造の上位３社は「桐生御三家」といわれ、平和、株式会社SANKYO、株式会社西陣（ソフィア）は、かつて桐生市に本社を置いていた。しかし2000年代半ばからは、手狭な用地などを嫌い、平和、SANKYOの２社は桐生市から工場および本社を撤退し、西陣（ソフィア）に至っては製造から撤退している[8)]。

第3節　桐生織の継承

1．日本遺産の指定と技術を学ぶ仕組み

「かかあ天下―ぐんまの絹物語―」として日本遺産・近代化遺産の認定を受けた施設を使い、織物の町、織都桐生を観光してもらうことにより、織物業への興味、関心を増す取り組みを行っている。日本遺産として認定された施設を中心に、歴史、技術の継承を行っている[9)]。日本遺産とは、文化庁が地域の歴史的魅力や特色を通じてわが国の文化・伝統を語るストーリーを日本遺産（Japan Heritage）として認定し、ストーリーを語る上で、不可欠な魅力ある有形・無形のさまざまな文化財群を総合的に活用する取り組みを支援するものである[10)]。認定されたストーリーは、蚕を飼育し繭を作る養蚕業をはじめ、繭から糸を作る製糸業、糸を染め布に織る織物業を女性・妻が支え、夫は俺のかかあは天下一と呼び、これがかかあ天下として、上州名物になるとともに活躍する女性を象徴するものになった。

国登録有形文化財である桐生織物記念館では、桐生織の工程に従い、機械が展示され、歴史的な発展過程がわかり、映像によってより理解が深められるものになっている。また伝統的な和服から洋服、ハンドバック、アクセサリーなど桐生織をアレンジした商品の売店も併設されている。

1902（明治35）年に開設された旧模範工場桐生撚糸合資会社事務所棟（絹撚記念館、桐生市指定重要文化財）では、蚕から糸を作る過程が学習できる。撚糸とは織物に加工する前の糸に「ヨリ」をかける工程である。模範工場は、明治政府の殖産興業政策により全国に6ヵ所（桐生、足利、米沢、京都、福井、富山）に開設され、政府の桐生に対する期待が伺える施設である。

帯を作る後藤織物では、建築物として、日本遺産であり、国登録有形文化財である木造ノコギリ屋根工場において、帯地の製造過程が学習できる。

同じく国登録有形文化財である織物参考館“紫（ゆかり）”では、「動く、触れる、生きている」をコンセプトに、ノコギリ屋根工場を利用した、織機や資料の展示、染色や手織体験をすることができる。

そして桐生市観光物産協会では、着物のレンタルサービスを実施し、実際に着て街歩きをすることで桐生織の歴史を体感できる取り組みや、観光ガイドによる街歩きも実施している。

2．産官学によるバックアップ体制

両毛地区において、桐生織が他地区に比べ生産が伸びた背景として、早い時期から、織物の発展、継承に対しての産官学による古くから行われたさまざまな取り組みが大きいといえよう。まず官において、群馬県では1915（大正4）年に群馬県立桐生図案調整所を設立し、そして現在の繊維工業試験場に至る技術支援である。現在の繊維工業試験場は、技術支援係、企画連携係、生産技術係、素材試験係の4係に分科している。また群馬県庁内に群馬県地域企業支援課、地場産業係、ものづくりイノベーション室、技術開発係、マーケティング支援係を設置しバックアップをしている。さらに2022年からは、交流、発信、新しい取り組みの四つをテーマに「よつばプロジェクト」と称し、繊維、繊維関連業、大学等の参加を想定し、バックアップを進めている[11)]。

経済産業省 関東経済産業局は、2014（平成26）年の富岡製糸場と絹産業遺産群の世界遺産登録を契機に、甲信越地方も含む広域圏において、①「絹を活用したものづくり」：新たな高付加価値商品・ブランドの開発、国内外への販路開拓、②「絹をテーマとした観光」：広域観光周遊ルートの開発、各地域の観光振興に取り組んでいる[12)]。具体的な動きの例として、①では、グローバルブランド創出研究会、新潟五泉の絹織物と各地染色加工の連携、先進企業7社連携による新ブランド創設、産地間連携による伝統「銘仙」の新展開の動きがある。②では、信州シルクロード、上武絹の道、横浜に続く日本シルクロード、NEXCO東日本による高速道路を活用した絹のみち広域スタンプラリーを行っており、桐生関係では、上武絹の道により群馬と埼玉を回る周遊ルートが作られている。

桐生市は、毎年11月3日を着物の日と制定し、その前後を桐生ファッションウィークとして、着物を着て楽しむワインパーティや各展示施設への送迎サービスなどイベントを開催している。

さらに桐生市は、ものづくり現場の公開や、来場者や見学および体験ができるオープンファクトリー事業の取り組みを支援し、補助金を交付している。オープンファクトリーは、新潟県燕三条地区における工場の祭典[13]を参考に、桐生商工会議所が中心になり、繊維を中心に６社による工場見学や製作体験など一般消費者向けのイベント「桐生クラフトユアストーリー」を実施している。「桐生クラフトユアストーリー」は、プレイベントを2023年６月に実施、2023年10月末に開催されるファッションウィークに合わせ、本格的に開催される。

また、学としては、群馬大学理工学部は、北関東初の高等教育機関・官立桐生高等染織学校、色染科、紡織科としてスタートし[14]、現在でも桐生市に立地する唯一の大学として織物関連の研究開発や新規ビジネスのインキュベーターの役割を担っている。新しい動きとして「りょうもうアライアンス」として、両毛地区に存在する群馬大学、前橋工科大学、群馬工業高等専門学校（群馬高専）、足利大学によるコンソーシアムを作り、産業界と共同研究、人材育成をするものである。その目的は①取りこぼしの無い企業サポートを目的とした企業からの依頼分析や技術相談の相互紹介、②各機関の教育研究力の向上を目的とし分析装置や大型設備の共同利用、③技術力と実務経験を有した即戦力学生の育成を目的としたマイスター育成プログラムの実施を目的としている[15]。

桐生商工会議所は、「中小企業119」や「群馬県よろず支援拠点」など中小企業からの経営相談の窓口を設置し、必要に応じて税理士、公認会計士、弁護士等専門家の紹介を含むサポート体制が充実している。商工会議所は、教育機関との仲介も実施し、「群馬大学産学連携ワンストップサービスオフィス」を通じて、共同研究等の仲介をしている。

第４節　桐生織からの発展事例　ユニマーク

１．ユニマークの沿革

本節では、桐生織の刺繍から、自らダイレクトチャネルを構築し販路を拡大し発展している株式会社ユニマークの事例を紹介する。ユニマークの事業分野は、各種刺繍、プリント縫製、制服・ユニフォーム販売、輸入ワッペン事業、雑貨販売業、オリジナルブランド事業、各種デザイン事業、各種印刷事業、WEB製作事業である。

刺繍は伝統的な桐生織の過程においては、川上である製糸、川中である織物に続く、最後の工程である川下に位置する。刺繍は、和服の需要低下により減少し、一時期は1960年代に米兵の土産としてブームになった背中に派手な模様が入った横須賀ジャンパー（通称スカジャン）によって息を吹き返したかに見えた刺繍業であるが、減少が続き、直近では横ばいの状況が続いている。桐生の代表的な刺繍である横振り刺繍は、針が左右に動く横振りミシンを使って図案を見ながら職人の手で直接生地に柄を起こす技法で、手振り刺繍とも呼ばれる[16)]。

ユニマークも所属する桐生刺繍商工業組合は、事業所数36、従業員数228人、生産高と加工高の合計は6億1,730万円（令和4（2022）年1～12月）であり、その内訳は、雑貨52％、ブラウスニット加工22％、ハンカチーフ加工10％、婚礼加工8％、婚礼衣装8％になっている（図4－2）。

これまでを振り返ると、ユニマークの前身である尾花刺繍は、尾花靖雄社長の父親である尾花由雄氏が1965（昭和40）年に創業し、海外を含む大手アパレルメーカーの下請けとして刺繍を製造していた。下請けといってもメーカーの下に下請けを挟み、2次加工の位置にあり、その収入は大きくはなかった。さらに1990年代から、アパレルメーカー工場の海外移転が相次いだことにより、さらに売上が減少した。そのような状況に対して、尾花社長は、8年間務めた自動車部品メーカーを退職し、家業を継ぐことになり、刺繍分野の拡大を模索するが、限界を感じるようになり、アパレルではない分野の開拓を行う。ここで尾花社長

図4－2　過去10年間の桐生刺繍商工業組合の売上高の推移

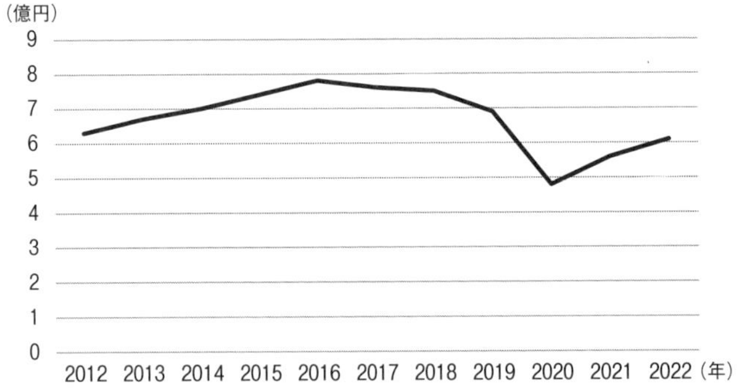

出典：桐生市繊維振興協会編（2013～2023）『桐生織維業界の実態』から作成。

表４-３　ユニマークの沿革

年	出来事
1955（昭和 30）	横振り刺繍職人としてスカジャン刺繍や打掛刺繍などの製作
1965（昭和 40）	尾花由雄氏によって尾花刺繍が創業
1990 年代	アパレルメーカーの海外移転が進み、売上が減少
1993（平成 5）	尾花社長が自動車部品メーカーを退職し、刺繍業に
1998（平成 10）	インターネットに着目し、エンドユーザー向けワッペンの製造を開始、アパレル向けを縮小
2000（平成 12）	ワッペン屋ドットコムでの販売を開始
2002（平成 14）	法人設立・シルクプリント部門を開始
2005（平成 17）	輸入ワッペンの販売を開始
2006（平成 18）	作業服、事務服、安全靴の販売を開始
2007（平成 19）	新社屋が完成
2013（平成 25）	第二工場兼配送センターを開設
2015（平成 27）	上毛新聞ぐんま企業探訪に取り上げられる
2016（平成 28）	平成 27 年度群馬県優良企業表彰　商業・サービス部門　優秀賞を受賞
2019（令和元）	桐生市中心部にギフトショップキナリを開店
2023（令和 5）	事業部門の新社屋が完成

出典：ユニマークへのヒアリング、ユニマークウェブサイトより作成。

の経歴が大きく左右する（**表４-３**）。

尾花社長の経歴は、桐生工業高校電気科を卒業し、自動車部品メーカーの仕事をしながら、群馬大学工業短期大学部電気工学科において専門知識を身に付け、メーカーでは生産技術部において、回路設計を行うエンジニアを任されるなど、刺繍以外の道を進んでいた。しかし理系の知識に長けていたことが、今後に大きく左右することになる。尾花社長は、黎明期であったインターネットの可能性に着目し、Ｔシャツのインターネット販売の企業の事例やさまざまな勉強会に出席し、直販体制の方法を学んだ。そこで刺繍からワッペンへ展開し、釣り大会に協賛し、釣りに行くジャンパーに付けるワッペンや、帽子に付けるワッペンを展開する（**写真４-１**）。

それらの横展開として、バイクチームのワッペンを売るなど、小ロットでも生産し顧客の要望に応える体制を作った。当時は情報提供の側面が強かったイン

写真4－1　ワッペンの事例

出典：ユニマーク提供。

ターネットを使ったサークルのような会員組織を構築し、釣り情報を提供した。さらにその会員組織を生かし、インターネット上でオリジナルグッズを販売する体制を作った。これらの手ごたえにより、2000（平成12）年に自社サイトであるワッペン屋ドットコムでのワッペンの受注・販売を始めた。この形態は、インターネットならではであり、卸や中間流通を介せず直接受注による直販体制であり、同時にこれまでアパレルメーカーの下請け、孫請けの体制からの脱却を意味する（図4－3）。

顧客は、官公庁、学校、病院、マスコミ、ボーイスカウト、ガールスカウト、サークル、クラブ等の多岐にわたっている。売上高の6割を占めるワッペンは、記念品や洋服に付け仕事をする上での連帯感を出す目的において使われ、国際的なスポーツイベントにおける大量発注などとなる。マスコミでは、出演タレントの衣装に番組ロゴマークを付ける用途に使われ、サークル・クラブではワッペンの他にオリジナルのマーク等を入れたリストバンドへの刺繍などであり、小ロットでの受注生産に対応している。またスポーツ用ユニフォームの販売、それらほかに名入れなどが3割を占めている。このような需要に応じるためにデザイナー3名、刺繍専属社員8名により対応している。これら顧客の拡大は、同社が営業部隊を活用したわけではなく、顧客自らインターネットにおいて検索し、ネット上でアクセスし、商談を進めていった。

ユニマーク成長要因をまとめると、第一にインターネットによる直販体制や直

図４-３　売上高の推移

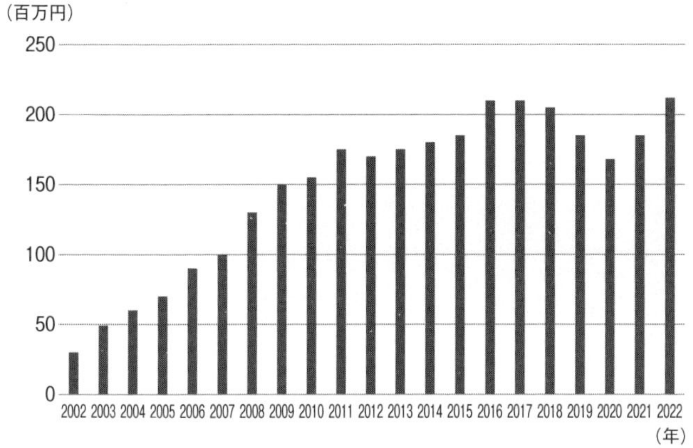

出典：ユニマーク提供。

販による迅速な対応、第二に顧客のさまざまな要望に迅速に対応できるデザイン、製造を含む技術力が挙げられる。そして第三の要因として、経営の軸を確立し、全社一丸となる組織づくりである。具体的には、従業員の離職や生産性の低下に対応するために、全社員27名の全員参加による勉強会である経営理念共有会を毎月開催している。この勉強会は、経営理念の浸透や経営方針書の解説などを目的としている。

新しい取り組みとして、同社は一般消費者向けに、桐生市中心部に大正時代に建築された重要文化財であるビルの１階に、ギフトショップKINARI・キナリを2019（令和元）年に開店した。キナリは、店長である尾花かおる取締役が今治タオル工業組合主催のタオルのアドバイザー「タオルソムリエ」の資格を取得し、タオルを中心に祝いごと向けに、その場で名前などを刺繍できる体制を整えている。

このようにユニマークの業績は順調に推移し、2019年からは新型コロナウイルスの影響を受けるが、2022（令和４）年度決算では、過去最高に並ぶほどの売上高に回復させている。

2．マーケティング論から分析

まずユニマークの創業から、発展の過程を、マーケティングミックスの視点から考察する。マーケティングミックスとは、4Pといわれ、Product（製品）、Price（価格）、Place（販売経路）、Promotion（販売促進）である。この4Pをユニマークの戦略に当てはめると、このなかでオリジナル商品、少量から大量まで迅速対応できる体制、価格は中間を省いたことによる低価格化、販売経路はインターネットを使った直販体制、販売促進は低コストによるインターネットを使った国内外への発信である。とくに販売経路は、インターネットを使うことで直接顧客と繋がることでニーズを掴むことができ、かつこれまでの下請け関係を脱却することができ、成長におけるカギになったといえるだろう。

つぎに主な顧客対象は、官公庁、企業であることが多いためBtoBといえ、産業財マーケティングの観点から考察する。

髙嶋（1998）は、ビールを事例に挙げており、飲食店向けと消費者向けを例に取引される製品が生産財であるということではなく、消費者相手から企業など組織間になることにより、組織性、関係性が重視されてくると指摘している[17]。

若林（2023）は産業財マーケティングの特徴として、第一に組織的な意思決定を行うこと。第二に1回きりでなく継続的な取引関係になることが多い。第三に取引規模や製品の性質により取引形態や流通経路が多様になる。第四に取引関係でのパワー（交渉力）により、取引条件や価格交渉力に大きく影響を与えることを挙げている[18]。

これらの二つ視点をユニマークの事例に当てはめると、顧客は消費者に近い側面を持つ野球チームやサークルもあるが、ほとんどは官公庁、企業等である。つぎに産業財マーケティングの特徴を当てはめると、第一、第二の特徴は当てはまり、第三の特徴を当てはめると、ワッペンは建築物などの大きく高額なものでないため、競争入札ではなく直接指名受注が行われ、第四のパワーの強弱に繋がらず、ほぼ対等な関係であるといえよう。

余田（2023）の産業財と消費財マーケティングの比較から、さらに特徴を考えると、購入後のアフターフォローや製品のカスタマイズに繋がる技術力もBtoBマーケティングでは必要になるといえよう（表4-4）。

表4-4　消費財マーケティングと産業財マーケティングの比較

	BtoB 産業財	BtoC 消費財
購買動機	再生産／合理性	消費／感性
価格弾力性	低	高
購買までのプロセス	長	短
供給者との関係性	固定	薄い
需要の集中度	高	低
需要の周期性	強	弱
アフターフォローの必要性	強	弱
顧客へカスタマイズ	強	弱

出典：余田拓郎（2023）『BtoB マーケティング：DX 時代の成長シナリオ』，東洋経済新報社，p. 24 などを参考に作成。

またコトラー＆ファルチ（2020）によると、購買プロセスは、問題認識、一般的なニーズの記述、製品仕様、潜在的なサプライヤーの検索と評価、提案の依頼の分析、サプライヤーの評価と選択、注文手順の仕様、性能評価の８の段階の特徴を指摘している[19)]。これらの指摘をユニマークの例に当てはめると、潜在的サプライヤーの検索と評価の段階において、インターネット上で実績や価格を提示することにより、その後のプロセスを円滑に進めることになったといえよう。

結びに代えて

ユニマークも加入し、尾花社長も理事を務める桐生刺繍商工業協同組合は、2023 年に創立 50 周年を迎える。しかし、組合の従業員の平均年齢は、57 歳であり[20)]、技術の伝承とともに若者にとって魅力ある職場づくりがより必要になるだろう。

謝辞

本研究にあたり、拓殖大学商学部 長尾素子先生、埼玉県中小企業家同友会 三角武一郎氏、株式会社ユニマーク 尾花靖雄社長、尾花かおる取締役、桐生商工会議所 清水純一氏にお話を伺いました。この場を借りて御礼申し上げます。

●注

1）経済産業省ウェブサイト
https://www.meti.go.jp/policy/mono_info_service/mono/nichiyo-densan/densan/designation.html　（2023年8月1日閲覧）
2）伝統工芸品産業振興協会ウェブサイト。
3）土谷幸久（2014）「機業地桐生の誕生」，『四天王寺大学紀要』，第57号，pp. 71-98。
4）はたや記念館ゆめおーれ勝山編（2012）『織物のまち、桐生と勝山：輸出向け羽二重のルーツと桐生織の魅力』，p. 36
5）足利織物傳承館パンフレット。
6）桐生市繊維振興協会編（2023）『桐生織維業界の実態』，p. 2。
7）『日本経済新聞』1983年10月12日。
8）『上毛新聞』2023年3月2日。
9）2015（平成27）年4月24日に桐生市のほかに甘楽町、中之条町、片品村の地域が認定される。「桐生にもある日本遺産パンフレット」，桐生市産業経済部日本遺産活用室。
10）「桐生にもある日本遺産パンフレット」，桐生市産業経済部日本遺産活用室。
11）『上毛新聞』2022年9月17日。
12）関東経済産業局へのヒアリング（2023年8月18日）。
13）梅田周（2020）「『燕三条 工場の祭典』にみる体験価値による地域ブランド創造の研究」，『新潟経営大学紀要』，第26号，pp. 107-116などが詳しい。
14）桐生高等染織学校は、1896年、町立桐生織物学校、1907年、群馬県立織物学校の流れを受け、1915年に開校している。群馬県立桐生工業高校もこの流れを受け、現在でも機械科、建設科、創造技術科電気コース、創造技術科染織デザインコースを設置。
15）りょうもうアライアンスウェブサイト
http://www.rimc.gunma-u.ac.jp/ryomo-alliance/aboutus/　（2023年8月1日閲覧）
16）東毛ジャカード刺繍協同組合ウェブサイト
https://www.tomo-j.or.jp/　（2023年8月1日閲覧）
17）髙嶋克義（1998）『生産財の取引戦略―顧客適応と標準化』，千倉書房，pp. 1-5。
18）若林靖永（2023）「産業財マーケティング」，坂爪浩史監修・日本流通学会編，『現代流通事典［第3版］』，白桃書房，pp. 40-41。
19）コトラー，フリップ・ファルチ，ウァルデマール著・杉光一成監修・川上智子監訳（2020）『コトラーのB2Bブランド・マネジメント』，白桃書房，p. 56。
20）桐生市繊維振興協会編（2022）『桐生繊維業界の実態』，p. 2。

【参考文献】

石井淳蔵（1983）『流通におけるパワーと対立』，千倉書房。
梅田周（2020）「『燕三条 工場の祭典』にみる体験価値による地域ブランド創造の研究」，『新潟経営大学紀要』，第26号。
奥村芳太郎編（1974）『織物の旅（東日本編）：着物のふるさと』，毎日新聞社。

加藤秀雄（2016）「繊維産業都市桐生市の構造変化と今後の発展に向けての分析視角」，埼玉大学経済学会編，『社会科学論集』，第 148 号，81-111 頁。
桐生市繊維振興協会編（2022）『桐生繊維業界の実態』。
桐生市繊維振興協会編（2023）『桐生繊維業界の実態』。
コトラー，フリップ・ファルチ，ウァルデマール著・杉光一成監修・川上智子監訳（2020）『コトラーの B2B ブランド・マネジメント』，白桃書房。
数納朗・小野直達・范作冰編著（2009）『絹織物産地の存立と展望』，農林統計出版。
住谷宏（2019）『現代のチャネル戦略：チャネル戦略研究への招待』，同文舘出版。
関村オリエ（2022）「縮小する国内蚕糸業と絹へ回帰する産業遺産：群馬県桐生市の事例」，『専修大学社会科学研究所月報』，710・711 巻，57-74 頁。
髙嶋克義（1998）『生産財の取引戦略―顧客適応と標準化』，千倉書房。
田口冬樹（2005）『新訂 体系流通論』，白桃書房。
通商産業大臣官房調査統計部編（1951）『絹織物の生産と流通』，商工会館出版部。
土谷幸久（2014）「機業地桐生の誕生」，『四天王寺大学紀要』，第 57 号。
同志社大学人文科学研究所編（1982）『和装織物業の研究』，ミネルヴァ書房。
長沢伸也・川村亮太（2020）『地場伝統企業のものづくりブランディング』，晃洋書房。
西戸山学（2019）『地域の発展につくした日本の近代化遺産図鑑 2』，岩崎書店。
橋野知子（2007）『経済発展と産地・市場・制度：明治期絹織物業の進化とダイナミズム』，ミネルヴァ書房。
はたや記念館ゆめおーれ勝山編（2012）『織物のまち、桐生と勝山：輸出向け羽二重のルーツと桐生織の魅力』。
韓載香（2018）『パチンコ産業史：周縁経済から巨大市場へ』，名古屋大学出版会。
風呂勉（1968）『マーケティング・チャネル行動論』，千倉書房。
前川恭一（1982）「フィラメント織物産地の諸類型とその特質」，同志社大学人文科学研究所編，『和装織物業の研究』，ミネルヴァ書房，pp. 107-153。
増谷博昭・若林靖永（2018）「BtoB マーケティングのメカニズムを解明する概念モデルに関する考察」，京都大学経済学会編，『經濟論叢』，第 192 巻第 1 号，35-54 頁。
余田拓郎（2023）『BtoB マーケティング：DX 時代の成長シナリオ』，東洋経済新報社。
若林靖永（2023）「産業財マーケティング」，坂爪浩史監修・日本流通学会編，『現代流通事典［第 3 版］』，白桃書房，pp. 40-41。
渡辺達朗・久保知一・原頼利編（2011）『流通チャネル論：新制度派アプローチによる新展開』，有斐閣。

第 5 章

社会企業家と社会問題解決

――島根県「石州瓦」企業のイノベーション――

中央学院大学　大驛　潤

本章では、社会問題解決法の例として、事業を用いて解決を進める社会企業家（社会的企業）の取り組みを検討する[1)]。社会問題の解決例を検討することで、社会問題の解決スキームが創造される仕組みに関して考察する。例として、島根県西部企業の「景観問題」に対する事例を取り上げる。そこにおいては、「本業メインの多角化」と「競争しつつ協働」という二つのパラドックスを俎上に乗せる。これらの逆説は、従来の経営理論では説明がつかない企業の戦略である。その上で、これら二つが包摂する逆説が、社会問題の解決策を重層化していることを、ケースを通して考察する。

第 1 節　公・共・私型社会における地域マネジメント

近年、社会問題の解決に対して、「公」（政府）と「私」（市場）、以外に「共」の領域で、“事業”を通じた新たな仕組みが盛行している（図5-1）。この事業による社会問題の解決は、社会イノベーションと称される。この「共」の領域では、地方自治体やボランティア以外に、多様で複雑な事業間の競争が展開されている。かかる「共」の領域における、事業型プレイヤーは、中でも事業型 NPO、社会的企業、以上二つが主要プレイヤーとなる。政府による公共分離後の「共」の領域の新たな担い手と考えれば分かり良い[2)]。ともに、事業の仕組みを所持し、

図５－１　「共」領域のプレイヤー

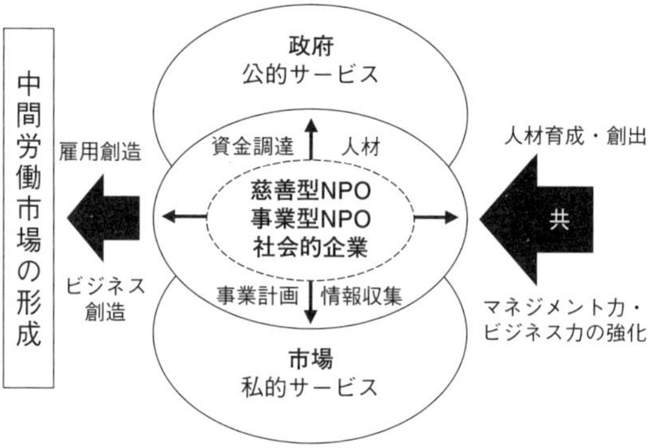

出典：渡辺（2013）p. 9 を加筆修正。

事業全体の利益と損失から社会問題を捉えることができる。そこでは通常の主要経営学の“多角化の論理”とは相入れない「本業メインの多角化」や「競争しつつ協働」といった逆説が、市場で起きている。

このような現在の社会問題の解決は、複雑多岐にわたり、単体プレイヤーでは困難で、生態系の隠喩であるエコシステムの枠組みによる解決が求められている。エコシステムの隠喩による社会問題解決の成果の一つは、“異なったものを関係づけて編集し、別の次元で新たなものを創造する”ことによって解決することにある。本章の論点は、この社会問題解決の知識（アイデア）の一層の拡張にある。その解決策の模索は、Porter（1980）の示唆した価値連鎖モデルを理論的支柱とした“顧客価値創造”からの脱皮であり、社会問題への解決提案の刷新にある。

1．経営の多角化理論

新たな事業進出に講じる多角化の経営は、経営戦略の一つの基軸である（Ansoff, 1984）。多角化の意義は、商品の拡張により、顧客価値を向上させる一方で利益率の拡大を実現することにある。この多角化は、「企業が事業活動を行って、外部に販売する製品分野の全体の多様性が増すこと」を指す（吉原, 1981）。製品ライフサイクル（以下、PLC）の点から、それは二つある。第一に、事業の核（１本柱）に加え、従来の本業以外の領域に、２本目、３本目の柱を加える多角化である（Ansoff, 1984）。これは、日本では特にバブル期に顕著であった。もっとも現在も、多くの企業はそれを実践している。PLCの点からは、それは資金力が豊富にある時期、すなわち“成長期や（前期）成熟期”に行われる多角化である。これは「さらなる柱探し」であり、将来の成長のためには、太い柱は複数の方が安定するという論理である。

第二に、PLCの観点からは、“（後期）成熟期または撤退期”において経営危機を脱するため、「代わりの1本柱づくり」として活用される多角化がある（Ansoff, 1984）。前段のように「1本目が安定し、それを踏まえた2本目の柱探し」ではなく、これは既に危機的状況における1本目の代替探しである。その意味で、“さらなる成長”ではなく、“経営危機から脱する”多角化となる。当初の1本柱の領域を十分、深耕した上での多角化であり、それ故、当初の事業ドメインからの完全撤退となるのが一般的である。新たな代替柱の育成において、経営資源には限りがあるのをその理由に置く。

つまり、2本目の柱を選択すれば、経営資源を新たな事業ドメインにすべて集中投下する故に、1本目の柱を見限る形になる。そもそも（後期）成熟期または撤退期の多角化は見限ったからこそのそれである。これが通常の経営理論におけるPLCから見た二つの多角化である。

2．多角化の意味とメリット

一般に、企業にはその収益の大部分を占める“1本柱”が存在する（Ansoff, 1984）。例えば、日本たばこ産業株式会社であれば、たばこの販売が本業で、旭化成であれば、繊維・化学品が本業である。なお、2023年の両社の事業内容[3]は

- 日本たばこ産業株式会社：たばこ事業の他に医療用医薬品事業や加工食品事業、飲料事業
- 旭化成株式会社：繊維・化学品事業の他に建材・住宅事業や医薬品事業

日本たばこ産業と旭化成の本業の国内シェアは上位で、非常に高い収益を誇っているが、本業以外の事業も手掛けている。その理由は“経営資源の有効活用（例えば、冬の間、営業できず活用できなかった経営資源を、多角化で有効活用）”に加えて、「新たな事業機会を獲得するため」とされている（Ansoff, 1984）。

つまり、多角化のメリットは、「本業以外」に成長が期待できる新事業領域へ

の進出による企業の成長にある。本業以外の事業への進出を試みる動機には以下のように考えられる。

(1) 本業を取り巻く環境変化に対する将来のリスクヘッジ
(2) 既存事業が現状、停滞するなかで、「新しい2本目の柱」への模索

(1) は、今の自動車事業は順調でも、ガソリンから電気への代替のように、本業が近い将来、何らかの外的リスクに晒され、そのリスクを避けようとする際にみられる動機である。(2) は、本業の市場ニーズ自体が低下しており、現状、収益率が低下している際にみられる動機である。

同じ多角化でも、理由や動機は企業によって異なっている。しかし、将来か現状かは別として、リスクに対し、「本業以外」に活路を求めることで、新たな事業に期待を寄せるという企業の願いは常に共通している（Ansoff, 1984）。本章では、後者の“経営の多角化（撤退期）”について、ケースを踏まえ検討する。

第2節　先行研究と亀谷窯業

多角化の概念は、広く汎用性のある経営理論である（Ansoff, 1984）。本章では、社会問題解決法の例として、社会企業家の取り組みを検討する。社会問題の解決例を検討することで、社会問題の解決のスキームが創造される仕組みについて考察する。実際の事業の展開次第では、その理論の汎用性が崩れる場合もある。まず本節では、先行研究の後、事例として、島根県西部企業の「景観問題」に対するケースを取り上げる。

1．先行研究と「社会問題起源」の事業

まず、本章に関わる先行研究を中心に検討する。陶磁器に関しては、水野（2020）、山田（2013）、赤煉瓦に関しては西村（2009）がある。なかでも瓦、特に石州瓦企業の先行研究としては、石州瓦の耐久性等の多くの研究蓄積を棚上げすれば、山藤（1975）を嚆矢として、山下・中井（2006）、阿部（2013）、藤居（2021）、田中（2022）がある。しかしいずれも順に、瓦の色素、石州瓦の流通、地域教育、条件不利地域論、以上四つに関連する視角であり、社会イノベーションの視角か

ら論じたものはない。その意味で本章は、石州瓦企業を対象とした社会イノベーション研究の貢献の一つになると考える。以下、事例を検討する。

16世紀の大航海時代、世界の銀の3分の1を産出していたのが石見銀山で、2001（平成13）年、アジア初の産業遺跡として世界文化遺産に登録された。この石見銀山含め、繁栄を極めた江戸時代の景観を、色濃く残すのが島根県西部である。2006（平成18）年、県初認定の地域ブランドが、この地域からのみ採掘される土と石を使い、作られる石州瓦である。

芸術家・岡本太郎は言う。出雲大社の裏手と同様に“石見の国に入ると、一気に赤瓦の家が増える。山陰独特の沈んだ強さを持った色だ。土の色も赤い。そして日本海の濃く冷たい深々とした群青色。不思議なコントラスな景観だ”（岡本, 1957）。この日本海岸線に沿い、砂浜を挟み、赤瓦の町並みと青海が、美しい景観をつくる島根県西部、そこでの景観を石州瓦製造で守ろうとしているのが、亀谷窯業有限会社（以下、亀谷窯業）である。

赤瓦に関しては、“赤瓦の屋根並み”そのものが眺めとしての「景観的価値」を現在、獲得している（山下・中井, 2006）。例えば2004（平成16）年、『景観緑三法』[4)]の公布後、同年、島根県津和野では、石州瓦が、町並み景観の重要な要素であることを明らかにし、「環境保全条例」に「石州瓦を使用する」という保存基準を追加した。石州瓦の環境的価値とは、歴史的景観を理想としたもので、歴史的裏付け無しに、瓦単独で環境的価値を獲得することはできないとした（江津市, 2005）。

この石州瓦は日本3大瓦の一つで、3大瓦の製造品出荷額（2017）は、愛知（三州瓦）78％、島根（石州瓦）13％、兵庫（淡路瓦）9％の順となっている。かかる石州瓦事業は400年前から、県西部では地場産業として、盛んであったが、現在、石州瓦も他の産地同様に、需要の激減が著しい。これまで1935（昭和10）年、「石州瓦工業組合」の前身が創設され、以後、需要減少に際して、この組合が主に展示会出展、製品性能試験実施、新素材開発、海外進出など、多岐にわたる経営支援を行ってきた。

とはいえ、この20年間で、多くの瓦製造企業が姿を消している。石州瓦製造企業は、統廃合等により34社（1993年）から2023年現在、6社（浜田市1社、江

図5-2　瓦製造企業数の推移

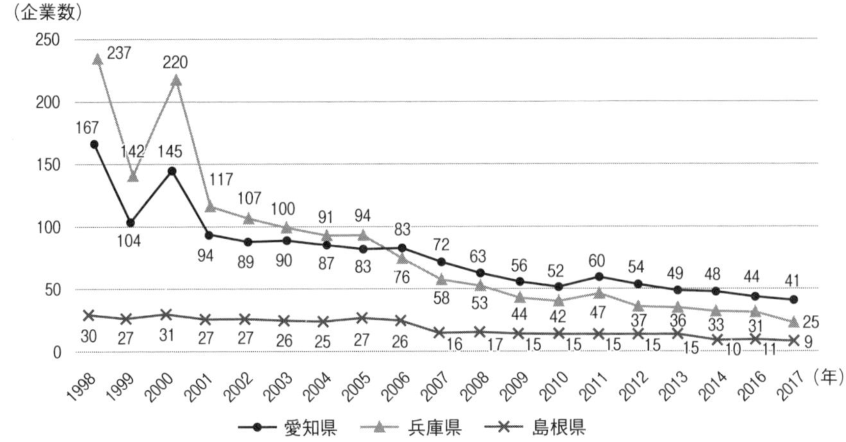

出典：経済産業省工業統計表『産業細分類別統計表』（1998-2014 年），「地域別統計表データ」（2015-2017 年）。

津市３社、太田市２社）となっている（図5-2）[5)]。そして、出荷額そして付加価値額の推移でも急激な減少傾向となっている（図5-3）。

以上、石州瓦産業の経営環境は、現在まで厳しい状況にある。すなわち、経営支援が上手くいっているとは言い難い。

2．社会企業家と亀谷窯業の衰退

1806（文化３）年創業の亀谷窯業を検討する前に、社会企業家で、９代目亀谷典生氏について言及しておく。亀谷氏は、自身の「社会的使命」（共通善）として自社ホームページで「赤褐色の瓦屋根の民家。この独特な色を出しているのが、石州瓦と呼ばれる瓦で、古くから石見地方の美しい景観の代名詞として愛されてきた」、「来待石だけの釉薬と焼成温度 1,350 ℃、丁寧に人の手で仕上げ、“来待をやめるなら瓦屋をやめる”と頑なにこだわり続けた先代の意志を引き継ぐ」と硬い決意表明をしている。

ここでいう来待石（きまちいし）とは、宍道（しんじ）町来待でしか採れない石で、これを使った釉薬を瓦にかけ、高温（瓦業界日本一位）で焼成すると、光沢の赤褐色となる。天然の来待石が主原料のため、高温度で焼成することで、発色の微妙な変化が見られ、この自然な色ムラが、独自の光沢の色味を醸し出している。先代とは義父のこと

図5－3　瓦製造の出荷額・付加価値額の推移

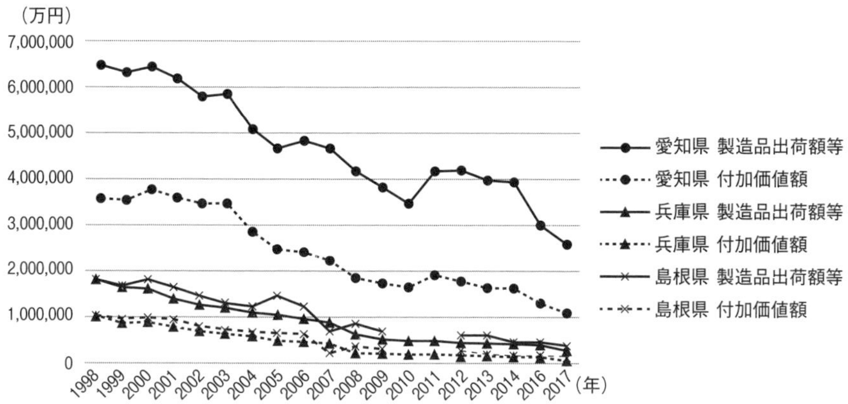

出典：経済産業省工業統計表「産業細分類別統計表」(1998-2014年)，「地域別統計表データ」(2015-2017年)。

で、妻の家業を継ぐ2006（平成18）年迄、東京の製薬会社営業職であった亀谷氏（岡山出身）は石州瓦に対する知識は全く持ち合わせず、いわゆる、婿養子、よそ者・若者（2006年当時、35歳）であったという。しかし、移住して岡本（1970）と同様、“赤瓦と青海の景観”に魅せられ、地域や行政と共に景観的価値を話し合い、この景観的価値（地域環境）を守りたい、ひいてはこの景観を赤瓦製造という「事業」で使命を持って臨みたいと考え、ホームページにその決意を示した（図5－4）。

その亀谷窯業では、90年半ば迄、瓦事業は全体売上（ピーク時）の98％以上を占める主力であった。競合他社が機械化し、大量生産に切替えるなか、亀谷窯業では、熟練工による手作業での高温焼を守り、石州瓦の伝統的製法を固持していた。しかし、状況は次の原因で一変する。

95年に発生した阪神大震災である。これにより、瓦屋根の建物が多く倒壊し、その原因が、「瓦の重さ」という風評が全国で流れた。瓦屋根に対する重さの偏見が生まれ、一般住宅に対する需要が減少した。全国陶器瓦工業組合連合会は、瓦の安全性を訴える活動を行ったが、イメージ回復は難しく、洋風住宅への移行が加速した。加えて、瓦製造過程で用いる燃料費が、世界的な原油価格の高騰で上昇し、瓦製品の卸売価格を値上げせざるを得なくなり、競争力が低下した。

以上、90年代半ばより普及した風評や原価価格の高騰で、石州瓦の需要は衰

図5-4　地域における事業と社会と環境の関連図

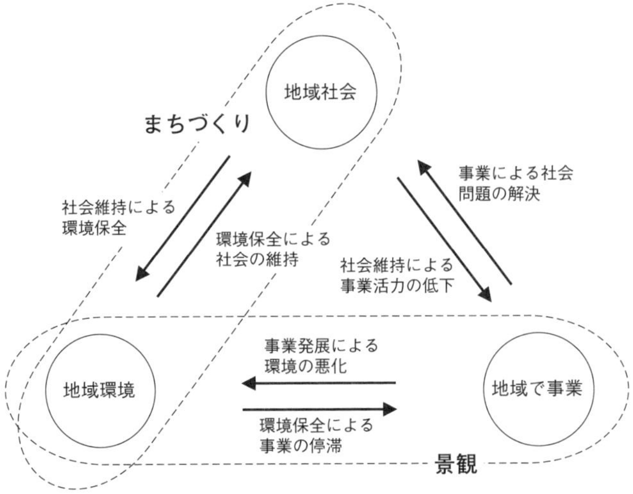

出典：西村（2009）p. 17 を加筆修正。

退し、結果、事業継承した3年目の2008（平成20）年には本業売上は、最盛期の7分の1迄に落ちることになった。主力事業が落ち込んだ亀谷窯業はこの経営危機を脱するべく、翌年2009（平成21）年以降、独自の多角化を講じていく。

3．亀谷窯業の多角化Ⅰ：社会的使命に基づく「本業メインの多角化」

上記のなかで、亀谷窯業は具体的に、以下の多角化を実施した。2009（平成21）年、石州瓦を使った「タイル」事業を立ち上げた。続く2010（平成22）年、耐熱食器の製造を扱う「耐熱食器」事業も手がけ多角化を展開した。二つの事業への参入には、石州瓦と新規事業の間にいくつもの共有点（高温特性・高耐久性）が見つかったということがある。

実際、石州瓦を使って開発した「タイル」は2015（平成27）年に“ザ・リッツ・カールトン東京”の高級飲食店の壁に使用された。経済産業省「日本が誇るべき優れた地方産品を選定し、世界に広く伝えていくプロジェクト」でも採択され、2021（令和3）年からはフォーシーズンズ・ホテルでも壁、床に使用されている。また2010（平成22）年に「元祖：瓦そば」“たかせ”（山口県）への納品でスタートした耐熱食器事業でも瓦そばの認知と共に、石州瓦の認知も広まっていった。これら瓦の評価が、想定通り、本業の大口受注を呼び込むサイクルを確立した。そうした成果もあり、厳しい市場環境のなかで、亀谷窯業の石州瓦売上は、多角化前年の 2008（平成 20）年売上に対し、2022（令和 4）年には 3.5 倍と、約 15 年で 3.5 倍という成長を遂げることができた。2024 年には、ドバイのある国王の邸宅建設の瓦（数万個）を一手に担っている。

以上が、亀谷窯業の講じた多角化の事実認定である。競合他社が姿を消したり、“機械化で大量生産に移行”したりするなか、売上が 7 分の 1 以下になっても、亀谷窯業は社会的使命に基づき、伝統的製法から離れることはなかった。これがまず競合他社と異なる特徴である。

以下では、これを踏まえ、亀谷窯業の具体的な多角化を見る。既に市場地位では競合他社と異なるが、その特徴は、社会的使命（景観的価値の保全のために、伝統的な石州瓦の製造を固守する）を前提としたものとなる。経営判断に“善意”の価値観を反映させているということである。利益率の前に社会的使命ありきで、通常の多角化とは異なり、この多角化は、「本業の宣伝部門」として新規事業を位置づけている。耐熱食器・タイル事業への多角化理由を、亀谷氏は以下のように言う。

> 「瓦は上（屋根）にあるため、その質の良さが判りにくい。」だから、「下に降ろして、手に取って、その質の良さ（瓦と同じ高温で食器を作ることで、高温で使っても絶対割れない、色味の美しさ）を知ってもらう」と言う。

瓦の質の良さを広めることができる（下に降ろして手に取れる）新規事業をあくまで、石州瓦の「広告・宣伝」と認識し、本業の「屋根瓦」に繋げるものと当初より位置づけた。

以上、衰退期の多角化には、より広範囲に事業拡張していく多角化がある一方、亀谷窯業のように、瓦の質の良さの認知・拡大を目的に、既存衰退事業ドメインに重心を置いたままの多角化もみられる。実際の多角化には、二面性があることを看過してはならない。

4．亀谷窯業の多角化Ⅱ：コミュニティの形成

亀谷窯業の次の特徴は、この宣伝効果で呼び込まれた新規大口受注に対し、競

合他社と協働し、大量生産するコミュニティを形成している点にある。亀谷窯業では、手作業による良品種少量生産であるため、大口受注に対応できないからである。非合理な「本業メインの多角化」が成り立つのも、背後にこれが形成されているからである。これは、石州瓦工業組合とは別物となる。その意味で、成功因を考える時、看過してはならない点は、「競争しているはずの競合他社との協働」にある。

競合他社とのコミュニティは、伝統産業独自の古来のメカニズムを持つが故に、長期継続できたと考えられるからである。長期継続してやっていくには、過度な競争が起こらないような協働のメカニズムが働いているという理解となる。そのため競合他社を含む、コミュニティが本来は、競合関係にありながらも、協働関係を構築し、石州瓦産業にエートス（ethos）を招来しているといえる。このコミュニティにおける自生のエートスが、伝統的地場産業で過度な競争を抑え込む役割を果たしている。

この地域での競合他社間の協働は、以前より、Granovetter（2017）で指摘されており、競合他者間の経済関係が現実の社会的ネットワークの中に埋め込まれている、とされる。ではなぜ、そうなるのか。それは地域社会での主体は、その土地に長く住み着いており、簡易に空間を移動することがないからである。そのため、経済関係の成立以前に、歴史的に既に社会的ネットワークが存在しているのを理由とする。

この社会的ネットワークで社会問題を解決する概念として、金子・松岡・下河内（1998）が示した「講」や「結」以外に、飯盛（2009）は「もやい」と「寄り合い」という用語を用いている。また金子・松岡・下河内（1998）では、地域社会の社会的ネットワークの名称に「組」（5人組を含む）や「組合」を用い、地域で一定の人員を結合させる協働が「組」や「組合」であったとする。Piore and Sabel（1994）でも、産業集積において競争の促進だけでなく、競争の“制限”を行うにあたって法規制以外に組合のエートス機能を重視している。なお、コミュニティの構成企業員間はいずれも平等という点から、「もやい」や「寄り合い」と同様、地域社会で古くより発達していた昔ながらの問題解決法をルーツに持つといってよいであろう。

亀谷窯業の石州瓦のような地域における伝統的な生産地では、その点で、長年にわたり継承されてきた歴史的重みが、昔ながらの伝統製法とそれを支援する石州瓦工業組合に対し、正統性を与える。他方で、製造窯業元、販売店、NPO、消費者、行政、競合他社との間での仕組みに関してのイノベーションは年々困難となる。その理由は、石州瓦の生産地では、石州瓦製造に従事する企業は、長年の慣習、蓄積によってつくられた制度、すなわち、この石州瓦工業組合に加盟し、そのやり方に従い、そしてその制度からの影響を強く受けるからである[6)]。換言すれば縛られるといえる。それ故、制度の外にある、別の行動体系となるNPOや共同体などのような組織体が、地域固有の取引や慣習に対し、イノベーションを先導し、「緩やかな紐帯」で協働するコミュニティを構築せざるを得なくなる（Granovetter, 1973）。

以上、亀谷窯業は自社自ら、規模を拡大するよりも、競合他社とのコミュニティで取引することで、「受注変動の波」を抑え込む事例と考える。

第3節　「共」領域におけるエコシステム

以下では、亀谷窯業の多角化に注目し、既存理論が、どのように機能していたのか検討していく。大口受注対応のために、地域における産業集積では、「競争しつつ協働」といったことが行われているが、それを踏まえて、以下では、今後、エコシステムが、いかに機能すべきかに関して、その特徴に注目しながら考察を行う。

1．従来の多角化とどこが違うのか

90年代半ば以降、前段の通り、島根県西部の石州瓦産業では、売上の停滞をいかに乗り越えるかが課題となった。そこでは石州瓦工業組合を軸に試みがなされてきた。亀谷氏は2009（平成21）年以降、社会的企業のトップとして独自の多角化、それに連動するコミュニティの形成を経て、地域活性化の中心となった。

第一段階は、“景観的価値を、石州瓦製造で守りたい”という社会的使命に基づく、多角化が遂行され、第二段階では、コミュニティが形成された。双方は、ほぼ時を同じく遂行された。このコミュニティには他の主体も参画し「石州瓦製造による地域活性化のための問題解決」の基盤が作られたといえる。振り返って

みると、この徹底した参画型プロセスが新たな形態の経済とコミュニティの相互浸透につながっている。第三段階の現在、「コレクティブ・インパクト」の実現を目指したコミュニティは新たな局面を迎え、経済と社会との相互浸透はさらに緊密度を増している。

まず、第一段階に関しては、既存経営理論の多角化が、実は、必ずしも成功するわけではない点に触れておく必要がある。

第一に、多角化が失敗するケースは、経営資源が限定されること以上に、企業内でのアイデンティティが相入れないことが要因としては大きい。例えば、Porter（1980）で主張している“差別化戦略”と“コストリーダーシップ戦略”も一種のトレードオフであるが、双方が両立できない理由が、各戦略を講ずる上でのアイデンティティの差異にある。例えば「コストがかかっても良いから、それ以上に顧客が望む“質の高いものづくり”に精を出そう」という企業内のアイデンティティと「規模を大きくしながら、細かいコスト削減策を励行する」というそれとは、同企業内で両立しにくい。とりわけ、一方の考え方が長く企業内に根付いていた場合、多角化後、それを取り除くのは至難の業である。多角化は、単なる新規事業への進出ではなく、アイデンティティの一致をも要する点で、難易度の高い理論である。

第二に、通常、経営理論では、「多角化に成功した要因は、衰退していく製品自体に固執するのではなく、そこで培った技術を市場のニーズに合わせて成長市場にシフトしたから」と考える（Ansoff, 1984）。しかし、亀谷窯業が多角化に成功した要因は、その逆で、「衰退していく石州瓦という製品自体に、社会的使命の点から“固執”し、そこで培った技術を市場のニーズに合わせた製品で“広告”し、再度本命の、石州瓦製造という製品自体の大口受注につなげるループを構築したから」と考えられる。

第三として、石州瓦への固執を社会的企業のトップの強い社会的使命をもとにやり抜けたからこそ、今の亀谷窯業があるといえる。景観的価値保全のため、石州瓦製造にこだわった社会的使命をホームページに掲げた。自社の存在意義をあえて言語化することが重要な例である。社会的企業家みずから背水の陣でのぞみ、景観的価値の保全にコミットメントしない限り、それを成し遂げることはできない。そこには、企業としてのアイデンティティに“ぶれ”がない。それ故、従業員も志同じく、迷いが生じない。多角化のための M&A 後にみられる、経営資源の分散化に伴って、アイデンティティが分散されたまま、統一しないケースとは対極となる。

その意味で、亀谷窯業は、社会的企業の多角化を成功させるために、自ら企業として、進出する新規事業の役目をしっかりと把握していた。そして、多角化した新規事業から本業へ、確実なループを構築してコミットメントしていくことを、多角化構想の段階で理解していたのは、慧眼があったといえよう。

2．エコシステム参加者に共通の認識と正統性の確保

第二段階のコミュニティの形成に関しては、亀谷窯業の多角化による、大口受注に対応する競合他社との関係を、説明する必要がある。その点で、亀谷窯業の成功因を考える時、看過してはならないのは、競合他社との協働にある。

この協働を前提に、価値創造のための「正統性」の点から、検討する。例えば、亀谷窯業のようなコミュニティの事例を考察する際に参考となる一つの考え方が、「正統性の確保」といわれる考え方である。

「正統性の確保」とは、特定の主体が、あるコミュニティに実践的に参加することで、知識や技能を身につける協働の考え方である（Lave and Wenger, 1991）。Lave and Wenger（1991）は、徒弟制や自助グループなど、さまざまな場を調査して、参加主体が最初は「周辺」的な位置から参加し、次第に中心的な位置に移行していく過程を「正統的周辺参加」と呼んだ。Lave and Wenger（1991）では、ここでの学習とはコミュニティの「縁」、すなわちその内と外の狭間で常に行われる特徴を持っており、イノベーションは常にコミュニティが重要で、その「周辺」から起こると主張した。こうした接近方法に従えば、亀谷窯業のケースでは、社会企業家たる亀谷氏の社会的使命への強い想いにより、中心に位置する「石州瓦工業組合」とは異なる新たなベクトル（協働のコミュニティ）が示されたといえる。この協働の確保により、新たな大口受注のループが構築され、事業による仕組みが回ることになった。

このことは、亀谷氏が正統的周辺参加における正統性の軸を「瓦の製造」から「瓦を製造するシステムの構築」へブレイク・スルーすることで転換させたと捉えられる。具体的には、(1) 地元の「景観的価値の保全」という長期持続的な社

会的使命を掲げ、(2) 多角化による新規事業を事実上の「広告・宣伝」部門の強化として着手し、(3) 結果（大口受注）を示して、(4) システム化の領野を拡大しながら正統性を獲得、(1) から (4) のスキームの構築である。

衰退期に多角化を講じる際、従来理論の多角化と亀谷窯業の多角化には、新しい柱に移行するか、既存柱を広告部門の拡張として「補強」し、売れる仕組みを再構築し直すかの違いがある。その本質は新たなシステム構築を展開することにあり、新たなシステム構築はパートナーや活動が新たに連携することに依拠する。社会企業家は、事業によりアイデアを拡張できると共に、地域における既存勢力の内で一定の正統性を持つことが望ましい。何故ならば、地域の意思の分裂は、革新的試みをしようとする非公式なコミュニティと既存勢力の正統性を持つ組織の対立構図になりやすいからである（高橋, 2017)。

その意味で、次項では、コミュニティを、Iansiti and Levien (2004) に従い、生態系の隠喩であるエコシステムの点から考察する。その理由は、Iansiti and Levien (2004) に従うと、エコシステムとは、「多様な価値観の複数の関係者が相互に価値を交換し、享受し、創造するための協働を提供するとし、そこでの各主体の共創と協調を重視するシステム」と位置付けているからである。ここにおいては、社会企業家個人だけでなく、企業の働きかけに応じたさまざまな主体との関係から捉える。

3.「協働」から「コレクティブ・インパクト」へ

第三段階の現在、「コレクティブ・インパクト」の実現を目指したエコシステムは新たな局面を迎え、経済と社会との相互浸透はさらに緊密度を増している。ここで着目したいのは、コミュニティとしてのエコシステムの相互浸透がどのようなものであったかということである。周知のように、ここで官僚型のネットワークをつくり、上意下達でやりとりしているというのなら、それは当面の社会課題の解決のためには、あまり意味のないものであろう。しかし、亀谷氏は、次のようにその意図を示している。

「問題解決コミュニティの形態として、社会的使命への注目が高まっているとはいえ、その背景には、事業が回りやすいメカニズムがあるから」とする。

このメカニズムは、決して社会企業家だけの話ではない。あらゆる物事をエコシステムと捉えることで、新たな事業機会が見えてくる。ここではエコシステムのプロセスと、成功の要因を見ていこう。

まずプロセスから見る。(1) 社会的使命（地元愛、達成欲求、成長欲求）を前提とし、(2) 協働という仕組みを作って行動原理を実施し、(3) 成長サイクル（経験と知識の習得→自信と利益の獲得→仲間を信頼、課題に挑戦）をトライ＆エラーで回すことで、(4) 事業を通じた学習と成長を達成する。

肝要なことは、「仕掛け」と「ヒト」を統合的に捉えて考えることになろう（國領, 2006)。

第一に、“仕掛け”から見る。亀谷窯業の“エコシステムの仕掛け”に関しては、社会問題解決のために競合他社に事業を行う「場」を提供し、その場における取引量が増すと、場を提供する事業者に利益が落ちるよう仕掛けられているといえる。例えば、Lineのような SNS においては、DeNA やグリーが運営するゲームサイトも同じ仕掛けといえる。

第二に“ヒト”から見る。エコシステムのヒト（構成者）には、プレイヤーとして、「顧客」、「プレイヤー」（運営者)、「参画者」等がいる。例えば、Lineであれば、一般利用者が「顧客」、Naver が「プレイヤー」で、ゲームやスタンプの開発企業が「参画者」となる。運営側のプレイヤーは、この“エコシステムの方向づけと管理”を前提として、以下に分けることができる。(1) 問題解決コミュニティの提供、(2) 集客、(3) 動員資源からの価値共創、である。

まず一つ目の「問題解決コミュニティの提供」とは、集めた顧客に対して、参画者が新しい事業やサービスを普及するための後押しをするためのインセンティブをプレイヤーが提供することである（椙山, 2021)。それは、広告・宣伝手段であったり、事業手段であったりする。プレイヤーの提供する問題解決コミュニティに参画すれば、仕事を獲得したり、多くの顧客に自社の解決策をオープンに提示したりすることができる。Oheki (2006) で示したように、もちろんそこでは、知識・情報・経験のフィードバックがもらえる。

二つ目の「集客」とは、より多くの顧客（亀谷窯業では大口受注）を集められるように、まず、その製品（石州瓦）とエコシステムに、広告によって明確なブランド価値をつけ、仕入・製造・販売を担当する参画者の各事業、景観を守りたい地元住民に対して、プラスとなるような仕掛けを作ることである。社会的使命が明確で、人気の製品と場には多くの顧客が集まるが故に、エコシステムの参画者から“より質の高い情報や知識、共感、評判などの無形資産”が提供される（高橋・大驛，2023）。無形資産を通じて有形資産（もの・金）が動く。もっともそのための全体リスクは運営プレイヤーが負担しなければならない。

三つ目に「動員資源からの価値共創」とは、補完性を持つ協働を機能させるために、場の「アウトサイド・イン」と「インサイド・アウト」の知識を結合し、価値を「共創」する能力である。これはオープンイノベーションのコア・プロセスの説明が分かり良い（図5-5）。

オープンイノベーションとは、企業が外部のステイク・ホルダーや知識を効果的に活用し、優れたビジネスモデルを産出することである（Chesbrough, 2003）。

Gassmann and Enkel（2004）では、このオープンイノベーションのコアのプロセスを、インサイド・アウト型、アウトサイド・イン型、の二つに分け、両者をつなぐものを連結型とし、協働、提携、ジョイントベンチャー等により、補完的パートナーとの間で価値の「共創」を行うとする。そのハブが社会起業家ないし社会的企業となる。この連結型を言い換えると「動員資源からの価値共創」となる。この連結型は図5-5に見るように、他二つと相互に関連している。

図5-5　オープンイノベーションのコア・プロセス

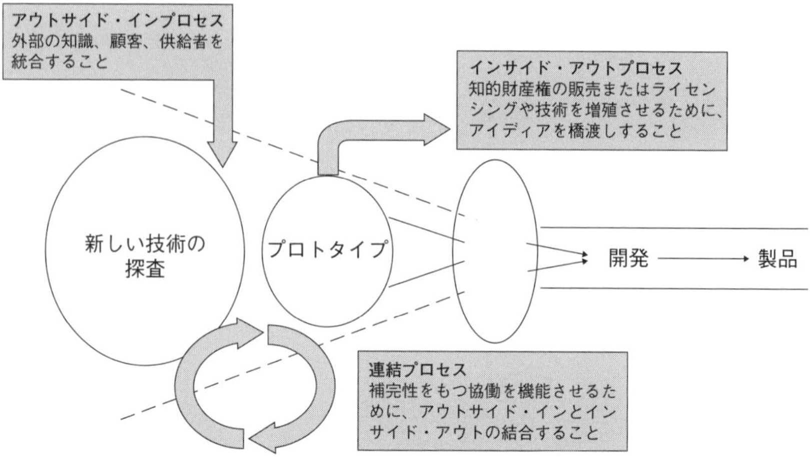

出典：Gassmann and Enkel（2004）p. 7.

今後、単体プレイヤーでは限界のある社会問題に対応するには、このエコシステムで多様な主体による全体的成果を目指したコレクティブ・インパクトからの接近が肝要となろう。

結びに代えて

1. 理論的インプリケーション

通常、経営を多角化する際は、技術的に“多角化の製品”の長期安定的製造が可能か否かに依拠する。これを踏まえると、多角化により、収益を拡大し続けるためには、新技術への投資、すなわち内部に絶えず技術情報を蓄積する必要がある。このような経営環境に対し、Chesbrough（2003）は、前節の通り、企業が自社内部だけでなく、外部のパートナーや顧客と協力してイノベーションを生み出すことで、より高いパフォーマンスや効率性を実現できるという。つまり、自前で技術情報を蓄積していく、内部で経験を積む戦略ではなく、外部から「現時点で所持していない技術情報を調達すべき」と説く。このChesbrough（2003）の主張するオープンイノベーションは、知識や技術の流通を促進し、新たな価値や市場を創出するとする。背景として、PCLの短縮化によって生じる（1）投資効率の向上、（2）研究開発費の高騰、以上二つを理由に置く。

これを踏まえると、オープンイノベーションとは、短期の技術情報の蓄積で、経営戦略における多角化を容易にする概念と捉え返すことができる。経営多角化を考える企業は、技術情報の獲得を企業内で涵養するのでなく、外部から調達すべきと主張するものといえる。極端にいえば、既存の事業ドメインを見切ったら、次々、調達で新規事業ドメインに鞍替えしていく方が効率的ともいえよう。いわゆる“損切り”である。しかし、沼上（2000）では、この問題に対して、「柔軟性の罠」の問題と称し、異論を唱える。すなわち、Chesbrough（2003）のようなアプローチにはいくつか問題があり、その一つが長期展望の経営戦略を志向する企業が、短期の経営多角化戦略を遂行し、前段のように事業ドメイン変更を、次々、講じる可能性を案じている。常に新たな事業を模索し、時々の経営環境の技術変化に俊敏に対応していく多角化は、一見、フレキシビリティという意味からは有効に見える。

しかし、激しい技術変化に対応した短期のフレキシビリティの構築は、その都度の先端領域に適用可能な技術情報調達にベクトルが向く。故に、長期展望の経営戦略を志向する企業は、本来の意味で、費用対効果の高い新しい技術投資に遅れる傾向がある（沼上，2000）。亀谷窯業の事例のように長期展望の経営戦略を志向する企業は、短期のフレキシビリティに対応しないため、俯瞰した視座から、将来を見据えた、あくまで本業メインの多角化に邁進する。

上記のように企業家の意思決定への影響を踏まえて、短期でのフレキシブルな多角化志向が、フレキシブルな技術転換を阻害するという非合理が生起するケースは実際には少なくない（沼上，2000）。なるほど、社会的企業の多角化において考えてみると、経営環境の激しい変化の下、新しい多角化を講じることによって、初期条件とは異なる条件下、当初とは異なった状況が導出されてしまうということである。

この点を重要視した高橋・大驛（2023）では、Vermeulen and Barkema（2002）の「時間圧縮の不経済」に基づき、長期的影響を考慮に入れなければ、新規の事業化の失敗を避けることはできないとして、ケースを踏まえ、主張した。その意味で、優れた社会的企業の戦略には、持続的競争優位の確立のため、経営理論の盲点をつくような“一見して非合理”なパラドック要素が組み込まれているといえる（楠木，2010）。合成の誤謬の対置、分割の誤謬（fallacy of division）である。社会的使命とはいえ、衰退産業の事業ドメイン（石州瓦の製造）に固執する社会的企業の講じるパラドックスは、一見、非合理である。しかし適切なエコシステムさえ設定されれば、その社会的使命に惹かれて、人・情報・知識が集まると知恵（アイデア）が出る。“何も思い入れのない分野”では、こうした知識の集結が起こることはなく、これは利益率の追求ではなく社会的使命だからこそのことである。

それを踏まえると、非合理の背景にある競合他社とのエコシステムの形成を踏まえ、全体文脈で見れば、強力な合理性を持つといえる。その意味で、亀谷窯業の事例は、部分の合理性と全体の合理性は別物であるということに帰着する。全体の合理性は、部分の合理性の単純総和ではない。社会的使命による衰退産業の事業ドメインへの「固執」がパラドックスに見えるのは、理論が間違っているのではなく、それが非合理であるという合理的な理由があるからである。部分的な非合理の要素（いつまでも衰退事業を切り捨てない＝次の新規事業に人と金と時間を投資できない非効率）を、他の要素（競合他社との協働）と組み合わせることによって、全体で強力な合理性を獲得する。これこそが、実際の社会的企業による「アイデアの拡張」である。このパラドックスの醍醐味の核は、部分的には非合理に見える要素が、他の要素とのインターラクションを通じて、全体合理性にブレイクスルーすること、すなわち新しい社会価値の「共創」にある。

以上、「柔軟性の罠」、「分割の誤謬」といったロジックを実際のケースを通して見てきた。本来、社会イノベーション研究とは、社会的な問題やニーズに対して、新しい社会的価値やソリューションを共創することにある。本章は、現実の題材を通し、理論と実際を検討するにあたって、表向き、理論的瑕疵に見える点に注視して論じた。

●注

1）近時、資本主義の限界が指摘され、「公益資本主義」など、新たな社会体制を模索する動きが盛んである。公益資本主義とは「企業の事業を通じて、公益に貢献すること」と定義され、四半期決算の廃止、ストックオプションの廃止、株主優遇制度と同程度の従業員へのボーナスなど、多くの提案がなされている。公益資本主義以外にも、「里山資本主義」など、社会体制の改革案が広く提唱されている。また、オーストリア・ヴェルグル市の労働証明書、米国イサカ市のイサカアワーなど、いわゆるコミュニティ通貨といわれる交換にしか使えない通貨の実験も、各国の地域社会で行われてきた。

2）政府が「公共」を独占する社会から、「共」を分離してNPOに担当を任せるため、98年NPO法が成立した。しかし、寄付で成り立つNPOは起業段階で多額の資金調達が困難なため、NPOが出資者に回り、株式会社を設立するようになった。2000年以降、社会企業家がNPO法に限界を感じ、新しい組織を求めたという意味で両者は同根である。“これは何とかしないといけない”という「心のざわめき」を放っておかず、“私がやろう”と行動できる意味で同じである。「共」が相補性原理で再編成される「公・共・私型社会」に転換する道筋を描く上で、「共」の領域における「中間労働市場の形成」が鍵となると考えられる（図5-1）。

3）各社ホームページより。

4）景観法の目的、「第一条　この法律は、我が国の都市、農山漁村等における良好な景観の形成を促進するため、景観計画の策定その他の施策を総合的に講ずることにより、美しく風格のある国土の形成、潤いのある豊かな生活環境の創造及び個性的で活力ある地域社会の実現を図り、もって国民生活の向上並びに国民経済及び地域社会の健全な発展に寄与することを目的とする」

5）以下、亀谷窯業に関する内容は、すべて代表の亀谷典生氏への4時間インタビュー（2023年10月16日）による。

6）2022年書籍・ドラマ化されたファーストペンギン（社会イノベーション）として山口県萩市漁業組合に対し、コミュニティ（萩大島船田丸）をつくり、鮮魚の別販路を構築した構図と同じである。

【参考文献】

Aldrich, H.（1979）*Organizations and Environments*, Prentice-hall.

Ansoff, I.（1984）*Implanting Strategic Management*, Prentice Hall International.（中村元一・黒田哲彦・崔大龍監訳『「戦略経営」の実践原理：21世紀企業の経営バイブル』，ダイヤモンド社，1994年）

Chesbrough, H.（2003）*Open Innovation: The New Imperative for Creating and Profiting from Technology*, Harvard Business Review Press.（大前恵一朗訳『Open Innovation―ハーバード流イノベーション戦略のすべて』産業能率大学出版部，2004年）

Gassmann, O. and E. Enkel（2004）*Towards a Theory of Open Innovation: Three Core Process Archetypes*, Proceedings of R and D Management Conference, Sesimbra, Portugal, paper available online at, https://www.alexandria.unisg.ch/server/api/core/bitstreams/4d3fc1ae-7515-46ec-8b9c-bfb956b1fed5/content（accessed 11 April 2023）

Granovetter, M.（1973）"The Strength of Weak Ties," *American Journal of Sociology*, Vol. 78, No. 6, pp. 1360-1380.（大岡栄美訳「弱い紐帯の強さ」，野沢慎司編・監訳『リーディングスネットワーク論－家族・コミュニティ・社会関係資本』，勁草書房，2006年）

Granovetter, M.（2017）*Society and Economy: Framework and Principles*, Belknap Press of Harvard University Press.（渡辺深訳『社会と経済：枠組みと原則』，ミネルヴァ書房，2019年）

Iansiti, M. and R. Levien（2004）*The Keystone Advantage: What the New Dynamics of Business Ecosystems Mean for Strategy, Innovation, and Sustainability*, Harvard Business Review Press.

Kania, J. and M. Kramer（2011）*Collective Impact*, Stanford Social Innovation Review, Winter.

Kotter, J. P.（1978）"Managing External Dependence," *Academy of Management Review*, Vol. 4, No. 1, pp. 87-92.

Lave, J. and E. Wenger（1991）*Situated Learning: Legitimate Peripheral Participation*, Cambridge University Press.（佐伯胖訳『状況に埋め込まれた学習：正統的周辺参加』，産業図書，1995年）

Moore, J. F.（1993）"Predators and Prey: A New Ecology of Competition," *Harvard Business Review*, Vol. 71, No. 3, pp. 75-86.

Oheki, J.（2006）*Strategic Management between Company and Nonprofit Organization: Marketing Channel Evolution*, Cuvillier Verlag.

Pierce, L. (2009) "Big Losses in Ecosystem Niche," *Strategic Management Journal*, Vol. 30, Issue 3, pp. 323-347.

Piore, M. J. and C. F. Sabel (1984) *The Second Industrial Divide: Possibilities for Prosperity*, Basic Books.（山之内靖・石田あつみ・永易浩一訳『第二の産業分水嶺』，筑摩書房，1993年）

Porter, M. E. (1980) *Competitive Strategy: Techniques for Analyzing Industries and Competitors*, Free Press.

Porter, M. E. and M. R. Kramer (2011) *Creating Shared Value,* Harvard Business Review, Jan.-Feb.（邦訳『経済的価値と社会的価値を同時実現する共通価値の戦略』，ダイヤモンド社，2014年）

Prahalad, C. K. and S. L. Hart (2002) *The fortune at the bottom of the pyramid*, Strategy+Business.

Vermeulen, F. and H. Barkema (2002) "Pace, Rhythm, and Scope: Process Dependence in Building a Profitable Multinational Corporation," *Strategic Management Journal*, Vol. 23, No. 7, pp. 637-653.

阿部志朗（2013）「石州赤瓦の流通圏について：製品移出と技術移転の両側面から」，人文地理学会発表要旨。

飯盛義徳（2009）『社会イノベータ』，慶応義塾大学出版会。

大驛潤（2008）「民間主導による発達障害者対応の家庭教師養成：宮城県NPO法人自閉症ピアリングセンター「ここねっと」＋「株式会社セレクティ」」，高浦康有ほか編著『NPOと企業のパートナーシップ事例：点から線へ線から面へ』，風媒社。

大森一宏（2004）「常滑窯業の発展と同業者組織」，『経営研究』，第18巻第1号，74-93頁。

岡本太郎（1957）「出雲」，『藝術新潮』，新潮社。

柿野欽吾（1985）「わが国陶磁器工業の構造」，『経済経営論叢』，第20巻第2・3号，82-109頁。

金子郁容・松岡正剛・下河辺淳（1998）『ボランタリー経済の誕生：自発する経済とコミュニティ』，実業之日本社。

楠木建（2010）『ストーリーとしての競争戦略：優れた戦略の条件』，東洋経済新報社。

江津市（2005）『江津本町まち並み景観整備基本計画報告書』，歴史構造物を活かしたまちづくり推進協議会。

國領二郎（2006）「地域情報化のプラットフォーム」，丸田一・國領二郎・公文俊平編著『地域情報化 認識と設計』，NTT出版。

山藤忠（1975）「重厚な赤色の艶：石州瓦」，『日本の郷土産業5　中国・四国』，新人往来社。

椙山泰生（2021）「コレクティブ・インパクトに向けた社会実装へのヒント」，三菱総合研究所編著『「共領域」からの新・戦略：イノベーションは社会実装で結実する』，ダイヤモンド社。

高橋徳行・大驛潤（2023）「起業から事業化へ」，高橋徳行・大驛潤・大月博司編『アントレプレナーシップの原理と展開』，千倉書房。

高橋徳行編著（2017）『ケーススタディ：地域活性化の理論と現実』，同友館。

田中恭子（2020）「地域産業の環境要因と組織適応への影響」，『総合政策論叢』，第40号，

43-66頁。
田中恭子（2022）「条件不利地域での企業の環境適応行動：石州瓦企業の事例から」，『商工金融』，48-60頁。
坪内知佳（2022）『ファーストペンギン：シングルマザーと漁師たちが挑んだ船団丸の奇跡』，講談社。
西村幸夫編著（2009）『観光まちづくり』，学芸出版社。
沼上幹（2000）『行為の経営学：経営学における意図せざる結果の探究』，白桃書房。
廣田章光（2023）「起業のマーケティング―コレクティブ・インパクトを生み出すプラットフォーム・デザイン：「注文をまちがえる料理店」によるシェア・イシューとコレクティブ・インパクト」，高橋徳行・大驛潤・大月博司編『アントレプレナーシップの原理と展開』，千倉書房。
藤居由香（2021）「地域団体商標制度に基づく地域ブランドとしての石州瓦を題材とした地域資源教育の実践」，『人間と文化』，第4号，244-253頁。
松野奈都子（2023）「起業の組織づくりと人材確保」，高橋徳行・大驛潤・大月博司編『アントレプレナーシップの原理と展開』，千倉書房。
水野清文（2020）「佐賀県有田焼産地の伝統と経営革新」，西田安慶編著『地域産業のイノベーションと流通戦略：中小企業の経営革新と地域活性化』，千倉書房。
宮地英敏（2004）「近代日本陶磁器業と中小企業：瀬戸陶磁器業を例として」，『経営史学』，第39巻第2号，59-80頁。
山下雅士・中井祐（2006）「地域の素材色の景観的価値獲得プロセスに関する考察：石州瓦を例に」，『景観・デザイン研究講演集』，No. 2。
山田幸三（2013）『伝統産地の経営学：陶磁器産地の協働の仕組みと企業家活動』，有斐閣。
吉原英樹（1981）『日本企業の多角化戦略：経営資源アプローチ』，日本経済新聞社。
渡辺豊博編著（2013）『失敗しないNPO』，春風社。

第 6 章

愛知県瀬戸陶磁器産地の経営実態と流通・マーケティング戦略

愛知学院大学　伍 翔

第1節　研究の背景と目的・産地の概要

1．日本における陶磁器産地

日本における陶磁器生産の歴史は非常に古く、紀元前3世紀の弥生時代から始まっている。この時代には、縄文時代から引き継がれた土器が用いられ、食料の保存や調理に使われた。初期の段階では、縄文時代の技術が続いていたが、後に中国大陸からの影響を受け、新しい技術や様式が導入された。古墳時代（3世紀～6世紀）では、中国や朝鮮半島からの技術や文化の影響が顕著になり、高度な技術を持つ陶工たちが活躍した。平安時代（794年～1185年）には、陶磁器の生産が発展し、河内窯や伊賀焼など、さまざまな地域で独自の窯が発展した。鎌倉時代から室町時代（1185年～1573年）にかけて、日本の陶磁器は中国の宋や元の影響を受け、青磁や白磁などの新しい様式が登場した。安土桃山時代から江戸時代（1573年～1868年）には、陶芸家や陶工が全国各地で窯を開き、多くの地域で有田焼、伊万里焼、京焼などの伝統的な陶磁器の生産が栄えた。明治時代以降、産業革命により、日本の陶磁器は大量生産が可能になった。明治時代から大正時代にかけては、特にヨーロッパやアメリカ合衆国への輸出が進み、有田焼、伊万里焼、京焼などが高級な陶磁器として人気を博した。1960年代以後、手作りの

表6－1　日本の主な伝統的陶磁器産地

	代表的な陶磁器	主な特徴
京都府	京焼、清水焼	色鮮やかで繊細な絵付けが特徴である。金彩や彩色が豊かで、花鳥風月や古典的な文様などが描かれることが多い。
佐賀県	佐賀焼（有田焼）	初期の製品は、青白い透明感のある釉薬（ゆうやく）で覆われていることで青白磁と呼ばれ、独特の美しさを持っている。多彩な色使いと細かな絵付けが特徴で、豪華で繊細なデザインが施されている。
福岡県	博多焼	装飾的なデザインと独特の色使いが特徴である。伝統的な日本の美意識が色濃く表れており、しばしば日本の伝統文化や自然をモチーフにした作品が見られる。
三重県	伊賀焼、志野焼	伊賀焼は、地方特有の粘土と天然の釉薬を使用し、木材を燃料とする登り窯で焼成される。自然な風合いと野趣溢れる表情が特徴である。 志野焼は、表面の凹凸があり、手触りが特徴である。また、白い釉薬に鉄分を含んだ赤い土にかけられ、焼成後に独特の白色に変わる。
鹿児島県		白薩摩と黒薩摩の二つの主なスタイルがある。白薩摩は白い釉薬の上に精緻な金彩や色絵で装飾され特に海外で人気がある。黒薩摩は黒や茶色の釉薬が特徴である。
愛知県	瀬戸焼、常滑（とこなめ）焼、美濃焼	瀬戸焼は、日本六古窯の一つとして知られ、日常使いの食器から花瓶やノベルティまで、幅広い品揃えが特徴である。 常滑焼は赤土を基調とした素朴な質感が特徴で、特に茶器や花器、酒器で知られている。 美濃焼は茶器、特に織部や志野などの伝統的なスタイルが有名である。

陶磁器の評価が高まり、クラフト運動[1)]が日本で盛んになった。この時代には、多くの陶芸家や工房が自身のアイデンティティを重視し、独自のスタイルを追求した。

日本には多くの陶磁器産地があり、それぞれ独自の伝統と特色を持っている。愛知県など主要な陶磁器産地としては、以下のような地域がある（表6－1参照）。

2．瀬戸陶磁器生産の歴史

愛知県瀬戸市は、日本の陶磁器産業の中心地の一つであり、瀬戸焼として知られている。瀬戸焼はその歴史と技術、デザインの豊かさから高い評価を受けており、日本国内外で多くのファンを持っている。地理的には、愛知県の中央部に位置し、名古屋市から東に約 20 km の距離にある。この地域は豊かな陶石が採掘されることから古くから陶磁器の製造が盛んであり、瀬戸市は「陶のまち」とも呼ばれている。

瀬戸焼の歴史としては、諸説があり約千年前後の歴史がある。伝承によれば、1223（貞応 2）年に永平寺を創建する僧道元と共に中国の宋へ入り、そこで陶法を修業した陶祖・加藤四郎左衛門景正が、1242（仁治 3）年、瀬戸で良土を発見し窯を築いたのが瀬戸焼の始まりとされている。しかし、実際には更に歴史を遡り、平安時代中期、広久手古窯跡群での灰釉による施釉陶器が始まりである。

瀬戸は、常滑・信楽・越前・丹波・備前と並び六古窯の産地としても知られている。古くから「やきもの」原料となる良質な粘土を採取でき、山間地帯では松などの樹林が広がっていたという恵まれた自然が窯業発展の大きな支えとなった。

瀬戸地域でやきものが平安時代末期から「古瀬戸」と呼ばれる中国陶磁をモデルとした施釉陶器が生産されるようになり、室町時代まで国内唯一の施釉陶器産地として発展していく。江戸時代後期には磁器生産も始まる。陶器も磁器も生産されることが瀬戸焼の特色の一つである[2)]。

経済産業大臣指定（当時は通商産業大臣）の伝統的工芸品として、1977（昭和52）年に「赤津焼」が指定を受け、「赤津焼」を含め瀬戸の産地内で多くの陶器が長年の伝統技術・技法を基に製造されている。また、「瀬戸染付焼」も「赤津焼」から遅れること 20 年、1997（平成 9）年に伝統的工芸品に指定を受けた[3)]。時代が変わるごとにさまざまな技術やデザインが発展し、今日では伝統的な技法を守りながらも、新しいデザインや機能性を取り入れた製品が数多く生産されている。

瀬戸で産出される木節粘土・蛙目粘土は世界でも有数の粘土であり、その特性を活用して、瀬戸焼には食卓用品を主とする置物装飾品（ノベルティ）・電磁器・ファインセラミックス等さまざまな「やきもの」が時代の流れに合わせ作られている。伝統的な茶器や食器から、現代的なインテリア用品やアクセサリーまで、さまざまな製品がある。また、焼き物の町としての風情も残っており、観光地としても人気がある。

3．瀬戸焼のグラフトマンシップ

瀬戸焼は、世界中で高く評価され、日本の陶磁器文化を象徴する存在となっている（表6-2参照）。これらの要素が組み合わせることにより、瀬戸焼のグラフトマンシップは高い品質と美しさを持った製品を生み出す。

表6-2　瀬戸焼のグラフトマンシップのコンセプト

手描きの絵付け	手描きで施される鮮やかな絵付けが特長である。職人が伝統的な技術を用いて、陶器に直接絵付けする。絵付けのテーマには多種多様なモチーフが用いられ、花や風景、動物、抽象的なパターンなどが描かれる。このような手描きの絵付けは、特に伝統的な陶磁器の茶道具などで見られる。
釉薬の塗布	釉薬は陶磁器の表面に美しい光沢や色彩を加えるために使用される。瀬戸焼には、釉薬を均一に塗布し、適切な温度で焼成する技術を持っている。
手作業の成形	伝統的な瀬戸焼は、手作業で成形される。技術者は粘土をこね、成形し、器具を使用して独自の形状を作り出す。
焼成技術	陶磁器を焼成するプロセスは非常に重要で、適切な温度と時間を制御する必要がある。このプロセスにおいて、職人の技は陶磁器の耐久性や風合いを決定する。
釉薬の開発	瀬戸焼は特に釉薬にこだわる。釉薬は陶磁器の色や質感を決定するため、職人は特定の釉薬レシピを開発し、調合する。釉薬の色や効果を調整するために、試行錯誤が行われる。
伝統的なデザインの継承	瀬戸焼は、伝統的なデザインとパターンを守りながら、新しいアイデアを取り入れることがある。これにより、古典的な美しさと現代のスタイルが融合する。

4．研究の背景と目的

上原（2015）は、伝統的陶磁器の市場が低迷している原因として、中国などからの廉価品の流入があると指摘している。また、日本の陶磁器はブランド力が低下しているため、西洋の陶磁器メーカーが高価格帯の製品を「ハコ」で展開している一方、日本の陶磁器は平場を中心に陳列され、価格帯も圧倒的に低い設定であることが明らかにした[4)]。勝又（2020）は、愛知県瀬戸陶磁器産地を対象に、産業用陶磁器生産企業の生産品目の変化と生産流通構造を明らかにした。「当産地は、伝統的な陶磁器産地として知られるが、現在は産業用陶磁器が主力製品となっている」と述べている[5)]。

愛知県瀬戸陶磁器産地では、後継者の不足や陶磁器産業全体の不況の影響で多くの工房や窯元が休廃業しているが、地域の中小企業や職人たちは、経営改善や新商品の開発に取り組んでいる。一方、観光資源の開発や地域資源の活用を推進することで、地域を活性化させようとする動きもある。例えば、瀬戸市には瀬戸蔵ミュージアムなどの陶磁器専門の博物館や商店街があり、地元の窯元や工房では体験教室や見学会を開催し、ろくろや絵付け体験を楽しむ観光客を惹きつけている。愛知県瀬戸陶磁器産地は、伝統と現代の融合や地域資源の活用を通じて新たな可能性を探求している。産業用陶磁器の生産が主流となっている現状ではあるが、伝統的陶磁器を継続している地域企業の取り組みも重要である。したがって、伝統産業の現状を正確に把握し、マーケティング戦略に新たな方向性をもたらすことが重要である。

本章では、愛知県瀬戸陶磁器産地の経営実態と流通・マーケティング戦略に焦点を当て、現状と課題を明らかにすることを目的としている。これにより、瀬戸陶磁器産地が直面している問題と課題を具体的に理解し、解決策を提案することが可能になるはずである。

第２節　瀬戸陶磁器産地の経営実態

瀬戸陶磁器産地の経営実態を検討する際、事業所数や従業員数の推移、製品出荷額などが重要な指標となる。以下で、それぞれの側面について概説する。

１．窯業・土石事業所数および従業員数

瀬戸市における窯業・土石事業所数および従業員数の推移は、図６−１と図６−２に示されている。

2020（令和２）年、瀬戸市工業統計調査によれば、同年６月１日まで、従業者４人以上の事業所について実施され、事業所数は395事業所、従業者数は１万

図6-1　瀬戸市窯業・事業所数推移　(2016～2019年)

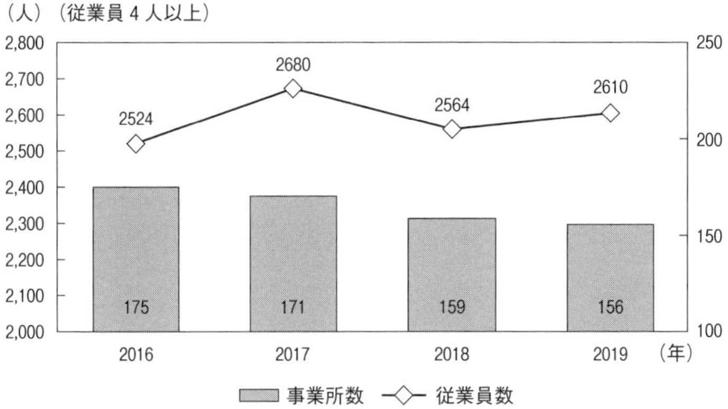

出典：瀬戸市工業統計調査のデータに基づいて著者が作成した。

図6-2　2020年瀬戸市業種別従業者数の構成比　(従業員4人以上対象)

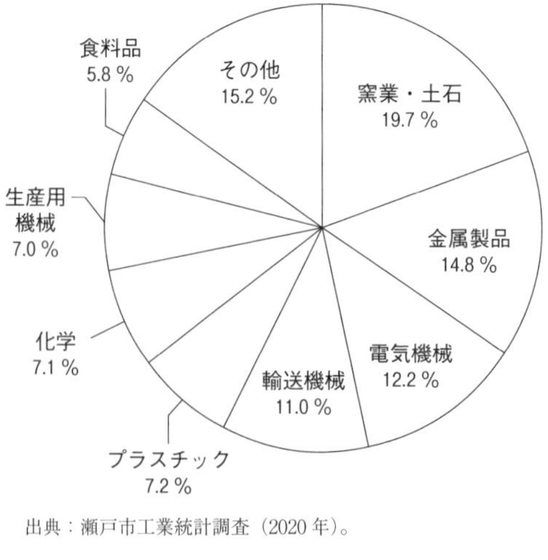

出典：瀬戸市工業統計調査（2020年）。

3,276人となった。

業種別にみると、地場産業である窯業・土石が156事業所（構成比39.5％）で最も多く、次いで金属製品45事業所（同11.4％）、電気機械43事業所（同10.9％）、生産用機械29事業所（同7.3％）、輸送機械21事業所（同5.3％）、プラスチック19事業所（同4.8％）、パルプ・紙15事業所（同3.8％）の順となった。

従業員数において、業種別にみると、窯業・土石が2,610人（構成比19.7％）で最も多く、次いで金属製品1,959人（同14.8％）、電気機械1,625人（同12.2％）、輸送機械1,463人（同11.0％）、プラスチック958人（同7.2％）、化学944人（同7.1％）、生産用機械929人（同7.0％）、食料品770人（同5.8％）の順となった。

2．主な陶磁器製造業事業所数および従業員数

瀬戸市における主な陶磁器製造業事業所数および従業員数の推移は、図６-３と図６-４に示されている。

窯業・土石のうち、特に食卓用・ちゅう房用陶磁器および陶磁器製置物事業所数と従業員数の推移をみると、食卓用・ちゅう房用陶磁器は2008（平成20）年に最も多く、72事業所があった。その後、事業所数は全体的に減少傾向にあり、2019（令和元）年には34事業所まで減少している。また、陶磁器製置物も2008年には23事業所があり、これが時間の経過と共に減少している。2019年には、6事業所まで減少している。

両業種ともに全体的に事業所数が減少している傾向があることが明らかである。食卓用・ちゅう房用陶磁器の減少が著しく、約半分に減少している。特に2008年から2009（平成21）年、2017（平成29）年から2018（平成30）年にかけて大きな減少が見られる。陶磁器製置物が約4分の1に減っている。

3．陶磁器生産の市場動向

瀬戸市における食卓用・ちゅう房用陶磁器の製造品出荷額は、2008（平成20）年の約27億4,500万円から減少傾向にあり、2019年には約13億6,000万円とほぼ半分に落ち込んでいる。また、2019（令和元）年の陶磁器製置物の製造品出荷額は約6億9,900万円で、2008年の約16億6,700万円と比較して58％以上の減少が見られる。

一般財団法人日本陶業連盟の統計によると、2015（平成27）年から2019（令和元）年の5年間における愛知県内の陶磁器出荷額は、2015年の2,193億円から2019年の2,404億円へと増加し、この期間に約211億円（前年比＋9.6％）のプラスが見られる。業種別では、「その他」、「理化学用・工業用陶磁器」等8種類が挙げられており、「理化学用・工業用陶磁器等」の出荷額が最も多い。一方で、

図6-3　瀬戸市主な陶磁器製造業事業所数の推移

（2008～2019年）

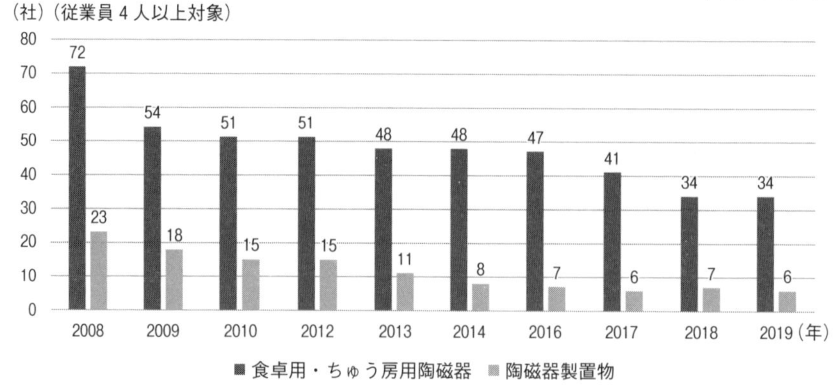

出典：瀬戸市工業統計調査のデータに基づいて著者が作成した。

注：データに示されている主な陶磁器製造業事業所数は食卓用・ちゅう房用陶磁器および陶磁器製置物を製造する事業所の数に限定されている。

図6-4　瀬戸市の主な陶磁器製造業従業員数の推移

（2008～2019年）

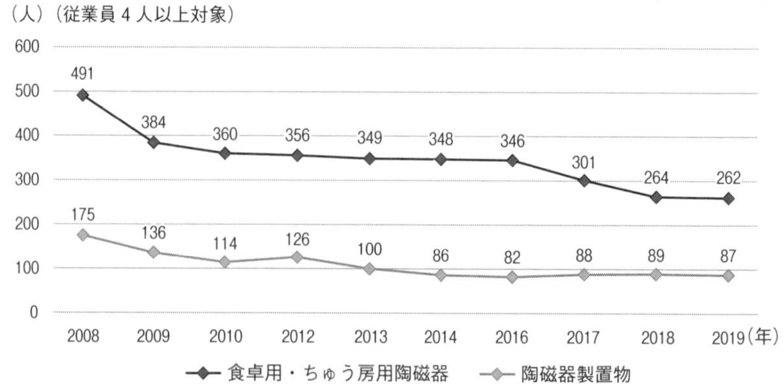

出典：瀬戸市工業統計調査に基づいて著者が作成した。

「食卓用・ちゅう房用陶磁器」および「陶磁器製置物」の出荷額はほぼ横ばいであるが、全体的には増加傾向が見られる。

第３節　瀬戸陶磁器産地における流通・マーケティング戦略

近年、日本の伝統工芸である陶磁器市場は、国内外の経済状況、消費者のライフスタイルの変化、新型コロナウイルスの影響など、多岐にわたる要因により厳しい状況に直面している。特に国内市場では、若年層を中心に陶磁器への需要が減少し、課題となっている。海外市場でも、中国や韓国など新興国の陶磁器産業の成長が競争を激化させている。これらの挑戦を受け、瀬戸陶磁器産地は経営、流通、マーケティング戦略の見直しを迫られている。

本節では、伝統的な陶磁器生産を承継しながら革新を追求する株式会社アイトーのイノベーションと流通マーケティング戦略を詳しく検証する[6)]。

１．会社沿革

1949（昭和24）年４月	東京都港区六本木に愛知陶器株式会社を設立
1957（昭和32）年	貿易取引開始
1960（昭和35）年	東京店施工
1961（昭和36）年	ベストセラー「ブドウ柄オーブン」発売
1966（昭和41）年	瀬戸店　新社屋完成
	東京店　新館竣工
1970（昭和45）年	社名変更　株式会社アイトーとなる
1971（昭和46）年	大阪店開設
1973（昭和48）年	札幌店開設
1979（昭和54）年	創立30周年式典
1980（昭和55）年	瀬戸店　新社屋竣工（尾張旭市）
1985（昭和60）年	コンセプトショップ「くらし美人」開店
1988（昭和63）年	KENZOパリとライセンス契約締結
1990（平成２）年	創立40周年記念社史発行
1998（平成10）年	「栗原はるみ」ライセンス生産＆販売開始
1999（平成11）年	創立50周年式典実施

2002（平成 14）年	ライフスタイル・スクエア「東風」オープン（3 月）（尾張旭市）
2006（平成 18）年	物流拠点　旭物流センター開設（尾張旭市） 東京店新社屋完成
2008（平成 20）年	上海久光百貨店に「愛陶」ショップ開店 本社所在地を港区六本木から品川区東品川（東京店）に移転
2009（平成 21）年	創立 60 周年式典実施 ASS（アイトーショップ&ショールーム）開店（品川区青物横丁） 瀬戸店新館（事務所）完成
2015（平成 27）年	Raymond Savignac（レイモン・サヴィニャック）生産&販売開始
2016（平成 28）年	Leo Lionni（レオ・レオニ）生産&販売開始
2018（平成 30）年	EC サイト 加藤五郎商店オープン
2019（令和 元）年	ひつじのショーン　生産&販売開始 EC サイト うつわマルシェ サイトオープン 綱具屋開店 2 店舗 大阪心斎橋／瀬戸市
2020（令和 2）年	旭物流センターをリニューアル、新物流センター ALC（aito logistics center）稼働開始

2．会社概要

設立	1949（昭和 24）年 4 月 1 日
資本金	1 億円
代表者	取締役社長　疇地　顕正
従業員	約 200 名
事業内容	テーブルウェア、キッチンウェアの企画開発、卸売小売、輸出輸入、オリジナル商品の開発（OEM）、ノベルティの開発、伝統工芸品、美術品の企画・販売、および不動産賃貸業
取扱品目	和食器・洋食器・耐熱陶器・土鍋・漆器・箸・ガラス・木製品・布

製品・和雑貨　他

3．株式会社アイトーにおける流通・マーケティング戦略の分析

(1) マーケティング戦略の変遷

笠原（2014）は、「企業は顧客のニーズを分析してモノをつくるという『ニーズありき』のマーケティング戦略を行われる」と述べている。そのなかで、「反応型マーケティング」として、明確なニーズを満たすことを中心に考えるアプローチがある。また、顧客が自らはっきりと認識していない「理想の状態」をマーケターから提示されることで、現在の状態とのギャップ、すなわち満たされていない状態に気づく「創造型マーケティング」という観点を示した[7)]。

株式会社アイトーにおいて、当社の流通・マーケティング戦略は、以下のように会社沿革を基にした反応型およびインターネット普及に伴う創造型の二つの主要なスタイルに分けられるといえよう。

まず当社の会社沿革を基にしたマーケティング戦略の変遷により、反応型流通・マーケティング戦略の特徴を考察することができる。

①初期の展開

1949（昭和24）年の設立から、アイトーは東京都港区六本木を中心に事業を展開した。その後、貿易取引の開始や瀬戸市で焼き物の生産を中心とした事業の展開など、物流と流通の基盤を築く時期とみられる。

②商品戦略

1961（昭和36）年、「ブドウ柄オープン」はベストセラーになった。この商品のヒットは、商品の差別化と消費者のニーズに対応するマーケティングが重要であることを示している。

③地域展開

大阪店、札幌店の開設や東京店、瀬戸店の新館竣工など、70年代には流通チャネルの拡大と地域密着型の展開を重視されることを示す。

④ブランド＆コンセプト戦略

1985（昭和60）年、「くらし美人」というコンセプトショップの開店やKENZOパリとのライセンス契約は、この時期からアイトーのブランド力向上と特定のターゲットに焦点を当てたマーケティング戦略への転換が見られる。

⑤ライセンス戦略

1998（平成10）年以降は「栗原はるみ」とのライセンス生産や「ひつじのショーン」など、有名ブランドやキャラクターとのコラボレーションにより、商品のバリエーションを増やす一方で、2008（平成20）年以降中国市場への進出による新たな消費者層の獲得を狙った戦略を示す。

⑥オンライン展開

2010年代後半以降のECサイトの開設やリニューアルにより、デジタルマーケティング戦略の導入がみられ、オンラインにおける流通の重要性を示している。

⑦物流戦略

旭物流センターやALCの稼働開始は、効率的な商品流通を目指し、顧客への迅速な供給を可能とする流通戦略の一環である。

(2) 現在の流通・マーケティング戦略

そして、当社の現在の流通・マーケティング戦略には、以下のような創造型の特徴が見られる。

①多様な流通チャネル

実店舗とオンラインショップの両方での販売展開を展開し、多様な消費者ニーズに応えている。

②ブランドコラボレーション

有名ブランドやキャラクターとのコラボレーションを積極的に推進し、商品差別化と市場拡大を図る。

③物流の最適化

新たな物流センターの稼働や物流センターのリニューアルなど、効率的な流通を目指して投資を行っている。

④多様なラインナップ

和食器から洋食器、土鍋やガラス製品など、幅広い商品の取り扱いがアイトーの強みとなっている。

⑤地域への貢献

店舗の展開や物流拠点の設立は、地域経済の活性化や雇用創出にも寄与している。

株式会社アイトーは、その沿革を通じて、常に市場の変化や消費者のニーズに応えるための流通・マーケティング戦略を展開してきた。現在も「瀬戸焼」の伝統を受け継ぎつつ、デジタル化の波に乗り進化している。また、オンラインとオフラインの両方での展開や、物流の最適化を進めている点から、時代の変化に適応していることが明らかである。

第4節　今後の課題と展望

1．今後の課題

愛知県の陶磁器産業は市場の低迷が続いている。その理由は複数の要因によるものと考えられる。

(1) コスト競争力の低下

国際競争の激化と低コスト生産地域からの輸入増加により、国内製造業者の競争力維持が困難になった。特に労働力、原材料、エネルギーのコスト増が課題である。

(2) 需要の変化

消費者の好みやライフスタイルの変化により、陶磁器への需要が変動している。

(3) 伝統技術の維持困難

後継者不足や技術継承の難しさが高度な伝統陶磁器製造技術の維持を困難にしている。

これらの要因が重なり、愛知県の陶磁器産業構造は、伝統的な陶磁器から産業用陶磁器への転換をしつつある。しかしながら、伝統技術の継承を目指す小規模工房やクラフトメーカーも依然多く存在している。瀬戸市では、それらに対し積極的な政策支援を展開している。

2．瀬戸市の政策支援・取り組み

瀬戸市は、地域の陶磁器業界を支援するために多様な政策と取り組みを実施している。以下、表6-3の通りでその具体的な例をいくつか挙げる[8)]。

表6-3　瀬戸市の主な政策支援体制

政策支援	具体な取り組み
技術開発・イノベーションの促進	新しい素材や技法の研究、デジタル技術の導入に対する助成金やサポートプログラムを提供している。
教育・人材育成	陶芸家や職人を育成するための教育プログラムや研修制度がある（瀬戸陶芸高等専門学校や地元の窯元での実習が含まれる）。
マーケティングとブランディングの支援	地元の陶磁器製品のマーケティング強化を目的として、展示会や商談会の開催、オンラインプラットフォームへの参入支援などを行っている。
伝統産業の保護・振興	伝統産業である陶磁器業を保護し、地域の文化としての価値を高める取り組みをしている（地元の伝統や文化を反映した製品の開発支援が含まれる）。
国内外での販路拡大	国内外での販路拡大を目指し、輸出促進策や海外展開の支援も行っている。国際展示会への参加や海外販売代理店との連携がこれに当たる。

出典：やきもの産地「瀬戸」の将来像を求めて―瀬戸焼振興ビジョン―（令和4年改訂版）抜粋して著者が作成した。

これらの政策と取り組みは、瀬戸市の伝統的陶磁器産業が持続可能な成長を遂げるための基盤を提供し、地域経済の活性化に寄与している。

3．瀬戸陶磁器産業の流通・マーケティング戦略に対する展望

国の政策支援を受け、株式会社アイトーのような事例を参考に、今後、瀬戸陶磁器産地が取り組むべき流通・マーケティング戦略のあり方を考察したい。

まず、オンラインショップを強化する必要がある。現代の消費者はインターネットでの購入を日常とする。瀬戸陶磁器産地はオンラインショップの機能やデザインを改善し、ユーザーサービスを向上させることで、オンライン市場での競争力を強化することが可能となる。

次に、デジタルマーケティングの活用が挙げられる。SNSやオンライン広告を駆使し、消費者に製品を効果的に訴求し、その反応や好みを分析して製品改善

や新製品開発に役立てることができる。

さらに、積極的な海外市場への進出も重要である。海外で評価の高い日本の伝統的な陶磁器を中心に、新しいビジネスチャンスを探るべきである。

最後に、他のブランドやアーティストとのコラボレーションにより、新たな市場を開拓し、新しい製品やデザインが消費者の関心を引くことが期待される。

これらの戦略を通じて、瀬戸陶磁器産地はその魅力を広く伝え、日本文化を世界に広めることができるであろう。持続可能な発展を目指し、国内外の市場での成功が期待される。

ここで分析した内容は瀬戸地域特有のものであるが、他の陶磁器産地や産業にも応用可能であると考える。各地域の産業が特色を生かした効果的な流通・マーケティング戦略の立案が求められる。

謝辞

本章の執筆に際し、インタビュー調査および資料の提供をしてくださった瀬戸市役所地域振興部ものづくり商業振興課係長 杵築洋輔様、および瀬戸市役所経営戦略部政策推進課主任 森麻衣様に、深く感謝申し上げます。

●注

1）19世紀後半のイギリスにおけるアーツ・アンド・クラフツ運動の影響を受け、戦後の日本では伝統的工芸がより多くの人々に優れた日用品を提供するというクラフト運動が広がった。これは、日本の民芸運動とも呼ばれている。

2）愛知県陶磁器工業協同組合公式サイト
https://www.pref.aichi.jp/sangyoshinko/jibasangyo/industry/_setoyaki.html
（2023年9月20日アクセス）

3）同上（2023年9月20日アクセス）

4）上原義子（2015）「伝統的工芸品の現状とマーケティング課題について―伝統的陶磁器の流通問題と付加価値の視点から―」，『嘉悦大学研究論集』，第58巻第1号通巻107号，91-92頁。

5）勝又悠太朗（2020）「愛知県瀬戸陶磁器産地における産業用陶磁器生産の変化と流通構造」，『地理学評論』，第93巻第1号，17-33頁。

6）株式会社アイトー公式サイト（2023年9月11日アクセス）

7）笠原英一（2014）「経営学のことが面白いほどわかる本（改訂版）」，KADOKAWA，88-90頁。

8）やきもの産地「瀬戸」の将来像を求めて―瀬戸焼振興ビジョン―（令和4年改訂版）

https://www.city.seto.aichi.jp/docs/2022/09/02/00038/files/setoyaki_vision20221001.pdf
（2023年9月22日アクセス）

【参考文献・資料】

上原義子（2015）「伝統的工芸品の現状とマーケティング課題について―伝統的陶磁器の流通問題と付加価値の視点から―」，『嘉悦大学研究論集』，第58巻第1号通巻107号，85-105頁。
笠原英一（2014）「経営学のことが面白いほどわかる本（改訂版）」KADOKAWA。
勝又悠太朗（2020）「愛知県瀬戸陶磁器産地における産業用陶磁器生産の変化と流通構造」，『地理学評論』，第93巻第1号，17-33頁。
経済産業省中部経済産業局（2023）「中部経済のポイント2023」，中部経済産業局　総務企画部企画調査課。

愛知県陶磁器工業協同組合公式サイト
一般財団法人日本陶業連盟公式サイト
株式会社アイトー公式サイト
瀬戸市観光情報公式サイト
瀬戸市工業統計調査
瀬戸陶芸協会公式サイト
総務省統計局「経済センサス」
やきもの産地「瀬戸」の将来像を求めて―瀬戸焼振興ビジョン―（令和4年改訂版）パンフレット

第 II 部

食品関連産業

第 7 章

豆味噌製造業の伝統と革新

――八丁味噌を通して――

名古屋学院大学　岡本　純

第1節　味噌の製品特性と動向

1．味噌とは

誰もが知っている味噌は、日本人の食生活において欠かせない副食として存在している。味噌は、非常に地域性が高い製品であり、元来故郷の味、あるいはおふくろの味として受け継がれてきた。味噌汁として食卓に並んだりする場合もあれば、金山寺味噌やゆず味噌などのようになめ味噌としてご飯のおかずにもなりえる食材である。そして、旨味があり、調理する際に味を整えたり、魚や肉などの生臭さを吸収し消去する効果がある。また、味噌には食材が傷むのを防ぐ効果もあり保存食としても活用されたり、腸の調子を整えたり血糖値や血圧の上昇を抑制する効果もあるとされている[1)]。

戦前、戦後の時代は、味噌は地域の店舗において量り売りで販売される場合も多く、消費者はそれぞれの地域特性に合わせて数多く並べられている味噌の中から数種類の味噌を選んで購入し、家庭で混ぜ合わせて料理に使うなど、毎日の食生活において欠かせないものとして定着していた[2)]。

しかし、1954（昭和29）年に学校給食が始まりパンと牛乳で育った世代が成人していくにつれ、次第に和食中心の米を基本としたご飯とみそ汁の組み合わせのような従来型の食事のスタイルは減少していった。朝食ではパンを食べる人も多くなり、昼食や夕食に関してもファストフードやレストランなど外食化傾向が高まるにつれ味噌を食する習慣は薄れていった。また、食事の洋風化や多様化が進展するにつれ調味料も味噌、醤油、塩、酢などに加えて、トマトケチャップ、マヨネーズ、ドレッシングなどが加わり次第に調味料としての味噌の売り上げも減少していくこととなった[3)]。

2．味噌の種類と特徴

日本の食文化を支えてきたといえる伝統的な製品や調味料である味噌は、地域固有のものとして、その種類は非常に多く、麹の種類、味、色、産地などによって分類することができる。

麹の種類による分類方法としては、コメや麦、大豆を蒸しあげたものに麹菌をつけて繁殖させたものが米菌、麦菌、豆菌であり、それぞれ風味を決定する麹を使用することにより米味噌、麦味噌、豆味噌、調合味噌や、米、麦、豆味噌と混合して造る調合味噌がある[4)]。味噌の味は、辛さ加減を決定する塩の量と味噌の主原料となる大豆に対するコメや麦の麹原料の比率である麹歩合によって甘味噌、甘口味噌、辛口味噌などのように分類できる。

さらに、発酵と熟成にかける醸造期間により色が異なることから甘味噌の赤、白、甘口味噌の淡色、赤、辛口味噌の赤のように色によって分類することもできる。特に、主原料の大豆を蒸したり煮たりする醸造期間が長くなればなるほど色が濃くなり、原料と麹の配分量の違いも味噌の色に影響を及ぼすとされている。また、味噌は同じ色であっても産地により分類されている場合も多い[5)]。

一般的に、味噌の好みは生まれ育った場所や親などの環境に大きく影響を受けやすいと思われるが、地域において必ずしも１種類の味噌を食しているわけではなく２種類以上のタイプの味噌を使い分ける傾向があるとされている。主に、北海道から東北地方や北関東では赤褐色の辛口の米味噌、信州、北陸、中国地方の日本海側では淡色で辛口の米味噌、また京都を中心とする近畿地方や瀬戸内沿岸地域では白甘味噌、そして四国や九州では麦味噌や米と麦の合わせられた調合味噌、あるいは甘口の米味噌が好まれている。

本章の中心的なテーマである豆味噌は、愛知、三重、岐阜の３県の東海地方で食される代表的な味噌であり、赤味噌、八丁味噌、三州味噌、三河味噌、名古屋味噌など、さまざまな名称で呼ばれている。赤味噌とは、一番広い味噌の呼称であり、赤だし、無添加赤だし、豆味噌、八丁味噌をすべて含む豆味噌ベースの赤い味噌の総称として使われている。

赤だしとは、豆味噌を主体にかつお節や昆布などの出汁や調味料を加えて家庭でわざわざ出汁を取らなくても簡単に利用しやすいだし入り味噌のことを指している。また、無添加赤だし味噌とは、出汁などの添加物を含まず豆味噌に米味噌を加えることで甘みを出し、よりマイルドに仕上げた味噌である。

さらに、豆味噌は、広義では赤みそと同様に解釈される場合も多いが、狭義では、大豆、豆麹、水、塩だけで造られた味噌を指している場合が多い。

一方、八丁味噌は豆味噌と同じ意味合いで使用されるとともに、愛知県を中心としてブランドが確立している豆味噌として多くの商品が販売され、料亭や店舗などでもその名が通っており全国的にも知られている。

これらの豆味噌は、東海地方の人々あるいは全国的にも赤味噌や赤だしとして造られているが、同じ豆味噌でもメーカーのそれぞれが固有の味噌づくりをしており、味、風味、色あいなども微妙に異なっている。しかも、メーカー毎に多様な種類の製品を販売しており、多様性に富んだ製品といえるだろう。

第2節　味噌業界を取り巻く環境

1．味噌の生産や消費

国内における味噌の購入数量は、コロナ禍での巣ごもり需要で家庭内での食事が拡大し、発酵など健康志向が高まっているにも関わらず年々減少傾向にある。味噌の生産量を都道府県別にみると、第1位が長野県であり信州味噌と呼ばれる米味噌の生産が多く、上位企業で約50％マーケットシェアを持っている。第2位は愛知県であり、その大半は豆味噌を生産しているが全国的なマーケットシェアはわずか8％に過ぎない。

総務省の家計調査報告によると、1965（昭和40）年の1世帯当たりの消費者の年間味噌購入数量は1万7,799グラムであったのに対して、2009（平成21）年には6,587グラム、さらに2022（令和4）年では4,661グラムとなり約4分の1に減少している。また、1人当たりの味噌の購入数量は1965年には4,178グラムであったものが、2009年には2,115グラムへと半数近くまで減少している[6)]。

また、味噌のメーカーのトンベースでの出荷量・累計をみると1980（昭和55）年には59万9,200トンであったものが2010（平成22）年には43万2,734トンとなり、さらに2022年には37万4,216トンにまで減少しており、年々味噌の購入量や出荷量は減少している[7)]。

さらに、味噌の種類別の出荷量では、全国区的に幅広く生産されている米味噌は2000（平成12）年において数量では39万4,588トン、割合では78.2％であったものが、2022年度では、31万2,086トンと数量的には減少しているものの比率では82.2％と増加している。九州および中国、四国で多く生産されている麦味噌に関しては、2000年では3万2,787トン、割合は6.5％であったが2022年では1万4,260トン、割合は3.8％に減少している。

一方、愛知県、岐阜県、三重県の東海3県で大半が生産されている豆味噌の出荷量は、2000年では2万5,985トン、その割合は5.2％と味噌の中では最も少なく、2020年においても生産量は1万7,390トン、割合では4.6％であり微減となっている。また、調合味噌とは赤だしと呼ばれる豆味を主原料として米味噌を混ぜたり、甘味料を加えて加工した漉（こ）し味噌、米味噌、麦味噌、豆味噌を混ぜ合わせた合わせ味噌等においても、2000年の出荷量は5万1,105トンで、その割合は10.1％であったが、2022年において出荷量は3万5,792トンであり割合的には9.4％とそれほどの減少は見られない（図7－1）[8)]。

特に、豆味噌の中でも岡崎市の八丁町を起源とする八丁味噌が有名であり、カクキュー、まるや味噌の2社で八丁味噌協同組合を設立しているが、両社とも伝統的な生産方法を維持しており、機械化による量産体制を敷いていないことから豆味噌の中でもシェアはわずかに過ぎない。岡崎の八丁味噌2社の生産量は明確な数値はないもののおよそ1,000トン、調合味噌の赤だしを含めるとおよそ3,000トンといわれている[9)]。

2．味噌業界のマーケットシェア

味噌は、地域特性が強く伝統的な醸造品であり、さまざまな用途で利用できる

図７－１　味噌の種類別出荷量

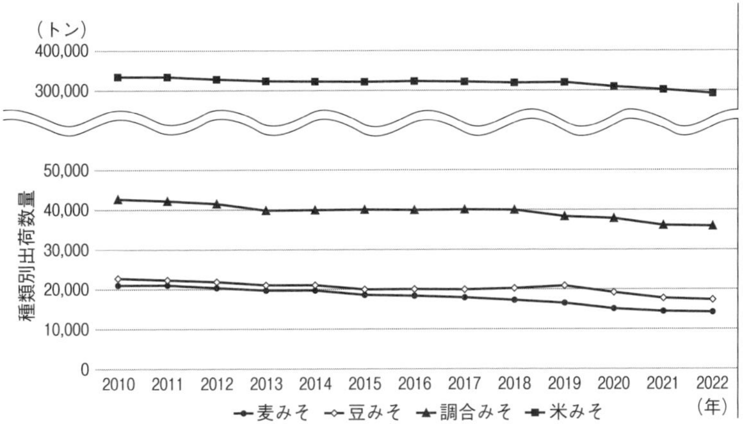

出典：全味工連集計「みその種類別出荷数量 2000～2022」，全国味噌工業協同組合連合会から抜粋して筆者作成。

ことから、地域性があり非常に多様性がある製品といえるだろう。元来、味噌は、地域により好む風味や味も異なっていたことや、生ものであり長い流通段階で色などに変化が生じてしまうことからできるだけ短時間のうちに消費者に届ける必要がある製品であった。このような理由から味噌は大量生産が困難な製品の一つとされ、中小零細の地域密着型企業が多く、それぞれ独自の製品展開しており、全国展開を行うようなナショナルブランドが育ちにくいというデメリットがあるとされてきた。

しかし、若年層を中心とした味噌への消費性向の変化によって味への均質性が高まると、地域性が薄れ、保存性を高めたり抵コスト化が可能な製品を販売することが可能となったり、自動化により大量生産が可能になり規模の経済を発揮できるような味噌製造業が登場し寡占化が進むこととなった。一方で、あまり生産規模を拡大せず昔ながらの伝統を堅持し地域性の高い製品として特定のターゲットに対して生産を継続している多くの中小企業も混在している。

前者の企業としては、マーケットシェア 27 %のマルコメがトップであり、以下、ハナマルキ 12 %、ひかり味噌 11 %、マルサンアイ５%、フンドーキン、神州一味噌、岩田醸造、イチビキがそれぞれシェア３%の順で続いているが、上位３社は長野県に本社を置く３社で味噌のマーケットシェア全体の半分を占めている[10]。このように、味噌業界で企業間の格差が広がっており、大手３社は積極的な事業展開により業績を伸ばしたり、業界４位のマルサンアイのように豆乳など味噌以外の事業展開で業績を伸ばしている企業も存在する[11]。逆に、商品開発やプロモーションなどマーケティングの側面から差別化をはかることができない中小の味噌製造業者や、即席味噌汁、味噌加工品や関連商品を販売していない企業との差は大きくなっている（図７-２）。

３．味噌の販売経路

味噌の販売経路は、メーカー⇒卸売業（味噌卸問屋を含む）⇒小売業⇒消費者

図７-２　味噌業界のマーケットシェア

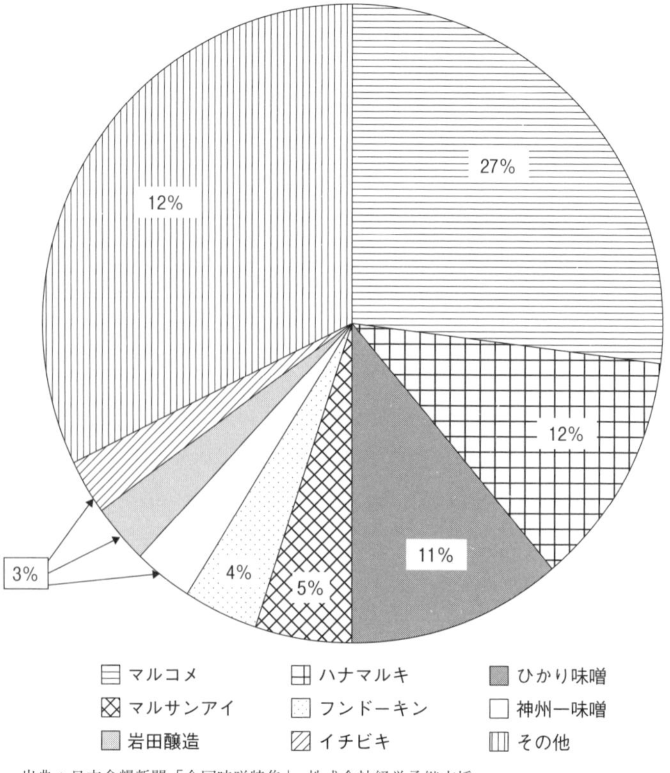

出典：日本食糧新聞「全国味噌特集」，株式会社経営承継支援
https://jms-support.jp/blog/?p=3991 などのデータから筆者が作成。

といった卸売業を介してデパート、スーパー、コンビニエンスストアなどの業態へ、あるいはその他の小売業へ消費者に届けられる伝統的なチャネルを採る場合が最も多いとされる。割合的には少数であるが、デパート、スーパー、コンビニエンスストアなどにも直接販売されることもある。また、加工業者で加工された製品などを通して消費者へ製品が販売される場合もある[12)]。

もっとも、各メーカーのマーケティング戦略によりその割合は異なるものの同様のチャネル政策を行っているといえるだろう。

味噌全体の出荷数量が減少しているなかで、味噌の販売先比率をみると、年度ごとの構成比では、2010年では卸売業者の比率は71.2％であったのに対して2022年では74.3％と卸売業者を通してさまざまな小売店に納入される販売経路が最も多い。また、メーカーから直接デパート、スーパー、コンビニエンスストアに納入される販売経路は10.5％から7.8％へと減少している。また同様に、消費者への直売やその他小売業者への納入される販売経路も2010年と2022年を比較するとその比率は減少している。その一方で、生産財としてメーカーから加工業者への直接出荷やその他の比率が増加している（図7-3、図7-4）。

4．味噌の海外輸出

近年、世界中で日本食や健康志向の高まりを受け、日本の食文化に対して注目

図7-3　味噌の流通経路

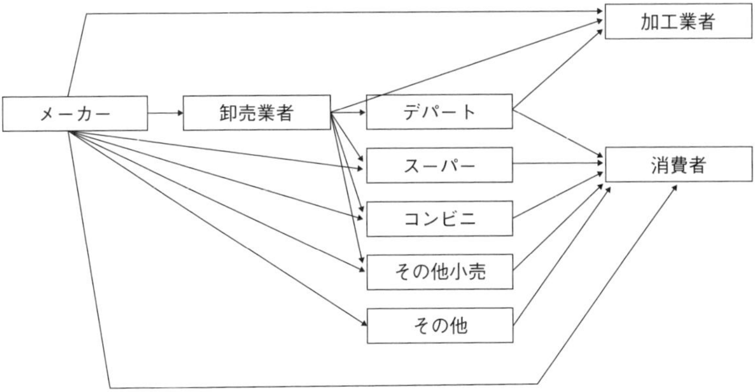

出典：松田正（1990）「味噌流通の現状と問題点」，『日本醸造協会誌』，第85巻第3号，156頁。

図７－４　味噌の販売先比率

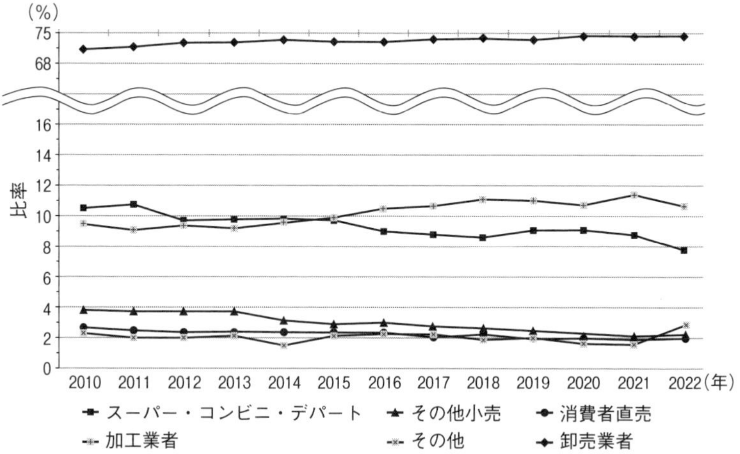

出典：食糧庁加工食品課「米麦加工食品等の状況」をもとに筆者が作成。

が集まっている。東日本大震災の影響により、一時的には減少した味噌の輸出は和食がユネスコ無形文化遺産に登録されたことにより、和食になくてはならない存在の味噌の認知度が高まったことで増加している。また、インバウンドによる外国人の増加などにより味噌に触れる機会が増加したこと、あるいは世界的な健康・美容ブームによる発酵食品に焦点が当たるなど、味噌の認知度も高まっていると考えられる。

財務省の日本貿易統計の資料によると、味噌の年間輸出額は、1977（昭和 52）年の数量ベースでは 1,012 トン、金額にして 260,314（千円）であったものが 2010 年には数量ベースで 1 万 240 トン、金額にして 2,098,062（千円）となっている。2020（令和 2）年はコロナの影響を受け輸出額や数量は減少しているものの、2022（令和 4）年では数量 2 万 1,712 トン、金額では 5,076,914（千円）となり、1977 年と比較して数量ベースでは 21 倍強、金額でも 19.5 倍となっている（図７－５）[13]。

2021 年度の国別・地域別輸出先の割合では、アメリカ合衆国が 10.6 億円（23.8 %）で最も多く、次いで中華人民共和国、オランダ、台湾、大韓民国の順になっている。対前年比の割合でみると、特に中華人民共和国 20.3 %、オラン

図7－5　味噌の海外輸出

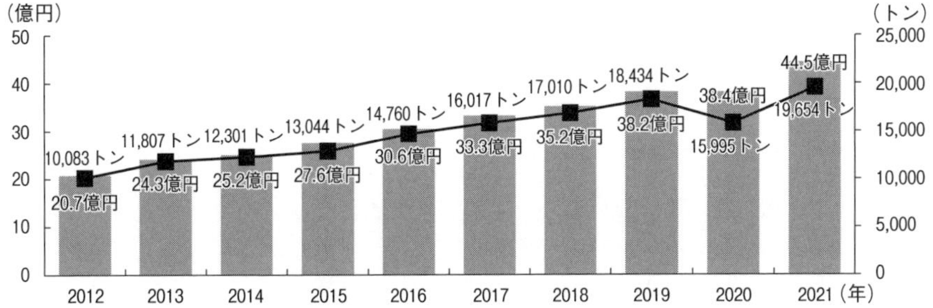

出典：みそ輸出実績　財務省・日本貿易月報。

ダ38.1％の伸び率が大きく、オランダを含めたEUの伸び率は33.6％と最も大きくなっている[14)]。これらの理由としては発酵文化が昔からあるアジア地域に加えて、アメリカ合衆国やヨーロッパ諸国などではグルテンフリーやオーガニックなどの発酵食品がブームとなっていることも大きく関係していると思われる（表7－1）。

表7－1　味噌の地域別・国別輸出内訳

	国　名	輸出額（量）	輸出額前年比（%）	輸出額構成比（%）
1	アメリカ合衆国	10.6億円　（4,985トン）	＋11.6	23.8
2	中華人民共和国	4.2億円　（1,916トン）	＋20.3	9.4
3	オランダ	3.5億円　（916トン）	＋38.1	7.8
4	台湾	3.0億円　（1,043トン）	＋0.6	6.6
5	大韓民国	2.6億円　（1,548トン）	＋14.6	5.7
-	その他	20.7億円　（9,246トン）	＋16.5	46.5
参考	EU	10.1億円　（3,573トン）	＋33.6	22.7
-	世界	44.5億円（19,654トン）	＋15.7	100.0

注：四捨五入の関係で内訳の計と合計が一致しないことがある。EUの数値については外数。
出典：農林水産省（2021）「2021年の農林水産物・食品の輸出実績輸出」。
　　　国際局輸出企画課（2022）「味噌の国・地域別内訳 2021年」，16頁。

第3節　八丁味噌の伝統と革新

1．八丁味噌の歴史

豆味噌の中でも八丁味噌は昔からの製法で愛知県岡崎の名産品として、また地場産業として定着しており、豆味噌の中でも特にその名が全国的に知られている。全国的にみると、長野の信州味噌や新潟の佐渡味噌のように地域名を冠した味噌はあるが、八丁味噌のように特定の小さな町名をそのまま味噌の名前と使用している例はないといえよう。

八丁味噌という名前の由来は、愛知県岡崎市の岡崎城から西へ八丁（約870メートル）の距離にある八丁町（旧八丁村）で味噌が造られていたことに由来する[15)]。この地で味噌の製造が発展を遂げたのは、原材料の調達、醸造のための環境、製品の運搬、顧客への販売など多くの利便性が重なっていることに関係していると思われる。東西の東海道と南北の矢作(やはぎ)川が交差する水陸交通の要所であり江戸時代には矢作川に船着き場があったこと、岡崎宿に塩座がおかれたことで原材料となる大豆、また三河湾から塩を調達することができたことや、近くを流れる矢作川の水は清浄で豊富であり、伏流水は夏も冷たく味噌造りに最適であったこと、あるいは完成した味噌の出荷・運搬、販売に際しても利便性が高かった点である。そのうえ、東海道を行き交う旅人が訪れることから商いを行ううえでも適した地域であったと思われる[16)]。また、この地域は矢作川、乙川(おとがわ)、早川など三つの川に挟まれており、非常に高温多湿の地域であり、食物が腐りやすい環境であったことから仕込み水を極限まで少なくしこの環境に耐えることができるよう試行錯誤のうえ、固い味噌になったといわれている。そして、この地の自然環境に合わせ、温度調整をすることなくゆっくりと熟成させることにより、濃厚なうまみと少々の酸味や渋みのあるこの地でしか誕生しえなかった独特の奥深い味噌が誕生したといわれている[17)]。

現在では、江戸時代初期から旧東海道を挟んだ道路で変わらず２社が味噌蔵を有しており、それぞれ、まるや八丁味噌、カクキュー八丁味噌として製造を続けている。まるや八丁味噌は、延元２（1337）年に弥治右衛門が醸造業を開始してから680年以上もの間製造を続けている[18]。もうひとつのカクキュー、合資会社八丁味噌（屋号：カクキュー）の創業は、江戸時代初期、正保2（1645）年と記載されているものの、その歴史は戦国時代まで遡り、伝承によると600年程前の貞治元（1362）年という説もある[19]。

戦国時代には、戦時の保存食（兵糧食）として蓄えられ、武田信玄、織田信長、豊臣秀吉、徳川家康などの戦国大名の領地ではそれぞれの領域で特徴のある味噌が造られるようになったが、特に三河武士の間では、糧秣（りょうまつ）として欠かすことができないものとなっていったとされている[20]。

特に八丁味噌が広まったのは徳川家康が江戸幕府を開いた江戸時代といわれており、八丁味噌の名は幕府の側近から広まり、江戸市中においても取扱店が拡大していったとされている。さらに、明治時代になると、宮内庁御用達の製品となりますますその名が知れわたるようになった。

しかし、第2次世界大戦後半になると在庫品を遠距離輸送用食料として提供し、その後は丸大豆のみを使用する八丁味噌は特別配給分を除いて造ることができず、一般配給用味噌や醤油の製造に切り替えることとなった。

戦後統制解除になると、国内外からその耐久性や保存性、あるいは栄養価の高さから八丁味噌は脚光を浴びることとなり現在に至っている。

いずれにしろ、2社とも八丁味噌の伝統を受け継ぎながら昔ながらの製造方法で味噌を造る企業として歴史を刻んできている。

2．八丁味噌の特性

豆味噌は、大豆を使用した豆麹に食塩を混合し、これを発酵させた半固形状のものと定義づけられているが、製造工程において、図7-6の○で囲んでいる箇所が米味噌、麦味噌の製法とは異なっている[21]。

米味噌や麦味噌の製造過程では、米麹や麦麹と蒸煮して冷やした大豆を発酵菌や食塩水と混合して仕込みを行うのに対して、豆味噌は大豆全量を麹として作ってから発酵菌は使用せずに食塩水と混合をして仕込むことや製造過程で味噌玉を造ることなどの違いがあるとされている。味噌玉を造る目的は、嫌気的な状況を造り出すことで乳酸菌をはじめとした生産菌を増殖させ味噌玉のpH（ペーハー）を下げることにより雑菌の増殖を防ぎ麹菌が育ちやすい環境を作ることにあ

図7-6　味噌の製造工程

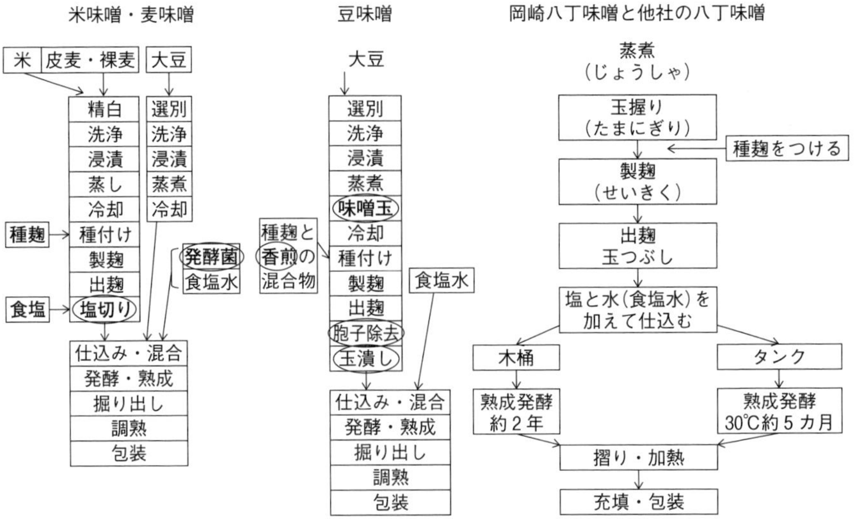

出典：小出あつみ・松本貴志子（2019）「種類と製造方法の違いによる味噌の調理学的特徴」，『名古屋女子大学紀要』（家政・自然編，人文・社会編），名古屋女子大学，66-67 頁。

る[22]。

特に、岡崎市を中心とした東海地域で豆味噌が多く製造されているのは夏季が高温多湿地帯であり、味噌は酸敗しやすいものの夏季の高温多湿が良い味噌を造るとされている[23]。

さらに豆味噌の中でも、特に岡崎八丁町のまるや八丁味噌、カクキューの２社で生産している八丁味噌は現在でも伝統的な製造方法で生産を行っている代表的な企業である。他の豆味噌と比較すると水分が少ないため硬く、味は濃厚な風味と酸味があり、その色は黒いといわれるくらいの黒褐色であり若干の苦みや渋みがある[24]。

3．八丁味噌の製造工程[25]

一部の工程は機械化されているものの、江戸時代から続く伝統製法を守りながら製造をしている八丁味噌は、原材料は米と塩のみで造られている。

まず、大豆を選別機にかけ、莢（さや）などの異物を取り除く作業から始まる。そして、水洗いした大豆を気温や湿度に合わせて一定時間水に浸漬する。次に、水切を行い、蒸気で蒸す作業を行う。さらに、冷却した味噌を6センチくらいの握りこぶし大（味噌玉と呼ばれる）に丸める。そして、味噌玉の表面に種麹をまぶして製麹室（せいきく）で麹菌の繁殖を促し、豆麹を作るための作業を職人が生育具合を確かめながら行う。つづいて、麹菌が十分に繁殖した味噌玉を砕き攪拌しながら白塩と水を加えて杉でできた木製の大桶に職人が余分な空気を抜くために踏み固めながら味噌を敷き詰める。

まるや八丁味噌では、直径約2メートル、高さ約2メートルの木桶200本にそれぞれ6トンもの味噌を仕込み、麻布をかぶせた上から合計約3トンもの石を手積みしていく。大きさや形状が異なる大小合わさった天然の川石を荷重が平均的になるように頂上のまんじゅう石と呼ばれる所までピラミッド型に積み上げていく。石積み作業は職人技で習得するまでに10年はかかるとされている。そして、二夏二冬（約2年間）温度を調節しないで自然に任せる天然醸造でじっくりと熟成させることで酵母菌や乳酸菌の働きにより大豆の旨味を閉じ込め、硬く、少しの酸味と渋みがありながら濃厚なうまみとコクのある味わいと香りの味噌となる。

もうひとつのカクキューも同様に温度調節を行わず自然に任せる伝統的な味噌造りを行っているが、カクキューは麻布ではなく木蓋をかぶせるのが違いであるとされる。

このように、八丁味噌は米麹や麦麹を用いず、原材大豆のすべてを麹にした豆麹で作られる豆味噌の一つである。そして、図7-6が示すように必ず木桶を使用していることや熟成発酵時間が自然に任せ二夏二冬といわれるように2年間かけて熟成される部分が大きな違いとなる。

4．八丁みそを巡る地理的表示制度の問題

岡崎市八丁町で味噌蔵を構える老舗の株式会社まるや八丁味噌とカクキュー（合資会社八丁味噌）で構成されている八丁味噌協同組合は、地理的表示制度において現在大きな問題を抱えている。

この2社は、江戸時代から伝統的な生産方法を崩さず製造される豆味噌として八丁味噌の製造販売を続けており、地理的表示制度が開始された後の2015年6月1日に地理的表示制度（以下、GI：Geographical Indicationの略）登録を目指し

て申請を行った。申請では、生産地を愛知県岡崎市八丁町として、生産方法として仕込み樽は木桶、天然醸造で2年以上、重石として川石を3トン円錐状に積み上げる等、伝統的な生産方法に限られたものを八丁味噌としてGI登録を行ったとされている[26]。

一方、この2社とは別に工業的な生産方法で豆味噌を生産している複数社が属する愛知県味噌溜醤油工業協同組合は、2015（平成27）年6月24日に同様の申請を行った。この申請では、仕込み樽の材質は問わない、重石の材質は問わない熟成期間一夏以上等で申請されている。当初は二つの団体で合意が模索されたが、結局合意形成がなされず、八丁味噌協同組合が申請を取り下げたことから愛知県味噌溜醤油工業協同組合の申請が2017（平成29）年12月15日に農林水産省の審査対象として地理的表示登録されることとなった[27]。

この登録に際して、八丁味噌2社は農林水産省が認めた地理的表示登録に対して異議を申し出て現在に至っている。

この登録の判断に対しては、欧州の基軸となっているテロワールと呼ばれる昔ながらの原材料や製法にこだわり続けて生産している生産者の権利保護を徹底している欧州の地理的表示制度と日本のそれとはGIという名前こそ同じであれ、制度の考え方は異なる制度といってもよかろう。

このGI制度について農林水産省は、「ビジネスにおいては、その地域ならではの要因と結び付いた品質、製法、評判、ものがたりといった産品の強みや魅力がみえる化され、国による登録やGIマークと相まって、効果的・効率的なアピール、取引における説明や証明、需要者の信頼の獲得を容易にするツールになります。そして、本制度によって、国内外における模倣品対策によりGI産品の名称・ブランドを保護するとともに、GIマークという統一ロゴの下、成功事例の横展開、市場展開を通じ、GIそのものの認知を高め、「GIブランド」を確立してまいります。」[28]と説明している。つまり、生産者はGI産品として登録することで、輸出などを含めた新しいチャネル開発、信頼性の確保や製品の差別化による競争優位によってプレミアム価格の獲得が可能となったり、観光業や地域産業の進展に繋げることができるメリットを享受できることや、食品や農作物の分野を含め国内外での販売を伸ばす目的で設定された意図は理解できるものの本来の地理的表示とは何かを十二分に考える必要がある。

この地理的表示法に基づいて現在登録されている産品は、2023 年現在約 130 品が登録されているものの、海外諸国との考え方の相違などをはじめとして、国内においても本来地理的制度として認められるべき製品が認められないなど、さまざまな制度的な課題を抱えているといっても過言ではないだろう。

5．八丁味噌のマーケティング

現在、八丁味噌という名称を使用する愛知県の味噌メーカーは多く存在している。愛知県の豆味噌を販売しているメーカーにとっては八丁味噌という名称は消費者に対するブランドイメージを極めて高いものとしている。ここでは、岡崎八丁味噌組合に属するまるや八丁味噌とカクキューの経営方針や取り組みを通してマーケティングについての分析を試みる。

まるや八丁味噌では、家訓はないものの三つの信念を挙げており、それらは、「1. 質素にして倹約を第一とする、2. 事業の拡大を望まず継続を優先する、3. 顧客、従業員との縁と出会いを尊ぶ。」[29] という考え方である。また、さまざまな外部環境の変化に対して生き残るためには、常に新しいことにチャレンジしていくべきであると説明している。そして、伝統の製法を守りながらも積極的に新しい挑戦をしていくことが重要であるとして、他の企業が試みていない有機栽培の大豆を使った八丁味噌を造り、オーガニックの関心が高まっていた海外への輸出を始めた。1987（昭和 62）年にはアメリカ有機食品認定機関（OCIA）、そして、ヨーロッパ有機認証機関（ECOCERT）、ユダヤ教のコーシャ（Kosher）の認証も受け、八丁味噌のこだわりを理解できる消費者、健康への意識が高い層、日本の伝統に関心が高い消費者をコアなターゲットとして 20 か国へ有機八丁味噌を輸出している。

また、まるや八丁味噌では、事業の拡大よりも継続を重要視し、伝統的な製造方法を守り、人を通じたさまざまなプロジェクトへの企画・参加することにより八丁味噌を伝承している。具体例としては、三河プロジェクトとして西尾産の三河産フクユタカ大豆と奥三河の超軟水の井戸水を使用して仕込みを行う八丁味噌を販売したり、サムライ日本プロジェクトとして三河を代表する各業種のメーカーと横の繋がりを持つことで新市場やチャネル開発などの取り組み、あるいは SDGs 達成を目指して次世代も豊かに暮らせる未来を創る目的で創られたプロジェクト「あふの環 2030 プロジェクト～食と農林水産業のサステナビリティを考える～」などにも参加している。

そして、事業継承をはかるためには従業員やその家族の満足が重要であることを常に認識した経営を実践している。また、以前は業務用中心であった販売に対して、八丁味噌を口にしたことがない一般の消費者に対する認知度を高めるために試食会などのデモンストレーションを行い販売の拡大に繋げたり、マスコミへ製造風景を取り上げてもらうことで消費者が目にする機会を増やし、興味を持ち購入に繋げるための多くの取り組みを実施している。

カクキューについても同様であり、国際規格 FSSC 22000（食品安全システム認証）を取得し製品の品質を内外に広めたり、カクキューの SDGs として持続可能な開発を続ける目標を掲げたりすることにより伝統産業を意識している。

特に工場見学などにも力を入れており、本社屋はもちろんのこと、史料館、玄佺館など由緒ある歴史的な建物を顧客に見てもらい、売店や食事処で自社の勧めるこだわりの土産物や実際に食事等を楽しんでもらうなど八丁味噌についての理解を深めてもらう販売促進活動などを実践している[30)]。

この２社はライバルとしてお互いに競争しながら信頼にこたえるよう伝統的な手法を守り通すことで現在の地位を築いているといえるだろう。

この２社のマーケティング戦略としては、差別化戦略が相当すると考えることができるだろう[31)]。ポーターによると、企業の戦略においてコストリーダーシップ戦略、集中戦略、差別化戦略の三つが主な戦略であるとしている。

コストリーダーシップ戦略は「強者の戦略」と呼ばれており、一般的には業界におけるマーケットシェアが１位の企業が、経験曲線や規模の経済性からコストのメリットを見出す戦略であり、集中戦略とは特性の製品・サービスに集中することで独自の地位を築く戦略である。差別化戦略とは、他社とは異なる製品・サービスを有しており、明らかな差別化要因があること、そのため高価格であっても顧客に購入してもらえる状態を造り出すことである。差別化要因としては、マーケティングの４Ｐの要素である製品、ブランドイメージ、価格、顧客サービス、チャネルの差別化要因がある。

この２社における製品の差別化とは、競合他社とは異なり伝統的な製造方法で、よりクオリティの高い製品づくり、あるいは他社がマネできないような製品づくり、あるいは味噌との相性が合う製品との共同開発、現代人の消費特性に合わせた味噌パウダーの開発などがある。価格面においても、量産化している競合他社との価格競争から脱却できており、価格を下げる必要性がなく利益率は高いと考えられる。この２社の岡崎八丁味噌というブランドは、豆味噌の中でも確固たる地位を築いており、伝統や歴史などからしっかりとしたブランドストーリーがイメージされ発信されていることから顧客のファン化が可能になっている。くわえて、これまで築き上げたストーリー性を全従業員が理解し共有することで、従業員満足にも繋がっていると考えられよう。また、いち早く海外に目を向け、八丁味噌の特性や良さをアピールし、海外のさまざまな認証機関から認証を得ることで信頼を確固たるものとしている。あるいは、デモンストレーションによる販売、あるいは工場見学で顧客を呼び込むなど、チャネル開発を行っている。

謝辞

本章の執筆にあたり、インタビュー調査や資料提供を頂いた、まるや八丁味噌 浅井様、カクキュー味噌 早川様、愛知県味噌溜醤油工業協同組合 平松様には大変お世話になりました。心より感謝申し上げます。

●注

1）小出あつみ・松本貴志子（2019）「種類と製造方法の違いによる味噌の調理学的特徴」,『名古屋女子大学紀要』（家政・自然編，人文・社会編），名古屋女子大学，66-67 頁。

2）主原料となる大豆の国産大豆の使用量は数パーセントに過ぎず、大半が輸入大豆を使用している。地産地消の観点からも国産の地元で獲れた大豆を使用するのが望ましいが、価格面や数量面から、それぞれの産地で収穫された大豆を使用しているメーカーは非常に少なく、一部の高価格品を除いて原料と地域との関わりは希薄であるといっても過言ではない。

3）渡邊敦光監修（2018）『味噌大全』，東京堂出版，58-59 頁。

4）渡邊敦光監修（2018）『同上書』，55 頁。

5）郷土の味噌の代表的な種類としては、主に 16 種類あるとされており、それらは北海道味噌、津軽味噌、秋田味噌、仙台味噌、会津味噌、越後味噌、加賀味噌、江戸甘味噌、信州味噌、東海豆味噌、関西白味噌、府中・広島味噌、瀬戸内麦味噌、御前味噌、讃岐味噌、九州麦味噌などである。

6）当該年の「家計調査」総務省統計局１世帯あたりの味噌の購入数量より抜粋。世帯数が増加しているものの支出金額が減少していることから、味噌の購入量は減少しているといっても差し支えないだろう。

7）全味工連集計「みそ業界の現状について　生産出荷数量」，全国味噌工業協同組合連合会。https://zenmi.jp/miso_toukei.html　（2022 年 9 月 1 日アクセス）
8）全味工連集計「みその種類別出荷数量 2000～2022」，全国味噌工業協同組合連合会。https://zenmi.jp/miso_toukei.html　（2022 年 9 月 1 日アクセス）
9）岡崎信用金庫（2018）「あいちの地場産業　工業食品八丁味噌」，86-87 頁。https://www.okashin.co.jp/local/jiba/pdf/pdf_food.pdf　（2023 年 8 月 29 日アクセス）
10）日本食糧新聞「全国味噌特集」，株式会社経営承継支援 https://jms-support.jp/blog/?p=3991 などのデータを参照。
11）Strainer　https://strainer.jp/notes/6043　（2023 年 8 月 28 日アクセス）
12）松田正（1990）「味噌流通の現状と問題点」，『日本醸造協会誌』，第 85 巻第 3 号，156 頁。
13）農林水産省輸出・国際局輸出企画課（2022）「2021 年農林水産物・食品の輸出実績（品目別）味噌」，15-16 頁。
14）https://www.sbbit.jp/article/cont1/38107
15）岡崎市歴史的風致維持向上計画（2023）「岡崎市歴まち―第 2 章 05. 郷土食の八丁味噌造り」，196-201 頁。
16）岡崎信用金庫（2018）「あいちの地場産業　工業食品八丁味噌」，86-87 頁。
17）岡崎市歴史的風致維持向上計画（2023）「岡崎市歴まち―第 2 章 05. 郷土食の八丁味噌造り」，196 頁。
18）まるや八丁味噌ホームページ https://www.8miso.co.jp/company2.html　（2023 年 8 月 29 日アクセス）
19）白石弘幸（2023b）「食品組織の正当性追求―八丁味噌を事例に」，『中央学院大学商経論叢』，第 37 巻第 2 号，56 頁。
20）早川久右衛門（1984）「酪家銘々伝　八丁味噌」，『日本醸造協會雜誌』，第 79 巻第 7 号，490 頁。
21）小出・松本（2019）「同上書」，66 頁。
22）小出・松本（2019）「同上書」，67 頁。
23）岡崎信用金庫（2018）「同上書」，86 頁。
24）岡崎信用金庫（2018）「同上書」，87 頁。
25）八丁味噌協同組合ホームページ　https://www.hatcho.jp/　（2023 年 8 月 26 日アクセス）
26）浅井信太郎（2021）「地理的表示保護制度，「八丁味噌」の本家を除外」，『日経ビジネス』，2021 年 6 月 21 日号，116-117 頁。
27）八丁味噌協同組合が申請を取り下げたのは地域内の合意が登録の前提条件となるという記述が審査基準にみられたこと。
28）農林水産省ホームページ，「地理的表示（GI）保護制度」，農林水産省。https://www.maff.go.jp/j/shokusan/gi_act/
29）まるや八丁味噌ホームページ　https://www.8miso.co.jp/　（2023 年 8 月 29 日アクセス）
30）早川久右衛門（2021）『カクキュー八丁味噌の今昔』（中経マイウェイ新書），中部経済新聞社，119-188 頁。

31）ポーター，M・E，土岐坤他訳（1995）「競争の戦略（新訂）」，ダイヤモンド社，59頁。

【参考文献】

浅井信太郎（2021）「地理的表示保護制度，「八丁味噌」の本家を除外」，『日経ビジネス』，2021年6月21日号。

大矢祐治（2002）「みそ製造業の構造変化とその要因」，『食品経済研究』，第30号，56-75頁，日本大学生物資源科学部食品ビジネス学科食品経済研究編集委員会。

岡崎市歴史的風致維持向上計画（2023）「岡崎市歴まち―第2章05.郷土食の八丁味噌造りにみる歴史的風致」，岡崎市歴史的風致維持向上計画（令和5年3月版）。

岡崎信用金庫（2018）「あいちの地場産業　工業食品八丁味噌」，86-87頁。

菊地昌弥・神代英昭・林明良（2012）「伝統食品製造企業の今日的企業行動と市場構造の寡占化―みそ製造業を事例として」，東京農業大学農業経済学会，『農村研究』，114号，13-24頁。

北宮清俊（1986a）「味噌業界における活路開拓の考え方（Ⅰ）」，『日本釀造協會雜誌』，第81巻第8号，516-519頁。

北宮清俊（1986b）「味噌業界における活路開拓の考え方（Ⅱ）」，『日本釀造協會雜誌』，第81巻第9号，597-600頁。

小出あつみ・松本貴志子（2019）「種類と製造方法の違いによる味噌の調理学的特徴」，『名古屋女子大学紀要』（家政・自然編，人文・社会編），名古屋女子大学，61-71頁。

国際局輸出企画課（2022）「味噌の国・地域別内訳　2021年」，16頁。

白石弘幸（2023a）「食品生産組織と地理的表示保護―八丁味噌の事例研究」，『日本海域研究』，第54号，33-52頁。

白石弘幸（2023b）「食品組織の正当性追求―八丁味噌を事例に―」，『中央学院大学商経論叢』，第37巻第2号。

高倉成男（2020）「地理的表示制度の運用の現状と課題」，『明治大学法科大学院論集』，第23巻，41-62頁。

永野彌三雄（1971）「味噌の流通事情」，『日本釀造協會雜誌』，第66巻第7号，641-644頁。

農林水産省（2021）「2021年農林水産物・食品の輸出実績輸出」。

早川久右衛門（1984）「酪家銘々伝　八丁味噌」，『日本釀造協會雜誌』，第79巻第7号，490頁。

早川久右衛門（2021）『カクキュー八丁味噌の今昔』（中経マイウェイ新書），中部経済新聞社。

ポーター，M・E，土岐坤他訳（1995）「競争の戦略（新訂）」，ダイヤモンド社。

松田正（1990）「味噌流通の現状と問題点」，『日本醸造協会誌』，第85巻第3号，155-159頁。

宮川東一（1981）「味噌のマーケティング」，『日本釀造協會雜誌』，第76巻第2号，84-88頁。

毛利光之（2011）「味噌業界の現状と将来」，『農林水産技術研究ジャーナル』，第23巻第9号，農林水産技術情報協会。

山口元之（1989）「豆味噌需要の現状と活路開拓について」，『日本醸造協会誌』，第84巻第3号，155-161頁。

渡邊敦光監修（2018）『味噌大全』，東京堂出版。

カクキューホームページ　https://www.kakukyu.jp/
農林水産省ホームページ　https://www.maff.go.jp/j/shokusan/gi_act/
　「地理的表示（GI）保護制度」，農林水産省
八丁味噌協同組合ホームページ　https://www.hatcho.jp/
まるや八丁味噌ホームページ　https://www.8miso.co.jp/
みそ健康づくり委員会，「新みそを知る」，一般社団法人中央味噌研究所
　https://miso.or.jp/museum/

第 8 章

みかん産地三ヶ日の戦略

常葉大学　河田　賢一

静岡県の有名な農産物として、お茶、わさび、みかん、温室メロン、いちご、などがある[1)]。お茶については著者自身二つの論文があり、みかん産地として有名な三ヶ日がある浜松市内に在住していることから、本章ではみかんを取り上げる。そのなかでも、みかん産地として発展した三ヶ日がどのような戦略を採用していったかを中心にまとめていく。

本章に関する参考文献をみると、平仮名表記の「みかん」を使用している研究者と、片仮名表記の「ミカン」を使用している研究者がいる。文章で書く場合、「ミカン」の方が前後の文字との境を明確に区別することができるために読み間違いが起こりにくい。しかしながら、農林水産省「果樹生産出荷統計（みかん）」では、平仮名の「みかん」という表記が使用されている。読者の読みやすさを考慮すると片仮名の「ミカン」表記の方がよいと思われるが、本章では平仮名の「みかん」表記を使用する。

第 1 節　日本のみかん産業

松原（2021）[2)] は日本のみかん栽培が、最初に和歌山県で、次に明治・大正期に静岡県、大正・昭和期に愛媛県と広島県、そして戦後に九州地方へと拡大していったとしている。

静岡県は和歌山県や愛媛県とともにみかんの出荷量が多い都道府県である。図 8-1 は日本全国および静岡県と和歌山県そして愛媛県のみかん出荷量の推移を占めたものである。日本全国のみかん出荷量は1975（昭和50）年産の327万トンをピークに減少傾向にあり、2022（令和4）年産は61.3万トン（最小）まで減少している。

同図では静岡県と和歌山県そして愛媛県の3県が日本全国のみかん出荷量の多くを占めているのかわかりにくい。そこで**図8-2**は3県の出荷量が日本全国出荷量に占める割合の推移を示したものである。

静岡県と和歌山県そして愛媛県の3県計の最小が1984（昭和59）年産の35.2％で、最大が2022（令和4）年産の53.5％である。同図から静岡県と和歌山県そして愛媛県が代表的なみかん産地県だといえる。さらに1996（平成8）年産以降は3県計のシェアが増加傾向にある。3県計のシェアが増加傾向にあるとい

図8-1　日本全国および静岡県、和歌山県、愛媛県のみかん出荷量の推移

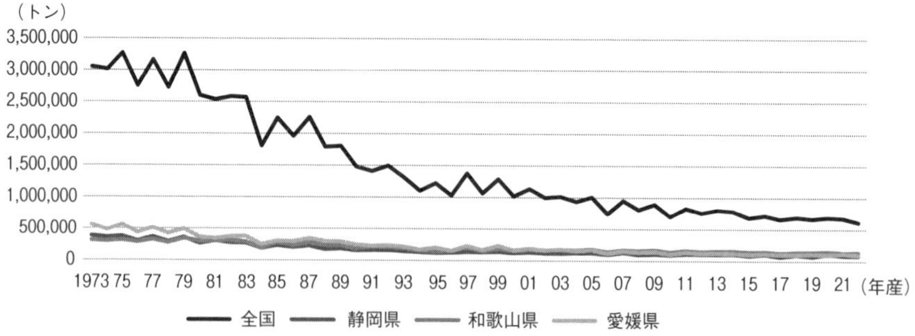

出典：農林水産省「果樹生産出荷統計（みかん）」より作成。

図8-2　日本全国のみかん出荷量に占める静岡県、和歌山県、愛媛県の割合の推移

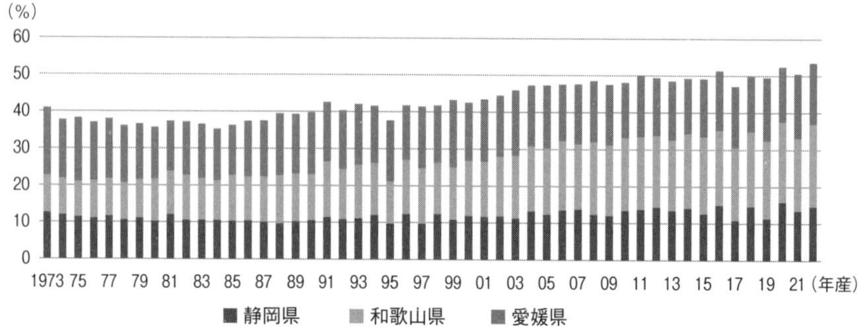

出典：農林水産省「果樹生産出荷統計（みかん）」より作成。

うことは、他県のシェアが減少していることを示している。徳田（2022）[3] はこうした状況はみかんだけでなく、他の農産物でも同様だとしている。

1973（昭和48）年産では愛媛県がシェアトップであったが、2004（平成16）年産以降は和歌山県がシェアトップである。静岡県は2020（令和2）年産で2位になったことがあることが、それ以外は3位が続いている。

みかんの産地ブランドとして、静岡県は「三ヶ日みかん」、和歌山県は「有田みかん」が有名である。スーパーマーケット等において、みかんは産地もしくは都道府県名が表記されている。なぜなら、そうした小売店で販売されているみかんの品種のほとんどが「温州みかん」だからである。品種が同じであれば産地名や都道府県名を表記するしかない。お茶が産地名を表記しているのと同じである。同じ果実であっても、りんごの場合は都道府県名が表記されるだけでなく、「つがる」や「ふじ」そして「陸奥」などの品種も表記されることがある。

みかんの出荷量上位3県をみると、全国に占めるシェア（1973年産から2022年産）は、静岡県が12.5％から14.5％へと2.0ポイント増、和歌山県が10.1％から22.5％へと12.4ポイント増であるのに対し、愛媛県は18.3％から16.5％へと1.8ポイント減である。1973年産を100（％）とし2022年産の割合を計算すると、全国は20.1、静岡県は23.3、和歌山県は44.5、愛媛県は18.1であり、愛媛県は全国より出荷量の減少幅が大きく、それが県別シェアの減少につながっている。

みかんの出荷時期で3県を比較すると、和歌山県と愛媛県は出荷時期の早い「早生温州みかん」の比率が高いが、静岡県は「普通温州みかん」の比率が高いという特徴がある[4]。2021（令和3）年産「普通温州みかん」のシェアは、静岡県が22.8％、和歌山県が18.6％、愛媛県が16.7％であり、静岡県のみかんは年明け以降に出荷される量が多いという特徴がある。静岡県は、和歌山県や愛媛県産みかんと出荷時期をずらすことによって競争を避けるとともに、消費者に長い期間みかんを摂食できる期間を提供している。

全国出荷量第2位の愛媛県が苦戦している理由として、第一に産地ブランドがないことが考えられる。前述の通り、静岡県には「三ヶ日みかん」、和歌山県には「有田みかん」というブランドがあるのに対し、愛媛県は産地ブランドがないように思える。産地ブランドがないがゆえにシェアの減少が大きいのかもしれない。

第二に、オレンジの輸入自由化が考えられる。今回初めてみかんについて研究し原稿を書いたが、既存研究では日本のみかん産業が衰退した原因として1991（平成3）年のオレンジ輸入自由化と果物摂食の多様化が挙げられることが多い。愛媛県は輸入自由化により「ポンジュース」の売上げが大きく減少したかもしれない。なぜなら自由化により、100％オレンジジュース（濃縮果汁還元）1リットル入り紙パックが200円を下回る価格で販売されたからである。その象徴がダイエー（当時）のプライベートブランド（PB）「セービング」で発売されたものであった。

すなわち、オレンジ輸入自由化は日本のみかん産業全体に大きな影響を及ぼしたが、産地ブランドがない愛媛県は静岡県や和歌山県よりも大きな影響を受けたかもしれない。

図8-3は日本全国のみかん収穫量の推移である。図8-1と図8-2は1973（昭和48）年産からの数値しかないため、より長期的な傾向をみるためにここでは収穫量の数値を利用する。

収穫量とは、収穫したみかんのうち、生食用または加工用として流通する基準を満たすみかんの重量をいう[5)]。それに対し、出荷量とは、収穫量のうち生食用、加工用として販売した量をいい、生産者が自家消費した量および種子用、飼料用として販売したものは含めない。すなわち、出荷量は販売される量と考えてよい。

日本全国のみかん収穫量は高度経済成長期に収穫量が大幅に増加し、1970年

図8-3　日本全国みかん収穫量の推移

出典：1926～1972年産の数値は加藤榮一編纂（1994）『続　静岡県柑橘史　資料編』，静岡県柑橘農業協同組合連合会，110-111頁，1993年産以降は農林水産省「果樹生産出荷統計（みかん）」，1973年産～1992年産は両データより作成。

代にピークを迎えた。そして1980年代以降収穫量は減少傾向にある。1972（昭和47）年にみかん価格が暴落したといわれているが、それは同時期にみかん収穫量がピークに達していたことによるものと考えられる。

みかん収穫量が減少すること、それはすなわち、みかん生産そのものが減少することであるが、その背景はみかん価格の暴落により生産調整が行われたことにある[6)]。生産調整は1973（昭和48）年に愛媛県で、1974（昭和49）年に静岡県・和歌山県・佐賀県・熊本県・大分県・長崎県で行われた。主要な産地で生産調整が行われると生産・出荷量が減少するのは当然であり、みかんの消費離れで生産・出荷が減少したのとは異なる。同時期に静岡県と和歌山県そして愛媛県のみかん農家のみかん栽培離れは３割以下だったの対し、福岡県と佐賀県は５割以下、長崎県は５割以上だった。すなわち、生産・出荷量の多い都道府県ほど生産調整があまりすすまなかったゆえに、相対的なシェア増加につながったのかもしれない。

第２節　静岡県と三ヶ日町のみかん産業

１．静岡県のみかん産業

静岡県では古くからみかんの栽培が行われ、室町時代には中部の駿府周辺（現、静岡市）で栽培されていた[7)]。徳川家康が将軍を退いて駿府城で隠居していた際に家康自身が植えたみかんがあったことは有名である。ただ当時のみかんは現在の「温州みかん」でなく、「小ミカン」とよばれる種類のものであった。

現在のみかんの主流である「温州みかん」は鹿児島県長島町で突然変異もしくは自然交配によって誕生したらしい[8)]。それが静岡県中部に導入されたのが江戸時代最後の慶応年間（1865～1868年）だといわれている[9)]。

静岡県は、西部、中部、東部、伊豆の四つ地域に分けられるが、図8-4の通り、古くからみかん栽培が盛んであったのは旧清水市と旧静岡市がある中部であった。同２市は平成の大合併により2003（平成15）年に現在の静岡市になった。旧清水市＋旧静岡市（28.0％）のみかん出荷量構成比は、1992（平成4）年産時点でも三ヶ日町＋旧浜松市（27.3％）より高い。三ヶ日町単独で旧清水市の出荷量

図8－4　静岡県の上位5市町別のみかん出荷量構成比の推移

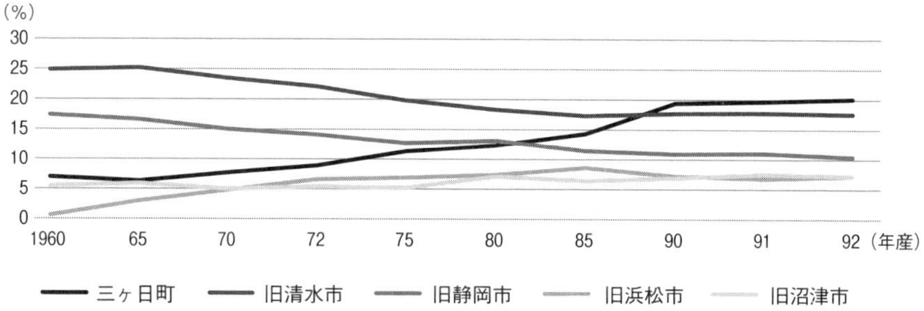

注：出典の数値は図に示されている年産のみのものである。

出典：加藤榮一編纂（1994）『続　静岡県柑橘史　資料編』，静岡県柑橘農業協同組合連合会，126-127頁より作成。

構成比を上回るのは1980年代後半である。したがって静岡県におけるみかん産地として古くから発展していたのは中部であった。すなわち、みかん産地としての三ヶ日町は静岡県内で後発であるといえる。松村（1970）[10]も三ヶ日でみかん栽培は古くから行われていたが、中部のようにみかん園地化は急速に進展しなかったとしている。

三ヶ日町は全国のみかん出荷量が減少するなかで、県内での構成比を増加させていった。三ヶ日町の構成比が増加した背景には、何らかの動きがあったはずであり、それについて既存資料をもとにまとめていく。

2．三ヶ日町のみかん産業

三ヶ日町におけるみかん栽培は戦前から行われていたが、戦時中の物資不足や食糧事情により衰退していた[11]。しかしながら1952（昭和27）年には戦前と同水準である1万1,250トンに戻った。三ヶ日町のみかん産業発展の礎となる静岡県柑橘試験場三ヶ日母樹園は1950（昭和25）年に建設された。昭和30年代（1955～1964年）の三ヶ日みかんはブランド力が弱く、県中部のみかんの方がブランド力は高かった。

昭和30年代には全国的にみかんの生産拡大が唱えられており、三ヶ日町農協青壮年連盟は大分県杵築（きつき）市を視察・訪問し、当時「柑橘興市」をスローガンとして大規模なみかん農園を経営していた杵築市から学んだものを三ヶ日町のみかん栽培に取り入れていった[12)]。ここからも、当時の三ヶ日はみかん産地として後発であったことを示している。

第3節　みかん産地三ヶ日の戦略

本節では、主に三ヶ日町柑橘出荷組合編（2009）[13)]を中心に、既存研究も含めて、みかん産地三ヶ日が採用した戦略についてまとめる。

1．みかん園地開拓と機械化

三ヶ日がみかん産地として発展するのは、1957（昭和32）年から1962（昭和37）年に国有林の払い下げを受けて、同地でみかん園の造成を行ったことに始まる[14)]。第1次開園で359 ha、第2次開園で240 haのみかん園の整備が行われた。この整備においてブルドーザーを利用したことによって短期間で山林をみかん園に転換でき、みかん農地の集団栽培造成や、その後の機械化へとつながった。

みかん農家において最も人手に頼らざるを得ないのはみかんの採集とその運搬作業である。特に傾斜地において採集したみかんの運搬作業は重労働であった[15)]。機械メーカーが1970年代以降に多様な運搬機械の開発に乗り出し、それを積極的に採用していった。三ヶ日で最も利用されたのは、「クローラー」とよばれる自走式運搬車であり、これはみかん園地内を自由に走行でき、車輪がキャタピラー式であることから安定した走行と登坂力に優れ、傾斜地が多いみかん園地での使用に適していた。同運搬車は200 kg程度まで積載可能であり重労働の解放につながった。そして1985（昭和60）年頃からはスピードスプレヤーという機械を使った薬剤散布を行うようになった[16)]。

笠井（1963）[17)]は三ヶ日のみかん園地の特徴を次のようにのべている。主に山腹の緩傾斜と平坦な丘陵に展開されおり、園地の中まで自動車が通行できる道路があるため肥料や収穫物の運搬が便利である。

2．三ヶ日みかんのキャラクター「ミカちゃん」

三ヶ日では、三ヶ日みかんのブランド力を向上させるために、イメージキャラクターとして1979（昭和54）年に「ミカちゃん」が誕生した[18)]。「ミカちゃん」

は元気な子供が大きなみかんを抱えたキャラクターである。同キャラクターにより、1981（昭和56）年に「ニセ三ヶ日みかん」が市場に出回った時に役立った。なぜなら本物の三ヶ日みかんの段ボール箱には「ミカちゃん」マークが付いているからである。

3．高品質みかんブランド「ミカエース」

1984（昭和59）年には、早生みかんのなかでも糖度12度以上のみかんを「ミカエース」と名づけて発売した[19)]。「ミカエース」とは三ヶ日みかんの中でも最高級の品質であることを意味して名づけられた。1988（昭和63）年は天候不順から「ミカエース」の基準を満たすみかんが採集できなかったことから販売しなかった。「ミカエース」を販売したい小売店や、食べたい消費者はがっかりしたが、中日新聞において品質を満たさないみかんを「ミカエース」として販売しなかったことが取り上げられたことにより、「ミカエース」の信用が逆に高まることになった。すなわちブランド力を維持・向上に役立った。

「ミカエース」は三ヶ日みかんの中でも高品質であることから価格も高かった。価格が高いと購入をためらうことが考えられたため、「ミカエース」の出荷単位をそれまでの1箱15 kgから10 kgへと変更し、少しでも買い求めやすい価格設定にするよう工夫した。

4．三ヶ日町柑橘出荷組合

戦後復興期の三ヶ日では、各みかん農家がそれぞれの木箱にみかんを入れて出荷していたことから荷姿が揃っておらず、品質も統一されていなかった。そのため市場における三ヶ日みかんの評価は低かった。そこで、「生産者と消費者を結びつけ、生産者の思いを消費者に伝えるために専任の組織が必要であると考え、和歌山県や愛媛県などのみかん先進地において組織が機能していたことから、1960（昭和35）年に三ヶ日町柑橘出荷組合が設立された[20)]。同出荷組合は設立に際して次の規約を定めた。

①組合員は自己が生産する柑橘の全量を出荷すること。
②加入期間は1年とし途中脱退は認めない。

③組合の統制を乱した場合、精算金の支払い停止と脱退勧告、または除名。

という厳しい内容であった。

そのため1960（昭和35）年9月20日の設立総会に参加したのは、みかん農家1,200名余りのうち154名しかいなかった。

同組合は名古屋や岐阜の卸売市場で三ヶ日みかんを指定荷受してもらえる卸売企業の協力も得て設立に至ったが、組合を通じた販売はうまくいかなかった。そのため、長野県、山梨県、福井県、石川県などの卸売市場をまわったが状況は好転しなかった。そして最後の手段として東京の卸売企業2社に15 kg入りみかんを800箱ほど出荷したところ、おいしいと評判になりそれ以降、組合を通じての出荷が軌道に乗った。設立から1年後の総会時には組合員数が665名と4.3倍になった。同組合による共販体制がみかん産地三ヶ日をつくりあげたといわれている[21)]。

5．地の利

1965（昭和40）年に名神高速道路、1969（昭和44）年には東名高速道路が全線開通した。東名高速に三ヶ日インターチェンジがあることにより、三ヶ日みかんは東京や名古屋そして大阪にも輸送しやすくなり、みかん先進県としての和歌山県や愛媛県より大消費地への輸送で有利になった。同高速道路開通当時は和歌山や愛媛は高速道路がないため、大消費地への出荷・輸送が大変であったと考えられる。地の利は三ヶ日自らの努力で成し遂げたものではないが、こうした幸運も必要だと思われる。

6．他農産物との競合が少ない

静岡県においてみかん産地としてもともと有名だったのは、旧清水市と旧静岡市であった。しかしながら同2市はお茶の産地でもあった。全国のお茶で最も生産量の多い「やぶきた」という品種は静岡市で開発されたものであった。また同2市は海に面していることから水産業も盛んである。

それに対し三ヶ日はお茶産地でなく、水産業も有名でなかったことにより、住民が他農産物の生産に従事する機会が少なかったことで、みかん栽培に集中しやすい環境にあったと思われる。浜松市天竜区（旧天竜市）は今も高級日本茶の産地であるが、三ヶ日とは離れている。三ヶ日には三ヶ日牛があるが、地元以外ではあまり有名ではない。

7．スーパーマーケットとの取引

スーパーマーケットと取引を行うには一定程度の出荷数量を継続できる体制の構築が必要である。新興産地である三ヶ日はみかん園地の開拓を続けていたことから、スーパーマーケットにまとまった数量を出荷できる余地があったと考えられる。他産地でまとまった数量を提供できる余地がなかったとすれば、スーパーマーケットとの取引において有利な状況をつくりあげることができる。

スーパーマーケットにおける農産物の調達は、品揃えと一定規模の数量確保そして物流などの面から卸売業者に依存するのが基本である。その一方でスーパーマーケットは産地指定、PB（Private Brand）化、生産への直接進出など、他スーパーと差別化するために独自調達することもある[22)]。

三ヶ日がスーパーマーケットであるユニーと取引[23)]することができたのは、後述する品種の絞り込みと、後発であるがゆえに新しい小売業態との取引にも積極的に対応できた点にある。古い産地であればそれまで販売してもらっていた一般小売店に対する配慮によってスーパーマーケットとの取引を始めることに躊躇することがあるが、三ヶ日は後発・新興産地であるがゆえに、そうした縛りが少なかったと思われる。さらに三ヶ日側にすると、品種を絞り込んで大量生産した「青島温州」を効率的に販売するためには、大量に仕入れて販売してもらえるスーパーマーケットとの取引が不可欠であったと思われる。他方でスーパーマーケット側も高糖度で均質な「青島温州」を大量に仕入れることができるのは三ヶ日しかなかったと思われる。さらに高糖度な「青島温州」は他のみかんより高い価格で販売できるため、スーパーマーケット側は売上げと利益の増加につながりやすいというメリットがある。スーパーマーケットも他スーパーとの競争激化において、「青島温州」を取り扱うことによって差別化もできる。他スーパーとの価格競争から抜け出すためのトレーディングアップを行うためにも、差別化された高糖度のみかんを取り扱うことはスーパーマーケットにとっても重要な商品となった。

今でこそ、スーパーマーケット[24]が農水産物を特定の産地と年間契約を結んで取引することがあるが、当初は卸売市場を通じて仕入れていた。スーパーマーケットが売上げや店舗を増やすと仕入数量が増加するため、卸売市場内の特定の卸売企業に仕入れを依頼する、そしてさらにはセリにかけられる前に相対取引することもある。

8．品種の絞り込み

三ヶ日は品種を「青島温州」に絞り込むことによって単一品種の生産・出荷量がまとまり、スーパーマーケットとの取引が可能となる数量を生産できたと思われる[25]。「青島温州」は糖度が高いことから取引価格も高く、みかん農家にとって栽培しがいのある品種であった。「青島温州」は旧静岡市で発見された品種である。品種を絞り込むことで三ヶ日みかんの品質や評価が安定しやすいというメリットもあった。そして早生では「興津（おきつ）早生」に絞り込んだ[26]。三ヶ日は、他地区で発見された品種に産地全体が一斉に乗り換えて絞り込むという変わり身の早さがある。

松原（2014）[27]は、1970年代になるとみかんが供給過剰となり、他産地では品質競争下において均質化を徹底するために、高品質のみかんを生産する専業みかん農家と低品質のそれを生産する兼業同農家のみかんを別ブランドして出荷するという二元出荷方式を採用する産地もあった。ところが三ヶ日では、兼業みかん農家への生産指導を強化することにより高品質なみかんを生産し、一元出荷体制を維持したとしている。すなわち、高品質のみかんの生産・出荷量を拡大・維持することにより、三ヶ日みかんのブランド価値も向上したのではないかと思われる。

9．農地銀行

JAみっかびでは、2005（平成17）年に同JA内に農地銀行を設立した。この農地銀行がみかん園地貸借の斡旋を行っている[28]。農地銀行は貸付園地を独自評価基準に基づいて評価し、賃借料を算出している。その評価項目は、「樹齢」、「出荷量」、「隔年結果性」、「果実品質（平均糖度）」、「スピードスプレヤー導入道と運搬道」、「園内道路」、「接道路」、「傾斜角度」、「湖北用水の有無」、「面積」、

「形状」、「日照」、「隣接かどうか」、「賃借の長さ」、の14と多く、合計評価点により賃借料を算出している。配点をどうするかという問題はあるが、これほど多くの評価項目があれば、貸し手と借り手双方の不満も少ないと思われる。これにより廃園する園地を食い止めるとともに、みかん栽培に積極的な農家への園地集約を進めることができる。

和歌山県や愛媛県でもみかん園地の貸借などに取り組んでいる[29]がJAみっかびほど評価項目は多くない。

10. 機能性表示食品

消費者庁は2015（平成27）年9月8日に三ヶ日の「温州みかん」を機能性表示食品としての届け出を受理した。これは同みかんに含まれる「β-クリプトキサンチン」に骨の健康を保つ効果があるという研究データを提出したからである[30]。機能性表示食品であると表示した三ヶ日みかんの初出荷では、前年より1箱当り1割から2割高い価格で卸売市場おいて競り落とされた[31]。近隣のJAとぴあ浜松が取扱う「とぴあみかん」が機能性食品として認定されたのが三ヶ日みかんの1年後であるため、同じようなみかんであっても、認定されるにはしっかりした研究データを提出する必要がある[32]。

2020（令和2）年には、同みかんに含まれる「GABA」が高血圧改善の効果が期待されるとして、機能性表示食品として認定された。すなわち、三ヶ日みかんは二つの機能性を表示できる最初の生鮮食品となった[33]。

11. AI選果場

三ヶ日では、選果場がAI選果場を含め7回新たな機械に交換した[34]。

2021（令和3）年11月にAIカメラが搭載された選果場の稼働を始めた。AI選果場の稼働開始前までみかん農家は自ら2回の選別を行った上で、みかんを別々に出荷していた[35]。1等品とそれ以外に選別し、次に1等品以外を2等品と規格外品に選別する必要があった。それがAI選果により1等品と2等品を同時に受け入れることができるようになり、各農家での選別は1回のみとなった。従来は当番制の農家15人と選果場従業員40人が目視でみかんの生傷などを判別し選別したが、AI選果により農家が当番制で出役する必要がなくなった。選果場に持ち込む前の選別回数の減少と、選果場での当番制の出役が必要なくなったことは、みかん農家にとって大きな負担軽減となった。またAI選果は選果が多くなるほど学習機能が高まるために選別性能がより高まるというメリットもある。

みかんのトラック輸送には従来からパレットを使用していたが、同パレットは特殊サイズの木製パレットであった。それをAI選果場の稼働にあわせて「T11型」の標準プラスチックパレットを使用するようになった[36)]。

12. 物流2024年問題

「物流2024年問題」とは、2024（令和6）年4月からトラック運転手の年間の時間外労働（残業）時間が960時間に制限されるのに伴って、トラック運転手が足りなくなり、それによって運ぶことができない貨物が発生する問題である。

みかんをはじめとする果実は収穫・出荷時期が限定されることが多く、一時期に出荷が集中しやすい。そしてみかんは単価が低い割に段ボール1箱当たりの重量が重いという特徴もある。さらに運転中の揺れによってみかんが傷つく可能性もある。

すなわち、トラック運転手が足りなくなると、上述の特徴があるみかんを卸売市場などに配送できないことが考えられる。そこでJAみっかびでは、柑橘選果場の隣接地に新しい配送センターを建設して、これまで柑橘類とそれ以外の農産物の集出荷・配送機能を集約するかたちで物流効率化をはかろうとしている。

まとめと今後の課題

1. まとめ

本章では、まず、みかんが静岡県を代表する農産物であり、出荷量が全国第3位であることをのべた。静岡県そして全国でみかん産地として有名な三ヶ日は、その発展が静岡県中部より遅かったこともの べた。

三ヶ日はみかん産地としては後発であったが、後発であったがゆえに「1. みかん園地開拓と機械化」、「7. スーパーマーケットとの取引」、「8. 品種の絞り込み」といった戦略を採用しやすい立場にあった。さらに、高速道路の開通により

「5. 地の利」も得た。

そして、「9. 農地銀行」、「10. 機能性表示食品」、「11. AI 選果場」といったものを他産地よりも早く導入している。一般的に成功した産地であればあるほど、成功体験に縛られて新しい戦略を採用しにくいにもかかわらず、三ヶ日は積極的に採用している。こうした点が三ヶ日をみかん産地として維持し続けさせている理由だと思われる。

農産物は、多数の小規模農家が産地に集うことにより産地が形成される。そうした小規模農家をまとめあげるためには、JA みっかびや三ヶ日町柑橘出荷組合といった組織が農家を指導しながらまとめていく必要があるが、それができているのかもしれない。

三ヶ日町が属する浜松市の多くは JA とぴあ浜松の管内であるが、三ヶ日町は単独で JA を組織している。1995（平成 7）年 4 月に 14 の JA が合併して、JA とぴあ浜松が発足したが、それに加わらなかった。近くに JA とぴあ浜松という巨大 JA があるにもかかわらず、JA みっかびが生き残っているのは、みかん産地としての独自性を発揮し維持していくために必要な判断であったと思われる。小規模な JA が生き残っていくには、農産物を絞りこんで特化していく必要がある。もちろん三ヶ日でもみかん以外の農産物もあり、同 JA はそれらを取り扱っている。しかしながら、主役はあくまでみかんであり、みかんに特化する戦略を採用できたことが三ヶ日をみかん産地として維持できたのであろうと思われる。もし、JA とぴあ浜松に加わっていたら、みかん産地としての三ヶ日は今とは違うすがたになっていたかもしれない。

2．今後の課題

みかん産地三ヶ日が採用した 12 の戦略について、紙幅の都合上、検討が足りない箇所が多々ある。今後、みかん産地三ヶ日について研究する時があれば、こうした点を含めて研究をすすめていきたい。一般的に成功体験をもつ企業や組織は、それに縛られて新たな取組み（戦略）の採用が遅れ、新たな挑戦者の後塵を拝することがあるといわれる。しかしながら、みかん産地三ヶ日は成功体験に縛られず新しい取組みをし続けている。その源泉がどこにあるか解明できていない。また、JA みっかびや三ヶ日町柑橘出荷組合といった組織が多数存在する小規模みかん農家に対し強力なリーダーシップを発揮してまとめていった点にあるだろうと推測されるが、それについても解明できていない。

謝辞

本章をまとめる前に学会で報告をし、コメンテーターを含めて、さまざまなコメントを頂戴したことに感謝いたします。頂戴したコメントを本章に反映させることができなかったのは、著者自身の力不足ゆえである。

●注

1)「JA 静岡経済連」ホームページ。https://jashizuoka-keizairen.net/syokuzai/（2023 年 9 月 17 日閲覧）
2) 松原日出人（2021）「ミカン市場の環境変化と三角産地の展開―新興産地の飛躍・低迷・再起」,『経営史学』, 第 55 巻第 4 号, 3 頁。
3) 徳田博美（2022）「第 1 章　産地内外の構造変化と産地システムの変貌」, 木立真直・坂爪浩史編『講座　これからの食料・農業市場学　第 3 巻　食料・農産物の市場と流通』, 筑波書房, 16-17 頁。
4)「静岡県産みかん」ホームページ。https://www.shizuokamikan.jp/about/page2.html（2023 年 9 月 7 日閲覧）
5)「農林水産省」ホームページより引用した。
6) 若林秀泰（1980）「農産物の需給調整問題に関する一考察―ミカン農業を中心として」,『農林業問題研究』, 第 60 号, 98-100 頁。
7) 加藤榮一編纂（1994）『続　静岡県柑橘史　資料編』, 静岡県柑橘農業協同組合連合会, 3 頁。
8)「鹿児島県」ホームページ「温州ミカン発祥の地」。http://www.pref.kagoshima.jp/aa02/pr/gaiyou/itiban/hatu/mikan.html（2023 年 9 月 11 日閲覧）
9) 加藤榮一編纂（1994）『前掲書』, 5 頁。
10) 松村祝男（1970）「静岡県引佐郡下のみかん栽培」,『人文地理』, 第 22 巻 5・6 号, 508-509 頁。同論文では三ヶ日ではなく、引佐郡としている。
11) 三ヶ日町柑橘出荷組合編（2009）『三ヶ日町柑橘出荷組合 50 周年記念史』, 三ヶ日町柑橘出荷組合, 20-21 頁。
12)『同上書』, 20-21 頁。
13)『同上書』, 23-24 頁。
14)『同上書』, 21-22 頁。
15)『同上書』, 57-58 頁。
16)『同上書』, 73-74 頁。
17) 笠井文保（1963）「新興ミカン地帯のパイロット・ファーム―三ヶ日町の事例」,『農村研究』，第 17 号，144 頁。
18）三ヶ日町柑橘出荷組合編（2009）『前掲書』，58-61 頁。
19）『同上書』，69-71 頁。
20）『同上書』，23-27 頁。
21）同組合はJAみっかびとは別組織であるが、同JA内に組合事務所があることからJAと組合とは同一組織に近いものであった。
22）木立真直（2022）「序章　農産物・食料流通の現代的変容の基調とその諸局面」，木立真直・坂爪浩史編『講座　これからの食料・農業市場学　第 3 巻　食料・農産物の市場と流通』，筑波書房，9 頁。
23）松原日出人（2014）「ミカン消費の縮小と三ヶ日ブランドの成長」，『経営史学』，第 49 巻第 3 号，13-14 頁。にユニーが三ヶ日みかんを仕入れるようになった経緯が記されている。
24）スーパーマーケットだけでなく、外食企業（中食を含む）やコンビニエンスストアも同様である。
25）三ヶ日町柑橘出荷組合編（2009）『前掲書』，56 頁。
26）『同上書』，56 頁。
27）松原日出人（2014）「前掲論文」，11 頁。
28）宮田夏希・安藤光義（2017）「果樹産地における樹園地流動化推進の取組みと課題　―静岡県浜松市三ヶ日地区を事例として」，『農業市場研究』，第 26 巻第 2 号，48 頁。
29）椿真一（2019）「樹園地における農地中間管理事業の実態と課題」，『農村経済研究』，第 36 巻第 2 号では愛媛県のJAにしうわの事例を紹介している。宮田夏希（2019）「果樹産地での農地流動化―和歌山県JAありだの取組み」，『農中総研　調査と情報』，第 74 号では和歌山県のJAありだの事例を紹介している。
30）静岡新聞 2015 年 9 月 8 日夕刊 8 面。
31）日本経済新聞 2015 年 11 月 5 日夕刊 14 面。
32）静岡新聞 2016 年 11 月 13 日朝刊 1 面。
33）静岡新聞 2020 年 10 月 3 日朝刊 1 面。
34）「三ヶ日町柑橘出荷組合」資料。
35）尾高恵美（2023）「温州みかん産地における AI 選別による生産者の作業負担軽減―静岡県JAみっかび共同選果場の取組み」，『農中総研　調査と情報』，第 97 号，14-15 頁。
36）「三ヶ日町柑橘出荷組合」資料。

【参考文献】

尾高恵美（2023）「温州みかん産地における AI 選別による生産者の作業負担軽減―静岡県JAみっかび共同選果場の取組み」，『農中総研　調査と情報』，第 97 号，14-15 頁。
笠井文保（1963）「新興ミカン地帯のパイロット・ファーム―三ヶ日町の事例」，『農村研究』，第 17 号。
加藤榮一編纂（1994）『続　静岡県柑橘史　資料編』，静岡県柑橘農業協同組合連合会。
木立真直（2022）「序章　農産物・食料流通の現代的変容の基調とその諸局面」，木立真直・坂爪浩史編『講座　これからの食料・農業市場学　第3巻　食料・農産物の市場と流通』，筑波書房。
徳田博美（2022）「第1章　産地内外の構造変化と産地システムの変貌」，木立真直・坂爪浩史編『講座　これからの食料・農業市場学　第3巻　食料・農産物の市場と流通』，筑波書房。
椿真一（2019）「樹園地における農地中間管理事業の実態と課題」，『農村経済研究』，第36巻第2号，41-52頁。
松原日出人（2014）「ミカン消費の縮小と三ヶ日ブランドの成長」，『経営史学』，第49巻第3号，3-27頁。
松原日出人（2021）「ミカン市場の環境変化と三角産地の展開―新興産地の飛躍・低迷・再起」，『経営史学』，第55巻第4号，3-27頁。
松村祝男（1970）「静岡県引佐郡下のみかん栽培」，『人文地理』，第22巻5・6号，503-522頁。
三ヶ日町柑橘出荷組合編（2009）『三ヶ日町柑橘出荷組合50周年記念史』，三ヶ日町柑橘出荷組合。
「三ヶ日町柑橘出荷組合」資料。
宮田夏希・安藤光義（2017）「果樹産地における樹園地流動化推進の取組みと課題―静岡県浜松市三ヶ日地区を事例として」，『農業市場研究』，第26巻第2号，47-53頁。
宮田夏希（2019）「果樹産地での農地流動化―和歌山県JAありだの取組み」，『農中総研　調査と情報』，第74号，24-25頁。
若林秀泰（1980）「農産物の需給調整問題に関する一考察―ミカン農業を中心として」，『農林業問題研究』，第60号，97-106頁。

静岡新聞。
日本経済新聞。
「JA静岡経済連」ホームページ。
「鹿児島県」ホームページ。
「静岡県産みかん」ホームページ。
「農林水産省」ホームページ。

第 9 章

柑橘農業における流通・マーケティングと新規就農促進

――山口県周防大島「山口大島みかん」の事例から――

山口大学　宮井　浩志

第1節　柑橘農業の歴史と現状

1．柑橘農業の生成と展開

一般に広く「ミカン」と呼ばれる柑橘類は、インド・ヒマラヤ地域が原産とされるミカン科ミカン亜科に属し、果実を代表する品目の一つとして世界中の国々で栽培されている[1)]。柑橘類は弥生時代にはわが国に伝わっていたと考えられているが、室町から江戸期にかけて栽培と喫食に適した小ミカンが普及した後は、紀州（現在の和歌山県）に大規模な柑橘産地が形成された。そして明治・大正期には今日でも柑橘類の主流品種である「温州ミカン（以後、単にミカンとする）」が普及し、当時のわが国の近代化と商業的農業の発展とも相まって、静岡県など東海から熊本県など九州を含む西日本全域に柑橘産地が勃興した[2)]。そして戦後、コメの過剰を背景とした基本法農政による選択的拡大を背景に、愛媛県など瀬戸内地域を中心に柑橘生産は爆発的に拡大した。旧農業基本法成立直前の1960年に89万トンだったミカンの国内生産量は、わずか10年余りで350万トン規模にまで達した。

またこの間、1963（昭和38）年にバナナの輸入が自由化され、さらに1980年代にはオレンジと同果汁なども相次いで輸入が自由化された。こうした果実の流通・消費の多様化と国際化の影響も受けて、今日の国内柑橘農業とその競争構造は縮小再編を前提とした多品種・高品質化へと展開している[3]。

2．柑橘農業の現状と課題

輸入果実と加工食品の需要増加を受けて、国産果実市場が緩やかに縮小後退していく1980年代以降は、柑橘農業の高品質化への傾斜は産地の競争力と農業所得の増加を図るための有効な差別化戦略として機能した。2019（令和元）年の国内果実需要に占める輸入果実の割合は62％であり、そのうち果汁等加工品が占める割合は57％と高くなっている。このことから、輸入果実は国産果実と競合しない亜熱帯果実と、安価な果汁という対局的な市場ニーズにそれぞれ対応していると考えられる。一方で、国産果実は比較的高単価な生鮮仕向けの割合が88％と多く、そのうちミカンは品種別で最大となる29％を占めている[4]。これらのデータから、柑橘類は国内果実市場で質・量の両面で高い地位を獲得していると考えられ、柑橘農業の高品質化を通じた一連の差別化戦略は一定の成果を収めていると評価できる。

このようにして、柑橘農業は高品質化に対応できた愛媛県西宇和、和歌山県有田、静岡県三ヶ日、熊本県夢未来（熊本市）など銘柄産地に生産が集約されていった。ミカンの生産量は1990年代には150万トン規模、2000年代には100万トン規模にまでシュリンクした一方で産地間競争が緩和され、販売価格は再生産の目安となる200円/kg前後を維持し得た（図9-1）。さらに2010年代以降はそれまで隔年結果（いわゆる表年裏年）が顕著だった生産量と販売価格が安定し、2015年以降は250円/kg以上という高い水準内で販売価格が推移している。このように、柑橘農業は一見して「儲かる農業」へと離陸したかに見える。しかし、先にも述べたように柑橘農業が労働集約的な農法と潤沢な家族労働力に依存せざるを得ない高品質化へと展開していくなかで[5]、柑橘農業が立地する農山漁村は少子高齢化による深刻な担い手不足の問題を抱えており（表9-1）、産地と個別経営の双方にとって持続可能とは、言い難い矛盾をはらんでいる状況にある[6]。

以上で見たように今日の柑橘農業には、一層の差別化を求める消費者ニーズに応えた多品種化と高品質化による差別化戦略やマーケティングを維持しつつも、

図９－１　ミカンの生産量と販売価格の推移

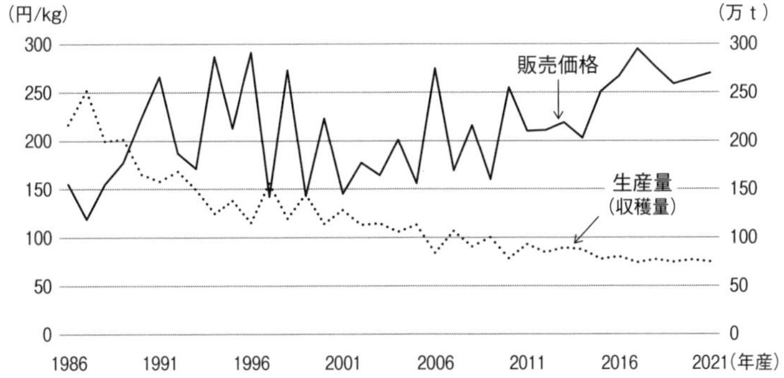

資料：農林水産省「果樹生産出荷統計」、日園連「果樹統計」より作成。
注：販売価格は日園連「果樹統計」の四大市場の数値を用いた。

表９－１　果樹栽培を行う農業経営者数と年齢別構成比（単位：千人，％）

年	2000		2005		2010		2015		2015	
	経営者数	割合	経営者数	割合	経営者数	割合	経営者数	割合	経営者数	割合
70 歳以上	85.3	25.8	92.2	33.3	94.9	38.4	89.1	42.3	139.8	51.5
60 ～ 69 歳	105.2	31.9	77.1	27.9	73.9	29.9	73.5	34.9	77.3	28.5
50 ～ 59 歳	78.8	23.9	70.7	25.6	58.3	23.6	35.0	16.6	27.1	10.0
40 ～ 49 歳	51.3	15.5	30.8	11.1	17.0	6.9	10.1	4.8	15.6	5.7
30 ～ 39 歳	9.3	2.8	5.4	2.0	2.9	1.2	2.7	1.3	9.2	3.4
29 歳以下	0.5	0.1	0.3	0.1	0.3	0.1	0.4	0.2	2.7	1.0
計	330.4	100.0	276.6	100.0	247.2	100.0	210.7	100.0	271.7	100.0

資料：農林水産省「農業センサス」各年より作成。

担い手、特に産地の量的規模の維持に重要な役割を果たすことが期待される新規就農者に配慮した支援体制の構築が求められているといえる。

第2節　周防大島における柑橘農業の展開と山口大島みかんの流通・マーケティング

1．周防大島における柑橘農業の展開

山口県大島郡周防大島町（以下、周防大島と呼ぶ）は、瀬戸内海西端に位置する有人5島から成る島嶼地域であるとともに、その地理的特性を生かして山口県内の果樹生産をほぼ一手に担う一大果樹生産地でもある。その周防大島では、明治期からミカンなど柑橘類の生産が行われてきた長い歴史を持ち、特に両大戦間期の大衆消費の発展を背景に産地の形成と拡大を遂げた、いわゆる「静岡型」を体現する伝統的ミカン産地の一つとして知られている[7]。

周防大島は2004（平成16）年の郡内4町の広域合併により1群1町となり、また同年に島内七つのJAも広域合併を完了して旧山口大島農業協同組合（以下、旧JA山口大島）となった後、2019（令和元）年の山口県内1県1JA化によるJA山口県への統合を経て、JA山口県周防大島統括本部として今日に至っている。しかしことミカン農業においては、そのはるか以前の1934（昭和9）年に産地全体の合意形成のもとに当地域の統一ブランドである「大島みかん」を形成するなど、郡内で統一的な生産・販売に取り組んできた長い歴史を持っている[8]。

また、こうした島嶼地域特有の地理的・歴史的経緯を背景として、周防大島では全国の果樹産地において一歩先を行く少子高齢化による産地縮小を経験するとともに、全国的にもきわめて早い時期から果樹農業の担い手対策を講じてきた産地としても知られている。具体的には、地域ぐるみの定年帰農支援の取り組みである。当地域では昔から樹園地面積の限界によって専業経営（農林業センサスでいうところの主業経営体）が少なく、1970年代以降のミカン農業の後退期には兼業化と島外他出による土地持ち非農家の増加によって樹園地の荒廃が進んだ。そうしたなかで1988（昭和63）年に、集落組織をバックボーンとした定年帰農支援の任意団体として「トンボの会」が島民有志により設立され、農協がそれを支援して産地の維持を図ってきた[9]。トンボの会は、①地域住民によるボトムアップ型組織、②地域とJAとの緩やかなネットワーク組織という二つの特徴を持っ

ていたことから同組織の産地全体への影響力は小さくない。特に営農面においては旧JA山口大島や旧大島柑きつ試験場（現山口県農林水産部農林総合技術センター柑きつ振興センター、以下、柑きつ振興センターとする）とミカン栽培農家が協働して、①青島温州や大津など高糖系への品種転換および更新の推進、②隔年交互結実栽培など省力化と高品質化を両立する新たな栽培方法の開発と普及、③基盤整備・マルドリ栽培[10]・品種開発（せとみ）[11]による「ゆめほっぺ」ブランドの確立など、本章で報告する周防大島における新規就農対策を中心とした地域ぐるみの担い手支援の取り組みに繋がっているものと考えられる。

2．山口大島みかんの流通・マーケティング

(1) 山口大島みかんの現状と位置

わが国において柑橘農業の中心を占めるミカンの生産はピーク時の約5分の1にまで生産が縮小している一方で、先にも述べたように高品質化への展開を背景として銘柄産地への生産集約化が進んでいる。例えば、2004（平成16）年にトップ産地へと返り咲いた和歌山県の生産量ベースシェアは2000（平成12）年には14.4％であったのが、2020（令和2）年には21.8％にまで上昇しており、和歌山県・愛媛県・静岡県のトップ3県シェアは2000年には41.7％であったのが、2020年には52.2％と過半を占めるに至っている。そうしたなかで比較的ミカンの販売価格が低かった2000年代には、先のトップ3県と熊本県を除くほぼすべてのミカン主産県で栽培面積が大きく減少し（表9-2）、特に山口県は同じ時期に4割強も栽培面積が減少した。続く2010年代には販売価格が上昇かつ安定したものの、和歌山県と静岡県を除く主産県ほぼすべてで栽培面積が大きく減少している。

本章で取り上げる山口県は2017（平成29）年度農林水産統計においてミカン主産県の指定を受けてはいるものの、以上のようなミカン生産の現状のなかでは、収穫量ベースのシェアはわずか1％に過ぎない小規模産地である。しかし、前節で述べた定年帰農支援の取り組みなど担い手支援に力を入れたことによって、2010年代におけるミカン栽培面積の減少は準トップ産地である広島県や福岡県の数値を下回る33.1％にとどまっており、下げ止まりが見られる（前掲、表9-2）。こうした山口県におけるミカン生産量維持の背景には、かかるミカンの

表9-2　西日本主産県別のミカン栽培面積の推移と増減割合

（単位：ha、％）

年	2000	2010	2020	00年／20年	00年／10年	10年／20年
全国	61,700	51,200	39,800	64.5	83.0	77.7
和歌山	8,050	8,000	7,330	91.1	99.4	91.6
愛媛	9,060	7,540	5,610	61.9	83.2	74.4
静岡	6,650	6,290	5,420	81.5	94.6	86.2
熊本	5,740	4,980	3,760	65.5	86.8	75.5
長崎	4,690	3,700	2,770	59.1	78.9	74.9
佐賀	4,590	2,900	2,160	47.1	63.2	74.5
広島	3,280	2,700	1,750	53.4	82.3	64.8
福岡	2,740	2,030	1,180	43.1	74.1	58.1
山口	1,700	1,010	676	39.8	59.4	66.9

資料：農林水産省「耕地及び作付面積統計」各年より作成。

価格上昇・安定期の高品質化に対応したマーケティング・流通戦略が大きな役割を果たしているものと考えられる。

(2) 山口大島みかんのマーケティング・流通戦略

①山口大島みかんの経済的位置

山口大島みかんの流通・マーケティング戦略を見る前に、県内柑橘農業における周防大島町のシェアと山口大島みかんの位置を確認しておく。2020（令和2）年農業センサスによれば、山口県全体のミカン栽培面積は409 haであったのに対して、周防大島町は295 haと72.1％を占めている。また果樹出荷統計によれば、同年の山口県全体のミカン生産量（出荷量）は7,010トンであったのに対して、JA山口県周防大島本部の出荷量は3,900トンと55.6％を占めていた。上記データはそれぞれ面積と重量ベースで異なることから一概に検討できないが、山口大島みかんを生産・販売するJA山口県周防大島統括本部の系統共販率は77.1％と推計できる。これに対して系統共販率の全国平均はおよそ6割と考えられることから[12)]、山口大島みかんのブランドは県内と町内のいずれでも有力な地位にあるといえる。

②品種・等階級・集荷区分による製品・価格戦略

山口大島みかんのマーケティング・ミックスについて、本項ではまず製品・価

表9-3　JA山口県周防大島統括本部の出荷品種・出荷時期・出荷量

品種	日南姫	日南1号 上野	宮川 興津	石地 南柑20号	在来温州 (山本系)	大津4号 青島 寿太郎	伊予柑 せとみ 不知火
熟期	極早生		早生	中生	晩生	高糖系	中晩柑
出荷時期	9月	10月	11月	12月		～2月	～3月
出荷量	400 t		400 t	250 t	75 t	1700 t	700 t

資料：JA山口県周防大島統括本部指導販売課資料、および同課へのヒアリング調査から作成。

格戦略の視点から検討を行う。

製品戦略は、先でも述べた多品種化と高品質化に大別できる。山口大島みかんは**表9-3**に示したように七つの品種区分から構成されており、9月出荷と最も早い日南姫から年明け3月の中晩柑類まで、ほぼ月替わりでの産地内リレー出荷体制を構築している。こうした超長期のリレー出荷体制を行う背景には、①周防大島が島であることからそれを囲むように園地が立地しているという地理的特性、②島嶼部であることから地域労働市場がぜい弱で集中的な収穫・出荷が難しいこと、③半年以上の期間にわたり山口大島みかんが量販店など果実売場に並べて小売と消費者の双方にブランド訴求を行うといった複数の理由や目的がある。山口大島みかんの約4,000トン（うち青果分は約3,500トン）の出荷量に対して、約半分を晩成およびそれを貯蔵して出荷する高糖系が占めている。関西中心に西日本のミカン消費は年内集中型であり、それを理由に和歌山県・愛媛県や九州の各銘柄産地では早生品種中心の生産・販売に力点を置いているが、山口大島みかんはあえて年明けの後進出荷に力を入れることで差別化を図っている。

そうした多品種化による水平的な製品戦略と同時に、山口大島みかんは等階級区分と集荷区分に基づいた高品質化による垂直的な製品戦略と価格戦略を組み合わせたマーケティングを展開している。JA山口県周防大島統括本部では、後述する出荷先市場と用途によってアイテムを区別するため、1級・2級・格外という三つの区分で集荷を行っている。1級はJA山口県独自の特選品（アイテムとしての「ブランド」品）である「島そだち」を含む上級品を選別するための区分であり、2級は量販店向けに値ごろ感を重視した区分で、格外は加工向けの区分となっている。このうち1級と2級は外観評価による家庭選別と荷受審査によって

図9-2　2023年産山口大島みかん（早生）の審査区分

早生1級

糖＼酸	1.15 以下		1.25 以下	1.40 以下	1.41 以上
11.0 ～	特選	島育ちG			
10.5 ～ 10.9		島育ち			
9.5 ～ 10.4	秀				
8.5 ～ 9.4			優		
8.0 ～ 8.4				良	
～ 7.9					格外

早生2級

糖＼酸	1.15 以下	1.25 以下	1.40 以下	1.41 以上
9.5 ～	秀			
8.5 ～ 9.4		優		
8.0 ～ 8.4			良	
～ 7.9				格外

資料：JA 山口県周防大島統括本部指導販売課資料。

区分と集荷がなされ、それぞれ選果場内の光センサー選果機によって糖酸度を基準に内容評価がなされて「等級」が決定する（図9-2）。さらに選果機で一果単位のサイズを測定することで「階級」が決定され、これらデータのマトリクスによって品質評価を示す「等階級」が決まる仕組みとなっている。また、周防大島の各生産農家は販売価格（清算金額）のより高い特選や1級秀品を目指して生産を行っていることから、山口大島みかんの生産・販売活動はすべてこの等階級を基に展開しているといえる。

③山口大島みかんの販売チャネル戦略

周防大島町産のミカン生産量は1970年代初頭のピーク時の約10分の1程度、また2000（平成12）年からの20年間の数値で見ても6割以上もシュリンクしており（前掲、表9-2）、こうした産地の量的縮小が山口大島みかんの販売戦略にも大きな影響を与えている。周防大島町内の旧各JAでは古くは連絡船と鉄道による長距離輸送、また島内農協合併後の旧JA山口大島でもトラック輸送による遠隔出荷によって、販売価格が高い東京など大都市圏の有力市場を中心に出荷を

表9-4　山陽地域市場における山口県産ミカンの販売価格の推移

（単位：円/kg）

年	2013	2014	2015	2016	2017	2018	2019	2020	2021
4大市場平均	211	203	251	267	295	276	259	264	270
山陽地域平均	193	176	216	176	261	251	231	240	239
山陽地域（山口）	213	230	262	230	280	324	254	293	274

資料：日園連「柑橘販売年報」各年より作成。
注：表中の年表記はすべて「年産」である。

表9-5　JA山口県周防大島統括本部の出荷者数と出荷量の推移

年	出荷者数（戸）	出荷量（t）
2016	1,040	4,700
2017	1,026	5,800
2018	926	3,900
2019	887	5,400
2020	852	3,900
2021	846	4,500
2022	783	3,270

資料：JA山口県周防大島統括本部資料より作成。
注：表中の年表記はすべて「年産」である。

行っていた。しかし東京大田市場や大阪本場などの有力市場では、選果場単位の出荷量が1万トンを超える銘柄産地による大ロット出荷の強みを生かした寡占化が進んでおり、中小規模産地には有利販売が困難な状況となっている。

そこで旧JA山口大島では中規模産地としてのロットを生かして[13]、銘柄産地による寡占化が進んでいない山陽地域市場への集約化戦略を採っている。具体的には2023（令和5）年12月現在で、山陽地域内5市場、東京4市場、長野1市場、福岡1市場の11市場に集荷先を集約しており、特に山陽地域市場に約8割の荷物を集中出荷している。こうした開放的流通チャネル政策から選択的流通チャネル政策へのマーケティングの転換によって、**表9-4**で示したように山口大島みかんの販売価格は東京など4大市場平均のそれを直近9年中で6年も上回っており、中小規模産地ながら顕著な有利販売を実現していることがわかる[14]。

しかし、このような銘柄産地レベルの有利販売を実現しているにもかかわらず、

JA 山口県周防大島統括本部（すなわち山口大島みかん）への出荷者数と出荷量の減少は続いており（表9-5）、廃業する農家の園地と経営の継承を進めて産地規模を維持することが急務となっている。

第3節　周防大島における柑橘農業の新規就農促進—行政による移住促進とJAによる就農指導の連携に着目して—

1．周防大島町における農業の担い手支援の政策的位置付け

周防大島では、郡内広域合併後の2006（平成18）年に周防大島町総合計画が策定されている。その当初となる前期計画（2006年度～2010年度）では基本計画の第一に産業の振興、そしてその第一に農林業の振興が明示された。具体的には「みかんの木オーナー制度」など、主として都市農村交流を目的とした農業の6次産業化視点による振興に重点が置かれていたと考えられる。

しかし、その後に策定された中期計画（2011年度～2015年度）においては、引き続き農林業の振興が第一に位置付けられているが、その主要施策の中心が従来の都市農村交流的な取り組みから「担い手の育成・確保」へと大きな方向転換を行っている。さらに後期計画（2016年度～2020年度）を経て、現在の第2次周防大島町総合計画（2021年～2031年）に至るまで継続して、農林業における担い手の支援が周防大島における地域振興の中心的課題に位置付けられている。

2．官民協働による担い手支援の組織体制

先述した周防大島町総合計画中期計画における「担い手の育成・確保」の実施主体として、2006（平成18）年に同町役場産業建設環境部農林水産課内に設置されたのが担い手支援センターである（図9-3）。周防大島には現在、生産者団体であるJA山口県周防大島統括本部と、山口県の試験研究機関である山口県農林水産部農林総合技術センター柑きつ振興センターという二つの農業関連組織が存在する。担い手支援センターはそれら地域内の農業関連組織と密接に連携しながら、農林業の担い手の育成・確保に関わる諸業務を担当している。

図9-3　担い手支援センターと周防大島ファーム株式会社が連携した就農支援体制

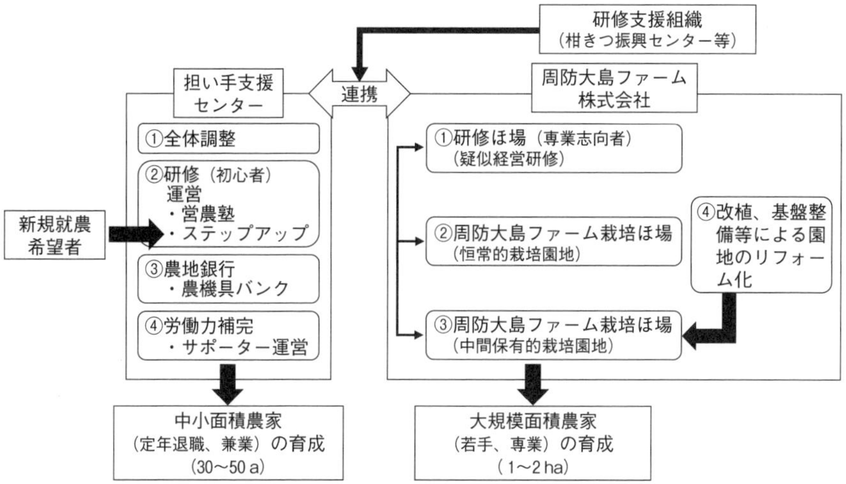

資料：大島郡柑橘振興協議会（2020）「大島柑橘産地継承実践プラン」p.17 図を引用。

担い手支援センターの主な業務は、①それら農業関連組織と新規就農希望者との全体調整、②農業初心者向けの研修、③農地銀行、④労働力補完の4業務である（前掲、図9-3）。その中でも担い手支援センターが特に新規就農者に対して主導的な役割を果たしているのが①全体調整、②農業初心者向けの研修、③農地銀行の業務である。

このうち全体調整業務については、図9-3に示した地域内外の農業関連組織との新規就農に向けた調整だけではなく、2022（令和4）年度より同町役場定住促進対策課と連携して近年増加する移住希望者に向けたワンストップの相談窓口を展開している（表9-6）。このような移住・就農相談のワンストップ化の背景には、周防大島への移住者希望者のうち一定数が農業に関心を持っていることがあり（表9-7）、またTVなどで紹介される当地域の移住・就農と現実の移住・就農の実態には少なからずギャップがあることから、自治体として一体的に対応する必要があるからだと考えられる。担い手支援センター職員にヒアリングしたところ、過去にミスマッチによる再移住の事例が実際に存在した。

表9-6　周防大島町における移住の状況

年度	2019	2020	2021	計
移住相談件数（件）	411	505	465	1,381
移住世帯数（世帯）	12	12	22	46
移住者数（人）	23	19	39	81

資料：周防大島町担い手支援センター資料より作成。

表9-7　周防大島町における就農の状況

年度	2019	2020	2021	計
就農相談件数	8	16	16	40

資料：周防大島町担い手支援センター資料より作成。

3．農業研修の仕組み

担い手支援センターが窓口となる農業研修業務については、JA職員を講師として月1回1年間（全12回）の就農研修を行う「周防大島みかんいきいき営農塾」（以下、営農塾とする）と、営農塾を1年間受講した就農希望者および就農予定者を対象とした「ステップアップ」研修から成る二階建て方式となっている。研修の主な受講者は、当地域に多い定年帰農者と近年人気が高まっている半農半X[15]生活を希望する移住者であり、以前は大規模専業志向の強い新規就農希望者を受け入れるための組織や体制が十分に整っていなかった。そうした果樹専業経営を前提にした新規就農希望者の育成を目的として、2017（平成29）年に旧JA山口大島の出資（JAによる株式保有率は99％）により設立したのがJA出資型農業法人の周防大島ファーム株式会社（以下、周防大島ファームとする）である。同法人の詳細についてはあらためて後述するが、移住希望者が求めるような周防大島への移住・農業研修・新規就農という一連の移住支援サービスを、担い手支援センター、役場定住促進対策課、周防大島ファームの三者が連携・協働して一体的に提供することのできる体制が確立されている（前掲、図9-3）。

4．園地流動化の取り組みと農地銀行

周防大島町における園地流動化については、JA出資型法人である周防大島

表9-8　周防大島町における農地の権利移動の実績

年度	2019		2020		2021		計	
	筆数	面積（㎡）	筆数	面積（㎡）	筆数	面積（㎡）	筆数	面積（㎡）
農地法3条許可	120	81,829	83	56,678	59	37,292	262	175,799
基盤強化法第19条	286	286,333	354	373,562	162	162,784	802	822,679
機構法第18条5項	26	37,363	57	79,519	34	44,445	117	161,327

資料：周防大島町担い手支援センター資料より作成。

ファームなどと連携しつつ、周防大島町役場内に設置された農地中間管理機構と農業委員会が主導して園地流動化のコーディネート業務を担っている。このうち担い手支援センターと同じ同町農林水産課内に事務局を置く農業委員会においては、年2回の頻度で利用権設定の業務を行っており、ここ数年では毎年およそ100件単位の実績がある（**表9-8**）。しかし、新たに利用権設定の仲介を依頼される園地については不定期かつ不確実であり、また園地の状態についても必ずしも良い状態ではないことも多い。このように実際に集積される園地については状態や集積の状況から、新規就農者など担い手農家にそのまま移転できるようなケースは決して多くない。そうした厳しい実情を背景として、先述した研修事業の研修園地として周防大島ファームが一時的に預かり受け、研修を通じて研修者が将来借り受ける可能性のある樹体や園地について、研修者自身が農作業を通じて整備しながら流動化を図れるような持続可能な体制の構築が進んでいる。

さらに、当地域の柑橘生産においては長年、傾斜地に立地する園地が多く作業性が悪いこと、島嶼部ゆえに水源が限られていること、さらに生産者に兼業経営（現在の農林業センサスでは副業的経営体）が多いことから園地が零細分散されて農地の集積が進まないことが問題となっていた。こうした背景から、県と担い手支援センターや農業委員会を含む農林水産課、旧JA山口大島などの農業関連組織が主導して基盤整備事業に取り組んできた（**表9-9**）。先述した生産条件の不利によって耕作放棄地となっていた園地について、当地域では大規模な造成ではなく進入道や水源の確保など団地単位で地権者に大きな負担とならないレベルでの整備を行ったうえで、マルドリ栽培に積極的に取り組む認定農業者や新規就農者向けの園地として利用権設定の仲介を行ってきた。

また、こうした農地（園地）の仲介に関する業務に加えて、周防大島の担い手

表9-9　周防大島町における基盤整備事業の実績

事業名	事業量（ha）
県営久賀地区耕作放棄地解消・発生防止基盤整備事業	33.5
県営戸田地区農地整備事業（耕作放棄型）	21.3
県営日良居地区水利施設等保全高度化事業	13.7

資料：周防大島町担い手支援センター資料より作成。

支援センターでは農機具バンクのサービスを提供している。これまでに動力噴霧器、クローラー（運搬機）、コンテナ、バインダーなどの農機具の仲介実績がある。この他に当地の新規就農者からは重機、軽トラック、選果機、さらには作業や保管用の倉庫などのニーズが特に高いが、出物はなかなかないようである。このうち倉庫については、住居に隣接しているケースが多いことから流動化が容易ではなく、新規就農の際の大きな課題となっている。

5．労力補完

周防大島では担い手の減少と周辺労働市場の後退を背景に、他産地に対して早くから労力補完に取り組んでいる。具体的には、労力補完担い手支援センターにおいて認定農業者の確保・育成業務とともに早くから労力補完関連の業務に取り組んでおり、その中心業務の一つが一般に援農ボランティアと呼ばれる「大島みかんサポーター」の事務局業務である。毎年、町内農家から援農ボランティアの希望を取ったうえで、消費者に対してサポーター参加の募集を行う。さらに担い手支援センターがサポーターに研修を行ったうえで、希望農家とサポーターのマッチングを行って決定する。その際、最も重要なポイントが人間関係である。担い手支援センターの折衝業務は、これら農家とサポーターやサポーター同士の人間関係にとどまらず、時に廃業の要因にまで発展することのある農家間のトラブルの仲裁についても所掌している。

第4節　JA 出資型農業法人周防大島ファーム株式会社による就農促進の取り組み

1．JA 出資型農業法人設置の背景

ミカンは基本法農政による選択的拡大を背景に 1960 年代を通して生産が全国的に急激に拡大し、その結果として需給バランスを欠いたことで 1970（昭和 45）年前後に二度の価格暴落を招いた経緯がある。それ以来およそ 50 年近くにわたり、各ミカン産地では中晩柑橘など有望他品種や他作目への転換やブランド化と高品質化に取り組むことで適地・適正規模への生産の集約と、産地構造の転換が迫られてきた（前掲、表9－2）。当地域でもミカン生産の集約と縮小が進むとともに、それに伴ってミカン農業の担い手についても JA 出荷者数ベースで 2016（平成 28）年の 1,040 戸から 2021（令和 3）年の 841 戸と 2 割近く減少している（前掲、表9－5）。

さらに、そうした生産基盤と担い手の減少以上に深刻な問題が生産農家の高齢化である。JA 山口県周防大島統括本部がミカンの出荷者に対して 2020 年に行ったアンケートの結果では出荷者数は 730 人で、ミカン出荷者の平均年齢は 76 歳であった（表9-10）。年代別の構成比では 70 代が最も多く 36.3 %を占めており、次いで 80 代が 31.4 %、そして 90 代が 6.0 %と、70 代以上がミカン出荷者の 7 割以上を占めており、JA にとっては今後一層の集荷量の低下、さらには選果場の維持がより困難となることが懸念されている。特に選果場については、1994（平成 6）年まで郡内 6 選果場あったものが統合されて 1 選果場となった背景があり、現在の集出荷量 5,000 トン規模の維持が柑橘産地としての維持にも直結していることから、担い手の育成は産地としても JA としても喫緊の課題といえる。

こうした担い手の後退に対して、旧 JA 山口大島が主体的に担い手問題に着手するため 2017（平成 29）年に設立した JA 出資型農業法人が周防大島ファームである。周防大島ファームは旧 JA 山口大島が 99 %出資し、JA 職員と 7 戸の農家を理事として設立された JA 出資型農業法人である。2022（令和 4）年 10 月末時点では周防大島町久賀地区を中心に、借地として借り受けた 2.5 ha（約 50 筆）の

表9-10　周防大島におけるミカン出荷者の年齢構成

年齢	出荷者数（人）	構成比（%）
20代	1	0.1
30代	5	0.7
40代	14	1.9
50代	36	4.9
60代	136	18.6
70代	265	36.3
80代	229	31.4
90代	44	6.0
計	730	100.0

資料：JA山口県周防大島統括本部資料より作成。

園地を有しており、周防大島に定年帰農した農家2人に加えてJAから派遣された職員1人と後述する研修生らが同法人の職員として、営農と作業受託の二つの業務に従事している。

また、周防大島ファームはJA山口県の子会社として単体での収支均衡を目指すとともに、先述したように専業経営を前提とした新規就農を目指す研修生の受け入れと育成、園地の集積・整備・保持・流動化などを一体的に担うことを目的とした組織となっている。このような法人としての趣旨から、先述の担い手支援センター経由で受け入れた専業農家として新規就農を目指す研修生については、周防大島ファームに雇用される形で研修を行っている。法人立ち上げ間もなくCOVID-19による世界規模でのパンデミックが起こったことから、2021年度については内定していた研修生が辞退したが、2022年度については近隣自治体出身の40代の男性1人が新規就農に向けた研修を行っている。

2．周防大島における就農支援とその成果

周防大島におけるこれまでの新規就農支援の成果のうち、柑橘農業への就農実績を示したものが**表9-11**である。担い手支援センターが2012年から集計しているトータルの就農事例は46件、その約8割にあたる37人が柑橘農業を主とした経営者として就農を実現している。

表9-11　周防大島町における新規就農の実績

(単位：ha)

	年代	性別	就農年	農家・非農家	就農形態	経営部門	経営面積
1	40代	女性	2012	非農家	新規参入	柑橘	2.2
2	30代	男性	2012	非農家	新規参入	柑橘	3.6
3	20代	男性	2012	非農家	新規参入	柑橘	0.9
4	30代	女性	2012	非農家	新規参入	柑橘＋野菜	1.6
5	30代	男性	2012	農家	経営継承	柑橘	3.8
6	40代	男性	2014	非農家	新規参入	柑橘	0.7
7	40代	男性	2014	非農家	新規参入	柑橘	1.1
8	30代	男性	2014	非農家	新規参入	柑橘＋野菜	1.1
9	20代	男性	2014	非農家	新規参入	柑橘	1.0
10	40代	男性	2014	非農家	新規参入	柑橘＋落葉果樹	2.3
11	40代	女性	2014	非農家	新規参入	柑橘＋落葉果樹	0.0
12	40代	男性	2014	農家	経営継承	柑橘＋花木	2.8
13	20代	男性	2015	非農家	新規参入	柑橘	1.0
14	20代	男性	2016	非農家	新規参入	柑橘	1.7
15	20代	男性	2016	非農家	新規参入	柑橘	0.0
16	20代	女性	2016	非農家	新規参入	柑橘	0.1
17	60代	男性	2016	農家	経営継承	柑橘	1.9
18	20代	男性	2016	非農家	新規参入	柑橘	1.5
19	40代	男性	2017	非農家	新規参入	柑橘	1.4
20	20代	男性	2018	農家	経営継承	柑橘	1.1
21	30代	男性	2018	非農家	新規参入	柑橘	2.2
22	20代	男性	2018	農家	経営継承	柑橘	1.4
23	40代	男性	2018	非農家	新規参入	柑橘	1.5
24	30代	男性	2019	非農家	新規参入	柑橘	6.1
25	60代	男性	2019	農家	経営継承	柑橘	1.0
26	60代	男性	2019	非農家	新規参入	柑橘	0.0
27	50代	男性	2019	非農家	新規参入	柑橘	3.1
28	60代	男性	2019	非農家	新規参入	柑橘	0.4
29	30代	女性	2019	非農家	雇用就農	柑橘	1.6
30	50代	男性	2019	非農家	新規参入	柑橘	0.0
31	40代	男性	2020	非農家	新規参入	柑橘	1.4
32	40代	男性	2020	農家	経営継承	柑橘	0.4
33	20代	男性	2020	農家	経営継承	柑橘	1.4
34	40代	男性	2020	非農家	新規参入	柑橘	0.6
35	40代	男性	2019	非農家	新規参入	柑橘	1.3
36	30代	男性	2020	非農家	新規参入	柑橘	0.9
37	30代	男性	2021	非農家	雇用就農	柑橘	0.0

資料：周防大島町就農支援センター資料を一部加工して作成。

柑橘農業就農者の年齢に着目してみると、20 代が 10 人（27 %）、30 代が 9 人（24 %）、40 代が 13 人（35 %）、50 代が 2 人（5 %）、60 代が 4 人（11 %）と、就農者の 8 割以上が 40 代以下となっており、JA などが期待する担い手の若返りに大きな役割を果たしているといえる。特に 20 代が 10 人と柑橘農業の就農者のおよそ 4 分の 1 を占めていることから、周防大島における担い手支援センターを中核とした新規就農支援の取り組みによって、かつて定年帰農が多数を占めた当地の就農のあり方が大きく変化していることがわかる。

就農者の性別についてみてみると、男性が 33 人、女性が 5 人となっている。また、年別の就農者数については全体として増加傾向にあったものの 2021 年の就農者は 1 人のみであり、2020 年の 6 人と 2019 年の 8 人に比べて大きく減少しており、この間の COVID-19 感染拡大による研修者の減少が背景にあるものと考えられる。

次に、就農者の出自についてみてみると 8 人が農家の出身であり、30 人が非農家の出身であった。また、就農形態が経営継承であった 8 人すべてが先述の農家出身者であることからも、彼らは周防大島内の血縁継承者であるものと考えられる。その一方で、非農家出身の就農者に経営継承者が 1 人もいないことから、当地域内では血縁外継承の事例は極めて少ないものと推察できる。さらに、非農家出身の 30 人の就農者の就農形態をみてみると、新規就農が 28 人、雇用就農が 2 人と新規就農者の割合が多い。経営部門については、32 人が柑橘による単一経営で、野菜との複合経営が 2 人、落葉果樹との複合経営が 2 人、花木との複合経営が 1 人となっており、柑橘による単一経営が 86 %と多数を占めている。

最後に就農者の経営面積についてみてみると、就農者で最大となる 6.1 ha の経営を含め、当地域ではかなり大規模といえる 3 ha 以上の経営が 4 人いる。次いで、柑橘作では中核的経営に多い 1～3 ha の経営が 21 人（内 1 人雇用就農を含む）、1 ha 未満の経営が 12 人（内 1 人雇用就農を含む）となっている。8 人の経営継承の就農者を除いても、園地の取得状況にはかなりの格差がある。2～3 ha の大きな経営であっても比較的新しい時期に就農した者も少なくないが、全体としては比較的就農年の新しい者に十分園地が集まっていない傾向がある。

3．周防大島ファームでの研修の状況

2022（令和4）年10月現在、周防大島では新規就農希望者1人（以下、A氏）が周防大島ファームに職員として雇用され、就農に向けた研修としてミカンの農作業に従事している。A氏は44歳の男性で、周防大島の対岸にある岩国市の出身である。A氏はこれまで岩国市の地方卸売市場の荷受会社に勤務していたが、「大島みかんはブランド化されており、私も子供もミカンが大好きなのでミカンを自分で作ってみたいと思っていたし、元気なうちに就農したい」との考えから、一念発起して新規就農を目指して周防大島ファームの長期研修に参加した。

A氏は周防大島町役場に新規就農の相談を行ったが、前職の休日の関係から担い手支援センターが行う初心者向けの営農塾（平日開催）への参加が難しかったことから、直接的に周防大島ファームの研修に参加した。周防大島ファームでの研修についてA氏にヒアリングしたところ、前職を辞して長期研修に入るにはそれなりのリスクや不安はあったが、「ファームの職員として毎日農作業に専念できるし、農家やJA職員などさまざまな人に話を聞く機会が得られるのでよかった」という、担い手支援センターと周防大島ファームによる一体的な就農支援と研修制度を高く評価していた。

今後の展望についてA氏に質問したところ、「子供がいるので経済的にも早く就農したいし、できるだけ一年で独立したい。経営的には2～3haを目標に、また5～10年で基盤整備もしたい」との意向であった。また、就農に際しての具体的な課題について質問したところ、「まとまった園地を経営継承できるところが少ないのがネック。そうなるとすぐ（営農）できる園地重視になり、どうしても（生産条件も）園地なりになってしまう」とのことで、園地については単純な面積確保以外にも、立地や土地豊度の点で希望通りの園地を集積することが難しいようである。次に、農作業など実際の営農面の課題について質問したところ、「市場勤めで体力に自信はあるが、知識・技術が不足している」という。また、移住について質問すると「移住のタイミングはインフラの条件次第。家よりもずっと倉庫と園地を探すのが難しく、特にいい園地が少ない。その点でも基盤整備事業はありがたい。（移住に向けて）少ない面積でも借りてアルバイトもするつもりである」という、移住に際しても先述したように条件の良い園地、それに加えて倉

庫の確保がハードルとなっているようである。

最後に担い手支援センターの就農支援についての感想と要望を質問したところ、「役場の職員、JA の職員、県（柳井農林事務所と柑きつ振興センター）の職員、農家の皆さん方がすごくよくしてくれています。現状はJA と支援センターのある久賀地区で作業をすることが多く、他の地区の集まりにも参加させてもらって情報を集めたり、人間関係を構築したりしたい」という、周防大島の地域ぐるみの新規就農支援を高く評価しているといえる。

課題と展望

以上のように、伝統的みかん産地の一つである周防大島における柑橘農業は、JA 山口県周防大島統括本部（旧 JA 山口大島）の巧みなマーケティング・流通戦略によって産地規模を超えた有利な販売を実現してきた一方で、島嶼地域の条件不利の問題から担い手の問題を抱えてきた歴史がある。そうしたなかで、周防大島町役場とJA がそれぞれ担い手支援センターとJA 出資型農業法人である周防大島ファームを立ち上げ、それぞれに連携を図りながら移住と就農を一体的に支援できる体制を構築してきた。担い手支援センターと周防大島ファームは短・長期の農業研修や農地銀行、労働力補完などの就農支援サービスを提供しながら、2012（平成 24）年以降の 10 年間で 37 人が柑橘農家として就農してきた実績がある。また、柑橘作の就農に際してはとかく園地の取得が問題となるケースが少なくないが、周防大島では担い手支援センターやJA などの取り組みから園地の流動化や基盤整備が推進されてきたことから、新規就農者の中からは当地域内では比較的規模の大きい 2 ha 以上の主業経営体も数戸育成されている状況にある。

その一方で、担い手支援センターとJA 関係者へのヒアリング調査からCOVID-19 の感染拡大によって研修希望者が減少していること、また研修者へのヒアリング調査からは優良園地の集積や農業用倉庫の流動化が課題となっている。これらのことから、柑橘農業における新規就農支援の先進地である周防大島においても、組織体制の維持を含めた持続可能な新規就農支援の取り組みが必要不可欠である。

●注

1）柑橘類は狭義にミカン亜科ミカン連に属す。根角（2002）10-25 頁を参照。
2）明治・大正期における柑橘農業の商業的発展を「静岡段階」、それ以前を「和歌山段階」、それ以後を「愛媛段階」と呼ぶ。豊田隆（1979）108-112 頁を参照。
3）過剰下での柑橘農業の展開については細野（2009）18-28 頁を参照。
4）農林水産省（2023）5 頁を参照。
5）高品質化の到達点と課題は宮井（2022）102-104 頁を参照。
6）宮井（2021）73-74 頁を参照。
7）旧 JA 周防大島営農指導部資料より。
8）高橋巌（2005）131-159 頁を参照。
9）この他、本州側対岸の柳井市内には、当地域の担い手支援を含む農業振興を所掌する山口県柳井農林水産事務所がある。
10）マルドリ栽培：農林水産省所管の農研機構西日本農業研究センター（旧近畿中国四国農業研究センター）が開発した、防水効果のある周年マルチシート被覆と液肥混合ドリップ灌水を組み合わせた高品質化技術である。同方式では露地栽培で問題となる自然環境の問題を一定程度制御可能であり、安定的な高品質化と樹勢維持が両立できるという技術的特徴がある。
11）せとみ：山口県農林総合技術センター（旧大島柑きつ試験場）が育種した中晩柑類の新品種。先述したマルドリ栽培などによって一定基準（糖度 13.5 度以上など）を満たした果実は、JA 山口県が商標管理するブランド「ゆめほっぺ」として販売される。
12）細野（2009）85 頁、表 1 - 4 を参照。なお農林水産省「青果物集出荷機構調査報告」は 2000 年限りであり、以降の系統共販率は推計値しか存在しない。
13）卸売市場において一般に産地は広域合併 JA 単位ではなく、「マーク」と呼ばれる合併前の選果場単位で認識されている。山口県は県域では小規模産地であるが、4,000 トン規模の「山口大島みかん」は実態として中規模産地に位置付けられる。
14）近隣市場に出荷することで昨今問題となる輸送費や輸送リスクを大幅に軽減できるため、販売価格から市場と JA 選果・販売手数料などを差し引いて農家手取りとなる清算価格では更に有利となる。
15）半農半X：半農半Xとは農業と別の仕事を兼ねることで、従来の兼業農家とは違い、主に移住者などが農業を単なる事業ではなくライフスタイルと捉える新たな営農形態である。

【参考文献】

和泉真理・堀口健治・堀部篤・山本淳子・緩鹿泰子（2019）「新規独立就農の多様なあり方と支援の仕組み」，堀口健治・堀部篤編，『就農への道：多様な選択と定着への支援』，農山漁村文化協会，75-141 頁。

高橋巌（2005）「山口県大島町における定年帰農者組織と支援組織」，田畑保・農協共済総合研究所編，『農に還るひとたち』，農林統計協会，131-159 頁。

豊田隆（1979）「みかん危機と農法再編の課題」，『農業総合研究』，第 33 巻第 3 号，93-148 頁。
倪鏡（2019）『地域農業を担う新規参入者』，筑波書房。
根角博久（2002）『柑橘類』，NHK 出版。
農林水産省（2023）「果樹をめぐる情勢（令和 5 年 5 月）」。
細野賢治（2009）『ミカン産地の形成と展開』，農林統計出版。
宮井浩志（2021）「企業的果樹農業経営における 6 次産業化の展開」，『企業経営研究』，第 24 号，73-87 頁。
宮井浩志（2022）「製販協働による温州みかん産地組織の再形成とマネジメントに関する一考察」，『消費経済研究』，第 11 号，93-106 頁。

第 10 章

奈良県の日本酒メーカーによる新しい酒文化とイノベーション
——梅乃宿酒造の事例分析——

京都橘大学　丸山　一芳

第1節　日本酒メーカーの経営環境と梅乃宿酒造の概要

1．産業としての日本酒をめぐる環境の変化

清酒と日本酒は言い方のちがいであると理解されることが多いが、厳密には異なる定義がある。まず清酒は、酒税法によって、「米、米こうじ及び水を原料として発酵させて、こしたもの」とされている[1)]。日本酒（Nihonshu/Japanese Sake）については、「酒類業組合法（昭和28年法律第7号）」に基づく「酒類の地理的表示に関する表示基準（平成27年10月 国税庁告示第19号）」により、地理的表示として保護されている呼称である。つまり、清酒とされるもののうち、原料の米に日本産米を用い、日本国内で醸造したもののみを日本酒というのである。

こういった地理的表示（GI：Geographical Indication）によって日本酒という呼称を知的財産権として保護する必要があるほどに、海外において日本酒には人気が出てきており、現地資本による現地生産の清酒も存在している国がある。日本からの輸出も右肩上がりに増加してきている。それは、2013（平成25）年に和食が、ユネスコの人類の無形文化遺産に登録されたことにも関係している。

しかし、国内における日本酒をめぐる経営環境は非常に厳しい状況にある。国

税庁の調査によると、成人一人当たりのアルコール消費量は1992年度（平成4年度）の101.8リットルをピークとして減少傾向にあり、2021年度（令和3年度）は74.3リットルまで減少している。

図10-1のように清酒の課税数量の推移は国税局分および税関分の合計でも減少傾向にある。1973（昭和48）年が清酒出荷量のピークで177万キロリットルであった。しかし、2021（令和3）年は、40万キロリットルにまで減少している。

一方で、2020（令和2）年から2021（令和3）年にかけて若干の減少があるとはいえ、清酒と逆転し増加傾向にあるのがリキュールである。リキュールは酒税法において、「酒類と糖類その他の物品（酒類を含む）を原料とした酒類で、エキス分が2％以上のものをいう。」とされている[2)]。いわゆるチューハイやサワーなどもこの分類に属している。

本章では、国内市場で厳しい環境にある日本酒業界において、その経営改革が注目されている奈良県の梅乃宿酒造の事例について議論する[3)]。梅乃宿酒造は、経営危機において日本酒ベースの梅酒などリキュールに活路を求めて先駆的な多角化を実現した酒蔵である。2代にわたって製品ラインナップ拡大、醸造方法・杜氏制度の見直し、会社組織体制改革、人事制度改革など経営全般において革新を継続している稀有な蔵元である。

図10-1　酒類課税数量の推移

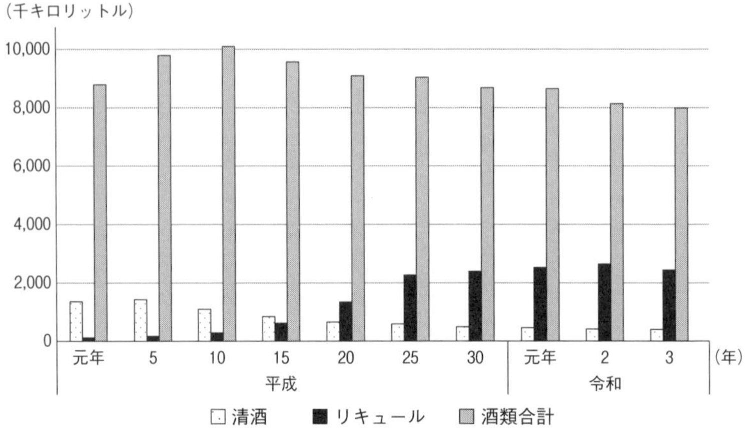

出典：国税庁課税部酒税課・輸出促進室（2023）『酒のしおり』のデータより筆者作成。

2．梅乃宿酒造の概要

1893（明治26）年に、梅乃宿酒造株式会社は初代吉田熊太郎氏によって創醸されている。本社所在地は奈良県葛城市であり創業130周年を記念した新蔵が建築されている。現在の社長、吉田佳代氏は5代目である。

佳代氏の父で4代目社長である吉田暁氏が日本酒をベースとしたリキュールの分野に清酒業界ではさきがけての進出を果たすなど、保守的な業界において革新的な取り組みが注目された。

資本金は3,000万円であり、従業員は125名である[4)]。2023（令和5）年7月期の売上高は約25億円で、コロナ禍の落ち込みからも回復している。規模縮小や廃業が相次ぐ業界において成長を続けている。図10-2は、直近10年間における売上高・営業利益・経常利益・当期利益・従業員数である。特に、売上高のうち4割弱程度を海外への輸出が占めていることと営業利益率が業界水準に比して非常に高いことも同社の特徴である。

例えば、日本酒の出荷量は大手企業の立地している灘五郷の兵庫県と伏見の京都府の2府県でわが国全体の半数程度を占めている。しかし、兵庫・京都の大手清酒製造業者はいわゆる普通酒を主力として薄利多売のビジネスになっているた

図10-2　梅乃宿酒造の経営成績

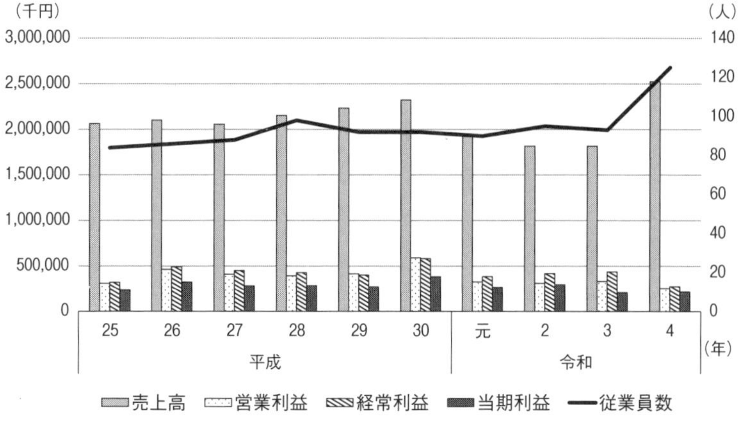

出典：梅乃宿酒造提供データから筆者作成。

め、コロナ前の2017（平成29）年において国税庁の調べでは、兵庫県の清酒製造業における営業利益率は0.7％、京都府にいたってはマイナス1.8％という厳しい状況であった。それに比して、梅乃宿酒造の直近10年間の平均営業利益率は約18％であり、20％を超える年もあるなど高い水準で推移しているのである。

こうした優れた経営成績については多くの外部評価を生んでいる[5)]。例えば2018（平成30）年には経済産業省より、「地域未来牽引企業」として選定されているし[6)]、農林水産省からは、「令和4年度輸出に取り組む優良事業者表彰」において、「輸出・国際局長賞」を受賞している（2022年）。

このように、厳しい清酒業界においてマーケティングの視点からもマネジメントの視点からも経営革新を断行することで高い外部評価を得ている梅乃宿酒造によるイノベーションプロセスについて本章では分析していく。

第2節　OEM生産から自社ブランド構築への改革

1．3代目の桶売りと4代目社長吉田暁氏の就任

吉田武司氏が3代目社長となった1950（昭和25）年のわが国は、戦後まもなくであるが清酒市場は活況を呈していた。3代目は酒質にこだわり、初代が立ち上げた「梅乃宿」のほかに「天下一」のブランドを立ち上げ3,500石を売り上げるなど独自の経営路線を邁進した。しかし、わが国の清酒消費が地酒を各地域で消費するスタイルから徐々に大手酒蔵ブランドに集中するように変わってくると梅乃宿酒造の石高は下降していった。

3代目の武司氏は、京都伏見の大手である月桂冠株式会社に桶ごと売る「桶売り」によって経営を支える決断をした。これはOEM生産のことを指しており、当時の大手と中小の酒蔵間において盛んな取引であった。各酒蔵は割り当てられた以上の原料米を使用した醸造ができないという規制があったのだ。そこで、指定したレシピで下請けの酒蔵に醸造を任せて桶ごと買い取る契約がされた。

4代目社長となる吉田暁氏は、1971（昭和46）年に養子として吉田家に入った。3代目には後継となる実子が無かったのである。奈良県天理市の酒蔵に三男として生まれた暁氏は、幼少期から酒造りに親しんできたし、吉田家との交流も古く

からあったという。素晴らしい蔵に来たと思っていたが、2 年後の 1973（昭和 48）年を境にわが国の清酒販売量は全国で下降をはじめた。当然、月桂冠酒造から下請けへの発注量も大きく減少したのだが、当初の桶売りは好調であったため、設備投資を大胆に実施した後だった。大きな借入金が残る経営状況は厳しく、3 代目は廃業を決断しかけていた。しかし、そのような状況でも明るく前向きな性格である養子であった吉田暁氏は、「たたむかと思った蔵なら、俺にやらせてくれ。」と 1984（昭和 59）年に 4 代目社長となったのである。

2．OEM 生産からの脱却を目指し吟醸酒造りへ

自社ブランド商品が年間 100 キロリットル未満の出荷という状況であったからこそ桶売りに投資したが、それも激減したので再度自社ブランドを再建する必要があった。そんな暁氏に、ある神戸市の業者から「吟醸酒をつくってみないか」というオファーが舞い込んだ。まだ吟醸酒ブームが本格的に来る前のわが国において、梅乃宿酒造はこの先駆的な吟醸酒造りによる自社ブランド再建に挑戦することにした。当時は幻の酒米と呼ばれ、生産数も限られた希少種である岡山県の「備前雄町（びぜんおまち）」を手に入れられるという幸運にも恵まれていた。

吟醸酒というカテゴリーには、二つの大きな特徴がある。一つ目は精米歩合である。吟醸酒は 60 %以下、さらに磨く大吟醸酒は 50 %以下、一般的な清酒である本醸造酒は 70 %以下となる。もう一つの特徴は、米を通常より低い温度で長時間発酵させるという時間と手間のかかる吟醸造りという製法で、香りがフルーティで華やかとなる。このようなカテゴリーの分別は、特定名称の清酒の表示として国税庁による基準となっている。

暁氏は自ら東京のホテルに泊まりこんで営業活動を熱心に取り組み、「懐の深い、うまくちの酒」という評判を取り付けて、ある程度のブームをつくることに成功した。具体的には、「備前雄町　純米大吟醸」や「紅梅　純米吟醸」がヒットした。吟醸酒は高単価であるため、桶売りで 4,000 石の売上を 1,000 石で賄えるので当初はこの成功を喜んだ。しかし、ある種のバブル的な人気の先行き不透明感には不安もあった。すぐに次の戦略として、暁氏は東京での吟醸酒ブームが終焉する前に地元で気軽に毎晩飲んでもらえるような酒がウケると判断して本醸造にも力を入れはじめた。吟醸造りではない量産に向いている本醸造ではあるが、

差別化ポイントとして、精米歩合を吟醸酒レベルの55％に設定した。これはある意味で贅沢な本醸造であるから高い品質となり、地元で受け入れられた。このように吟醸酒を大都市で販売してブランド力を高め、本醸造を地元で売るという戦略で販売数量を確保することに成功した。当時の吟醸酒造りは大変な手間暇を必要として製造部門は不眠不休の勤務になっていたため、杜氏の体力が限界を迎えていた。生産体制の都合からも量産に向いている本醸造酒のヒット商品は必要なことであった。

3．正社員の増加と設備投資による費用の増加

明治期に参入した梅乃宿酒造は問屋経由の販売には強くなかった。130年以上の歴史があっても日本酒の場合、他の先輩酒蔵はさらに長い歴史であることが多く、問屋との関係も強固である。自社ブランドのよい酒を造れば自然に売れるということは無いため、問屋経由の販売に弱い梅乃宿酒造は暁氏の代において自前の営業部隊を持つことにした。一般的に地域の酒蔵は営業部隊を自前で持つことはなく、販売は問屋と有力な酒販店に頼ることがほとんどであるため異例の組織であった。それに桶売りの下請けをやる上では営業が必要なかったのである。

若い新規雇用の社員が、奈良・大阪・京都を中心とした地元近畿での営業活動を3年計画で実施した。この営業部隊がその後、大きな営業力となって現在の隆盛に貢献する。当時においても直接自前の営業部隊によって小売店にアプローチする方法が効果的で販売数量を確保できたが、一方で人件費負担は重いものであった。

酒造りにおいても1985（昭和60）年には蔵人を年間雇用化している。昔ながらの杜氏が地元から連れてくる農閑期の季節労働としての働き手は年々減少しており、杜氏そのものも高齢化がどこの蔵でも顕著であった。梅乃宿酒造は、この製造面における杜氏や労働力の確保にも早くから取り組んだのである。しかし、季節労働の働き手の代わりに正社員を採用しても、日本酒を造る秋と冬が終わると仕事がない状態だった。

また、本醸造の酒ではあるが、精米歩合を吟醸酒レベルの55％としたことで地元関西でのヒットも生み出していたが、それは非常に品質にこだわった酒であり、自社で全自動精米機を導入するなどの設備投資が実施されていた。しかし、

それはまだ桶売り用の設備投資が回収できていない段階でもあった。そもそも吟醸酒については、良い原材料を使用して杜氏と蔵人が丹精込めて醸すために高コストであるにもかかわらず量産できないという利益の出にくい商品への設備投資だったのである。

このように、吟醸酒と本醸造酒も商品戦略的には成功して販売数量は出ていたが、材料費や設備投資負担が大きく資金繰りを圧迫していたのである。3代目から4代目に代替わりする際から存在した借入金は、ヒット商品が出ても思うように減らすことはできない状態が続き、利益で借入金の利息を支払う自転車操業状態が続いてしまっていた。その借入金の額は当時の売上高の2倍以上であった。

第3節　日本酒ベースのリキュールへの参入

1．梅酒などのリキュールへの参入

その後、スパークリング日本酒が世に出れば、梅乃宿酒造も吟醸酒による微発泡酒を若手中心で開発して発売した。売れる商品づくりの模索は続いたのである。そうした苦しい状況が続くなか、焼酎やリキュールの酒類製造免許の規制緩和があった。暁氏は、すぐさま2001（平成13）年に焼酎とリキュールの免許を取得し製造に着手した。当時は焼酎ブームによってわが国において日本酒と焼酎の出荷量が逆転するような状況であったため、梅乃宿酒造の酒粕や奈良県産野菜を材料にした焼酎が売れた。しかし、焼酎を大量生産できる体制に無かったため大きな売上貢献にはならなかった。

リキュールについては、日本酒ベースの梅酒に力を入れた。これは、主原料が梅、砂糖、酒で設備投資がかからないという事情もあった。梅酒は家庭でもホワイトリカーと砂糖、梅で瓶に漬けてつくることができる酒というイメージが強かったし、市販品は大手メーカーのものに限られた。地酒を造る、地域の日本酒蔵が日本酒で仕込む梅酒は当時ほとんど市販されていないような斬新な商品であった。2002（平成14）年の最初の年はタンク1本分、6,000リットルを仕込んで発売すると、3か月弱で完売した。2年目はタンク2本分仕込んだが、これも完売できた。とはいえ、日本酒も数多く製造しており、焼酎やほかのリキュール

もあるというラインナップの中で際立った存在にまでは至っていなかった。

日本酒ベースの梅酒を製造する3年目である2004（平成16）年には、後に5代目社長となる吉田佳代氏も入社した。この年に暁氏は大きな決断をした。それは、タンク20本分100トンの梅を発注したのである。思い切った購入決断の背景に、居酒屋の定番に入れてもらうには常に在庫切れができないという営業部隊からの情報もあった。また、リキュールは日本酒と異なり年間を通じて売れる商品であるため通年で製造・販売する必要があったのである。これは一種の賭けでもあったので、「誰か社長を止めろ」、「佳代ちゃん止めてよ」という声が多く上がり、社内の雰囲気は良いものではなかった。しかし、仕込んだ日本酒ベースの梅酒は、そのうまさが評判を呼び、結果としてすべてが売り切れたのである。これは、その年に梅酒ブームがはじまっており、在庫を用意できている企業が少なかったことも後押ししている。まさに、思い切った投資であったタンク20本が功を奏したのである。

2．リキュール販売への葛藤と克服

生産体制が整い、「梅乃宿の梅酒」が評判となって販売が軌道に乗り始めた頃、酒造組合などの同業種の集まりに顔を出すと、「梅酒ばっかりつくってないで、ちゃんといい日本酒をつくりなさい」、「とうとうあんなものにまで手を出して」、「酒蔵の恥さらしだ」などと言われることが多くあったという。5代目の佳代氏は当時、「恥ずかしいことをしているのだろうか」、「やっぱり間違っているのだろうか」と心が折れそうになることがしばしばであったという。

しかし、一般の顧客に試飲してもらうと、「これはとても美味しいね」という声を聞けた。「自分は日本酒が好きだけど、妻は飲んでくれない。だけど、この日本酒ベースの梅酒なら妻も飲んでくれるんだよ」と素敵な笑顔を見ることもできた。そういった顧客の声で、「私たちは絶対に間違っていない」と心を強くすることができたという。

日本酒の造り手は一般に、「国酒」であるという誇り、神に捧げる酒であるというプライドが非常に高い。日本酒の格を他のアルコール飲料よりも高いものとして考える傾向もある。そのことは誇りとして大切である一方で、日本酒という製品を保守的にしてきた部分は否めない。実際、梅乃宿酒造社内でも心理的な抵抗を心配して、従来の杜氏を中心とした清酒造りの部門とは別に、若いメンバーでリキュール製造部門を新設してチャレンジするというマネジメント上の配慮もあったのである。

しかし、5 年程度で状況が一変する。批判的だった奈良県内競合蔵元をはじめ、全国の日本酒蔵が続々と日本酒ベースの梅酒に参入してきたのだ。それは消費者にこそ答えがあり、造り手の当たり前も消費者の購買行動によって変えることができるのだと梅乃宿酒造が組織的に学習した大きな転換点であった。

また、日本酒への強い固定概念を覆すような体験が佳代氏には他にもあった。それは、酒文化について勉強しようとさまざまな種類のアルコールについて調査していた際に、あるバーテンダーから学んだことだ。そのバーテンダーは、日本酒に大根のおろし汁を入れたカクテルをつくっていた。その斬新な発想について尋ねると、「ひれ酒も、骨酒も古くからあるが、それもカクテルではないか」と言われたのだ。確かに昔から河豚のひれ酒は当然のように受け入れられている。では、「なぜ果物を入れた日本酒はいけないのだろうか。日本酒を固定的に考えすぎていないだろうか。もしかしたら、それは蔵元だけの勝手な思い込みではないだろうか」と認識を改めるきっかけとなったのだ。例えば、カクテルコンペティションはパーティとして楽しく華やかで明るい。一方で日本酒の利き酒イベントはとても静かで厳かな雰囲気だ。「もっとワクワク、ドキドキするような日本酒を飲むシーン、パーティ、カクテルがあってもいいのではないか」こう考えると、日本酒マニアではない顧客へのアプローチを考えられる。もっと日本酒への間口を広げる新しい文化をつくるべきではないかという確信を得たのだ。

3．あらごし梅酒の開発

現在の梅乃宿酒造は 8 割程度の売上をリキュールが占めている。主力製品は「あらごしシリーズ」である。その第一号が「あらごし梅酒」である。

梅酒が増産されるほどに、仕込みを終えた大量の梅の廃棄問題が生まれた。産業廃棄物として処分するのはコストがかかる。そもそも日本酒の蔵は米ぬかも酒粕も捨てずに使い切ってきた文化があるので、梅酒の梅を再利用できないかと考えた。若手を中心にジャムやお菓子の原料としても探ってみたが、酒販店などのルートでジャムを売ることには限界があった。最終的に、「梅酒に梅そのものを入れて付加価値を高める。」というアイデアを模索することになった。単に梅の実を丸ごと入れた梅酒は大手から発売されていることもあり、梅をおろし金ですりおろし、梅酒に入れて濁った梅酒とすることにした。これには営業部隊の市場からの情報も手伝った。若手の開発部隊は最適な果肉量を実験し続け追及した。そして 2005（平成 17）年に果肉を感じるざらっとした食感が特徴で、梅を食べているような感覚になる新商品「あらごし梅酒」を完成させた。これが大きなヒット商品となったのである。

ヒットすると梅酒の大手であるチョーヤも視察にきた。この「あらごし梅酒」はフィルターの目を粗くしないと、すりおろした梅が通過できないのであらごし状態にできない。生産工程を見学したチョーヤとしては、自社の生産規模との兼ね合いから異物混入リスクを考えて「あらごし梅酒」は真似できないと言っていた。大手も参入してこないヒット商品が若手のリキュール製造部門から誕生したのである。

暁氏のリーダーシップのもとで次々とリキュールの新作を投入していき、翌年の「ゆず酒」も大きなヒットとなった。さらに翌々年の「あらごしもも」もヒットした。「ゆず酒」は杜氏のトップダウンで開発する日本酒のような酒飲みのための酒ではなかった。女性社員の声から生まれた、ゆずの香りや風味を楽しむことに主眼を置いた商品であった。この「ゆず酒」は台湾でもヒットして爆発的な売上をもたらす商品へと成長していった。そして、みかん、りんご、しょうがなどラインナップを拡充して消費者を飽きさせずに売上高を拡大していった。原材料となる果物は国産の良い品にこだわり、その継続的な確保のために農園に直接訪問するなどの工夫も重ねている。こうして日本酒の蔵としてよりもリキュールのイメージが大きくなるほどの勢いは数億円規模の売上高を 20 億円規模まで拡大させていった。

リキュールの成功によって３代目から長く続いた借入金返済も終えることできた。キャッシュフローが急速に改善して投資余力まで拡大するほどであった。これは、リキュールが日本酒とは異なり通年で製造・販売できるという特徴があったことや、利幅の大きな商品であったこと、旧来の設備によって製造可能であったことなども要因となっていた。

第4節　父から娘への事業承継

1．5代目吉田佳代氏の入社と事業承継宣言

1979（昭和54）年に生まれた佳代氏は家の向かいにある酒蔵をとても身近な存在として育った。漠然と将来は梅乃宿酒造に勤務するのかもしれないと中学生くらいから意識していたが、跡継ぎになるとは考えていなかったという。大学卒業後は、すぐに梅乃宿酒造に入社するのではなく、自分の力を外で試してみたいという気持ちから商社への勤務を選んだ。絶対に営業に配属されて、販売活動を頑張りたいと思っていたが総務への配属でショックだった。しかし、総務の仕事はすべての従業員を相手とする社内営業活動であると上司に教わり、ある意味では社外での営業よりも難しい仕事であると理解して、気持ちを切り替えて仕事に勤しんだ。従業員が気持ちよく働ける環境をつくることが総務の仕事であると考えるとやりがいも生まれ、給与の振り込み、福利厚生や健康診断、備品管理などの仕事で他の部署の従業員から褒められることはとてもうれしいことだった。後年、社長として従業員満足を考えるためのよい経験になったという。

しかし、入社3年目くらいで父親である暁氏から家業に戻るように指示され、梅乃宿酒造に入社した。商社で経験を積んで家業に戻ったが、どうしても、「娘が帰ってきたな」という従業員の目線を佳代氏は強く意識した。そのことが強大なプレッシャーとなり、仕事がやりにくく悩んだ時期も当初はあった。しかし、メンタル面を強くしながら経験を積むなかで3年ほど経つと、「自分がこの梅乃宿酒造を継ぎたいと言えば、父は跡継ぎにしてくれるのではないか」と思うようになり、周りの従業員たちもついてきてくれそうな感触が出てきた。しかし、男子の跡取りとしてはまだ大学生の弟がおり、本来は彼が後を継ぐべきかもしれない。「自分がしゃしゃり出て継ぎたいなどと言ってもいいのか」、「社長業が務まるという自信はあるのか」、「経営責任を取れるのか」、などと自分なりに思うところは多く、跡を継ぎたいとは言い出せずにいた。

しかし、ある経営セミナーに父と二人で受講すると、「リーダーは、決めないということが一番の罪悪である」という主旨だった。これがとても当時の佳代氏

には響いたという。その時点で佳代氏は何のリーダーでも無かったが、自分が跡を継ぐのか否かについて決めてはいなかった。そのことが、父や従業員にとって自分が跡継ぎとしての育成対象であるのかはっきりしない状態を生じさせており、間接的に迷惑をかけていると理解したという。

これをきっかけとして、父親である暁氏に「私が梅乃宿を継ぎたい」と告白した。すると暁氏からは、「お前に能力が無かったら継がさないかもしれないが、悪く思わないでくれ」と言われた。この時に佳代氏は涙が出たという。娘の要望よりも梅乃宿酒造への愛情や責任の方が大切であるという社長としての父の態度に感動したのだ。ここからは、父に経営者として認めてもらえるようにより一層頑張ろうと誓って励んだ。

2．事業承継と5代目社長佳代氏の就任

社長になりたいと宣言できたことで、佳代氏はより一層仕事に励んだ。その後、暁氏も佳代氏を認めてはいたが事業承継について話し合うことはなかった。しかし、経済産業省が当時作成を推奨していた「知的資産経営報告書」を2011（平成23）年に父娘の二人で執筆したことで承継時期が明確化したという。それは社内の目には見えない資産である人材や技能・ノウハウを知的資産として明文化して経営に活用していく主旨の報告書であり、項目には「承継カレンダー」というものがあった。そのカレンダーは年商・経常利益・イベントや先代社長と後継社長の年齢・役職・持ち株比率などを承継前後数年分作成しなければならないものだった。佳代氏が売上高や経常利益などの数値を埋めて、その他を父である暁氏に埋めるように手渡すと、2014（平成26）年に副社長、2015（平成27）年に社長と記入されて戻ってきた。

お互いにはっきりとさせてこなかった承継時期が明文化されたことで事態は大きく進んだ。なんと承継カレンダーよりも2年前倒しでの事業承継を暁氏は宣告してきたのだ。佳代氏は当時妊娠しており、年末に初めての子供が誕生する予定だった。このタイミングでは出産後半年での社長就任となってしまうので当初は無理があると思った。しかし、よく考え情報を集めると、この時代には便利なサービスがたくさんあった。発想を切り替えるとすぐに保育園探しを開始し、子供が病気のときには病児保育という制度があることもわかった。会食に行くのな

らば、地域のサポートセンターに子供を預けることもできる。出張の際には、夫の協力で切り抜ければいいとわかり、社長就任と子育ての両立体制を整える算段ができた。こういった発想の転換と各種制度の利用によって、生後半年の子供がいるなかで佳代氏は2013（平成25）年に無事社長就任を実現した。その後、第二子も誕生するなど、出産・子育てもしながら社長業を継続しているのである。

3．古参幹部との関係構築と「新しい酒文化を創造する蔵」

佳代氏が跡を継ぎたいとすぐに言い出せなかった理由がもう一つあった。それは、自分が幼稚園に通っていた頃から勤務して、営業部隊を率いる古参幹部との意見の食い違いや関係性であった。例えば、暁氏は従業員の自主性を重んじて自由に行動させるマネジメントスタイルであった。それは昭和や平成の梅乃宿酒造には相応しいものだった。これらを踏まえて、その古参幹部も従業員の自主性に任せることが人材育成の要諦であると考えていた。しかし、佳代氏は会社が大きくなりステージも変わっていたことと価値観の変化のなかで今の若者には組織としての人材育成制度や教育の充実が必要になると考えていた。

自分が社長になっても、意見が異なる先輩に気を遣っていては経営方針がぶれてしまう。これでは社長としての責務が果たせないので、例えば古参幹部に去ってもらうことも必要かもしれない。そういった覚悟を決めることは難しかったのだ。

創業120周年を2年後に控えた年に梅乃宿酒造の将来を構想し、120周年記念事業を推進するプロジェクトが発足した。これは暁氏が佳代氏に任せた一大プロジェクトであった。佳代氏はこの際に、あえてこの古参幹部をメンバーの一人に指名し、いっしょにプロジェクトに取り組むことで徹底的に向き合うこととした。お互いに梅乃宿酒造をよくしたいという思いは一緒だが、方法や考え方が異なる。ならば、コミュニケーションを密にして苦手意識を払拭し、これまで腹を割って話し合ってこなかった会社の方向性、ブランド戦略などをとことん遠慮なく議論してみようという試みだ。それは、120周年記念事業であるという名目も手伝って深いものとなり、古参幹部がこだわっている本質や意外な一面を知ることにもつながった。異なる意見についてはお互いを尊重しつつ前向きに溝を埋めていきながら、次の時代の梅乃宿酒造を考えたときに二人の議論は、「新しい酒文化を創造する蔵」というブランドコンセプトに結実したのである。

第５節　個人商店から株式会社のマネジメントへ

１．組織人事制度改革

佳代氏が専務時代から社長になった10年ほどは経営体質を改善することが最大の課題であった。気前の良かった暁氏時代の設備投資を見直したり、無駄な支出が無いかを確認したりとコスト意識を醸成し利益率を高めていった。

また、佳代氏は商社で総務部門に勤務していたこともあり、社長就任以前から梅乃宿酒造の組織制度における違和感や問題点について解決を試みていく。日本酒離れといわれて久しいわが国において、それは消費者が減少しているだけでなく、造り手の減少をも意味している。伝統産業によくあるような保守的で旧態依然とした体制のままでは永続性がない。個人商店ならば許されたであろう福利厚生や給与制度の未整備は、若く多様な人材を集めて長く勤務してもらう組織づくりには許されないことであった。例えば、制服着用や定期健康診断受診のルールづくりなどから着手した。何でもきちんと明文化することが今の若い従業員にとっては働きやすさとなる。5S活動といわれる「整理・整頓・清掃・清潔・しつけ」などかつて日本のものづくりの強さの源泉といわれた文化も持ち込んだ。そういった組織力強化の流れは、製造現場に製造マニュアルを生むほどの影響力があった。

佳代氏が社長に就任してからは、さらに改革を推し進めている。例えば決算賞与は経常利益の１割を原資とするルールでインセンティブを高めている。従業員が一丸となって経常利益を意識しながら業務に取り組むことができる。また、子育て世代への手当てを充実させた。家族手当として支給する額を子供の進学のたびに増額していくというユニークな制度で、５千円の手当が小学生になるとプラス５千円、中学・高校はプラス１万円で、大学生になるとプラス１万５千円となる制度である。すなわち大学生がいると２万円の手当になる制度設計なのである。他にも産休・育休制度も充実させている。現在、アルバイトも含めて育児休業取得からの復職率100％を達成している。社内の出生率は２を超えており従業員のボリュームゾーンが30代、40代の梅乃宿酒造は子育てを応援する企業としての人事制度を充実させている。

2．杜氏制度の廃止による製造改革

従業員の勤務時間や休日などの働き方改革には、清酒製造業としての特殊な文化と製造技術に起因する課題も克服する必要があった。かつての酒蔵はどこでも季節労働として豪雪地帯の農家などが出稼ぎで働くものだったので、働き手にとっては住み込みで休みなく働いたほうが稼げるという側面があった。梅乃宿酒造でも代々但馬杜氏や南部杜氏などを迎えて、その杜氏による長年の経験と専門的な知識に裏打ちされた絶対的な指揮によって酒造りをしてきており、蔵元でも口出しは難しいものだった。しかし、杜氏が季節労働者を地元から連れて来られなくなったし、この時代の労働の姿としては相応しくない。すでに述べたように梅乃宿酒造では早くから蔵周辺に住む正社員が製造を担当している。子供もいる若い従業員達は一般企業と同様の勤務形態を望んでいるし、土日も休みたいと考えるのは自然なことだ。このためうまく勤務シフトを組んで、土日の出勤者を極力減らせる生産体制を構築してきた。8時半から5時半の就業時間で製造の仕事が完結できるように酒造りをテクノロジーでコントロールして工夫している。昔ながらの設備と文化で朝5時から仕込み、夜遅くまで働いていくことには組織の永続性が無いと判断したのだ。そうした勤務体制を実現できたのは、職人技だけに頼るのではなく設備投資によってデータと科学も重視する酒造りに早くから着手してきたことと杜氏制度を廃止したことが大きな要因となっている。

2016（平成28）年に蔵元である社長の佳代氏はそれまでの杜氏に育てられた若手3人に対し、酒造りの方針を合議で決める体制に移行し杜氏制度を卒業するよう指示した。さらに、「蔵の勤務体制を一般の社員と同じようにして欲しい」と改革も促した。3人のうち1人目は、酒造り現場のトップの役割を担い、他部署とも連携し、造りの顔として社外のイベントなどにも出る製造部長である。2人目は、数的分析が得意で、計量的なデータから製造方法、設備稼働、勤務シフトについて生産性を含めて分析・提言する課長である。また、3人目はアルバイト勤務から始めた、たたき上げのメンバーとして梅乃宿酒造の酒造りの歴史を理解している課長である。この仲の良いメンバーならば面白いことができるだろうとワクワクしての３人体制がスタートしたのである。昔なら船頭が多いことは混乱を招き、誰がリーダーなのかと揉めることもあったかもしれない。しかし現在の組織には強力なリーダーシップで他を圧するようなマネジメントスタイルは相応しくない。

この３人での意思決定体制は酒造りの文化をも変えるものであった。これまでは杜氏の決めたことは絶対で口出しは不可能だった。基本的に製造現場の社員は杜氏の決定を指示通りに実行するのが当たり前だった。しかし３人で話し合う姿は、３人だけが意見を出せるということではなく、製造現場全体でボトムアップの意見を言えるような雰囲気を醸成した。すなわち一人ひとりが自律的に考え行動する製造現場に生まれ変わったのだ。また、３人のタイプは全く異なるので人脈も異なっており、入ってくる情報も多様なものが交じり合うようになった。まさに杜氏によるトップダウンの酒造りから製造部全員がチームワークで造る酒造り文化へと組織、方針、雰囲気が変わったのである。

３．海外輸出と新蔵建設・EC による顧客接点改革

2002（平成 14）年にアメリカへの輸出を大手酒類卸売業者からのオファーで開始したのが最初の海外輸出であった。果物のリキュールは海外で受け入れられやすいという特質もあり輸出額を伸ばしてきている。すでに 20 年以上の経験があることから多くの試行錯誤も繰り返してきた。例えば、卸売業者主導の輸出や展示会では、にぎやかしのような位置づけで商品ラインナップの広さの一つにしかならないことがある。これでは売上拡大につながらないので、現地の代理店と直接取引することや代理店選択において現地取り扱い店舗の希望や販売方法にまでしっかりと確認することが必要であった。そして、販売数量の目標値なども共有して達成見込みの高い代理店を選定するというようなノウハウが蓄積されている。また、アジア圏では正規卸売ルートではない商品や偽物が出回ったりすることがあり得る。これには、大量注文が入った際の発注先情報の徹底確認や海外での商標登録にも目を配りながら、中国人現地弁護士と連携するなど高い抑止力を行使してブランドを守っている。

輸出向け商品開発においては、原材料から醸造まですべて日本産であることの強みを強調しながらも現地の嗜好にも寄り添うという戦略である。例えば、日本

で販売している桃のリキュールは海外では甘すぎるので、甘さを抑えて輸出している。さらに、現地産果物使用リキュールへの要望も強いため現地代理店との共同開発も実施している。台湾の代理店とは現地産パイナップルのリキュールを開発・発売している。特にこの台湾はゆず酒のヒットもあったため、台湾人で利き酒師の資格もある社員を雇用して台湾事務所も構えている。

コロナ禍において日本国内の販売数量は減少したが、輸出は増加傾向のままであるほど好調で、2021（令和3）年は年間約7億円程度の輸出実績であった。中国が最も多く、台湾、アメリカの数量も同様に大きい。計25か国に清酒ならびにリキュールが輸出されており、今後は全売上高の半数以上が海外となる見込みである。

顧客接点改革はリアルとサイバーの両方から進めている。従来の酒販店を中心としたいわゆるB2B（Business to Business）のビジネスを越えて、直接的な顧客とのコミュニケーション強化を新蔵で体現し、EC（Electronic Commerce）によってD2C（Direct to Consumer）チャネルを軸にB2C（Business to Consumer）事業へと変革していく戦略である[7)]。

創業130周年を契機として2022（令和4）年7月におしゃれな新蔵へ移転し、いわゆるオープンファクトリーを実施している。日本酒が醸造される過程を楽しく体験的に見学できるようにしたのだ。それはデザイン性の高い近代的な工場で発酵の音を聞いたり、精米歩合を磨かれた米の実物で体感したり、洗米や蒸米、仕込みなどの工程をガラス越しに見学できたりというものだ。来訪客とのコミュニケーションと体験価値の提供を強化することに狙いがある。

また、ECについては、「＃ワクワクの蔵」というコンセプトでSNS世代に対してアピールしている。「大人の果肉の沼」という苺の果肉が大量に投入された新商品はEC限定とし、「映える体験価値」を重視して、味、香り、見え方を「ユーザーが手元でいろいろな飲み方を楽しむ」ことを念頭に開発した。この商品はSNSにおいて従来の顧客よりも若いターゲット層を中心にリツイートを集めて拡散に成功し、製造すると即完売という状況が継続している。このD2Cチャネルでの販売額は初年度から2億円を見込んでおり好調なスタートを切ることができた。そのことは日本マーケティング大賞奨励賞を2023（令和5）年に受賞するなど評価も高い。

写真 10-1　新蔵と 5 代目社長吉田佳代氏

出典：梅乃宿酒造。

4．新しい酒蔵経営文化の創造

これからの梅乃宿酒造について少し触れておくと、究極的な酒蔵経営文化の創造としてファンドを活用した経営改革を挙げることができる。佳代氏はコロナ禍以前の 2018（平成 30）年くらいからリキュールが売れているが、これ以上の大きな成長は見込めないのではないかという感覚を持っていた。借入金もすべて返済して大きな投資余力も生まれており、製造部門も刷新し、組織制度も改革した。もう大きな経営改革をしなくとも安泰であるともいえた。しかし、アルコールの市場が全体的な傾向として縮小していくことだけは確定的でもある。こうした環境下でも、もっと企業としての梅乃宿酒造を成長させていきたいという願望があった。

そんな折に銀行からファンドを紹介してもらった。銀行から単に融資を引き出すだけであれば十分に可能であり、現在は資金的に十分な余裕がある。一般的には外部資金を必要とするタイミングではないだろう。しかし、このファンドはベンチャーキャピタル（VC）でもなく、日本の有望な中小企業を成長させることに目的がある。また、中小企業を振興したい政府系の資金も入っている。そして、日本たばこ産業株式会社（JT）の経営管理手法と株式会社博報堂のマーケティング関連技術を中心とした大手企業の人材ネットワークやノウハウで中小企業を成長させるところに特徴があった。ちょうど佳代氏は、梅乃宿酒造を次のステージに引き上げていくには、ECにおけるマーケティング知識や海外市場開拓経験、あるいは人材育成を組織的・制度的に取り組むためのノウハウをもった人材が必要だと考えていたのである。

佳代氏は、まさにこの人材やノウハウ、ネットワークを求めてファンドの出資を受けることとした。海外の投資ファンドなどが日本酒の伝統ある蔵を買収するような話は最近多いが、そういった類の話ではないのである。このファンドからの出資は全額を銀行にプールしながら経営チームを大きく変更して、旧来のメンバーと新たなファンド関連の大企業出身者をミックスさせた組織体制に移行し、ECや海外などにもっと注力していく体制が整ったのである。

まとめと考察

1．事例のまとめ

ここまで、梅乃宿酒造が4代目暁氏、5代目佳代氏を中心に伝統産業として保守的な日本酒の既成概念に捉われずにマーケティング、マネジメントの双方から経営改革を実践してきたイノベーションプロセスを見てきた。

その特徴として父である暁氏は、矢継ぎ早に新商品を展開し続けたということを挙げることができる。それは桶売りの下請けとしてOEM生産をする蔵から自社ブランドを再建し、世界に通用するブランドとしていくプロセスであったともいえる。具体的には、早い段階での吟醸酒への参入と東京での営業、その東京でのブランド価値を高めた状態で近畿圏内における値ごろ感のある本醸造酒を販売するという相乗効果を狙った商品戦略からはじまった。

規制緩和がなされると焼酎、リキュールの免許も取得して新ジャンルに果敢にチャレンジした。それは他の日本酒蔵からは、「日本酒の格を重んじていない」という強い批判に晒されるものであった。それでも消費者の笑顔を糧に日本酒ベースの梅酒、ゆず酒、あらごしシリーズなどの連続ヒットを生み出して長年悲願であった借入金の返済も実現した。また、批判していた蔵も含めて日本酒蔵が日本酒ベースの梅酒等のリキュールを製造することが当たり前となるような先駆者となったのである。まさに、「新しい酒文化」を創造したといえる価値観の変化をもたらしたのである。

こういった新商品の成功には、節目における暁氏の先見の明はもとより、思い切った投資判断もあったといえる。ヒット商品が出ても借入金削減のスピードが遅かったのも旺盛な設備投資や正社員雇用という固定費の増加などが背景にあったが、経営者として「決める」ということをまっ直ぐに実践してきたからこそのリキュールのヒットであった。現在の若手正社員を中心とした製造部門、営業部門の自律があるのも新規雇用と人材開発を継続してきたからである。まさに０から１を生み出す経営者であった。

娘である５代目佳代氏は、対照的にリキュールがヒットしているという背景のなかで、個人商店的な経営から株式会社として組織的な運営ができる体制を整えてきた。それは、昨今どこの中小企業においても大きな課題となっている事業承継問題に対して、承継計画を立てることや古参幹部とのコミュニケーションを改善していくなど具体的な方策として示唆があった。また、わが国において数少ない女性経営者としての出産や育児との向き合い方についても先駆的事例として範を示したといえる。

さらに現在パーパスとして掲げられている、「新しい酒文化を創造する蔵」というブランドコンセプトを打ち出したことも特筆に値する。このパーパスはリキュールによって起死回生のヒットを生み出したことを肯定できるだけでなく、価値観が多様化した現代社会において若者にも日本酒をアピールするには革新が必要であることを端的に示している。そのことが今後も酒の種類、飲み方、シーン、市場といった文化的側面において革新をもたらすだろう。

そして、杜氏制度を卒業して３人での合議体制で意思決定をしながら蔵人全員がチームとして、それぞれの意見をボトムアップで上げていく製造部門としたことも今後の日本酒蔵のあり方に一石を投じたといえる。

また、勤務体制や制服制度、健康診断などの組織・人事・福利厚生面を全面的に見直している。そのことはマニュアル化の推進、土日の出勤減少、子供の進学に合わせた家族手当、産休・育休の推進として実を結んでいる。まさに若い従業員が働きたくなる企業に変貌を遂げ、多様な意見が風通しよく言い合える環境に変化したのである。こうした日本酒の製造部門のあり方や酒蔵経営の組織的な側面の改革も「新しい酒文化」の提示であるといえる。

顧客接点においても海外への輸出を増加させ、ECにおいても新商品がSNS上で拡散されるなどB2BからB2Cへと流通の軸足を移そうと取り組んでいる。これまでの酒販店や問屋に頼った酒流通文化を変えようとしているのである。

さらには、梅乃宿酒造を次の経営ステージに引き上げていく人材や経営知識の確保を目的にファンドの出資を受け入れた。このことでJTや博報堂といった大企業のノウハウと人材を活用可能にすることができた。資本関係や経営人材、ノウハウを新たにファンドから手に入れながら酒蔵を経営している例は他にない。これは日本酒メーカーという範疇を越えて伝統産業全体にも示唆のある新しいガバナンスへの挑戦だといえるだろう。このように佳代氏は1を10や100へと導く経営者であるといえる。

4代目暁氏は蔵の商品ラインナップにおいて業界の慣習や常識に捉われない酒によって「新しい酒文化」を打ち出した。そして5代目佳代氏は暁氏の築いた基盤を組織・市場・資本それぞれの側面から近代化した。それは、個人商店的経営から世界を見据えた株式会社のマネジメントに変貌させようとしているといえる。まさに「新しい酒蔵経営文化」を構築しているといえる。この酒という商品の革新と日本酒メーカーの経営方法の革新という双方を視野に入れているのが「新しい酒文化を創造する蔵」というパーパスなのであろう。

2．知識経営論からの考察

梅乃宿酒造はこうして見てくると、一般的には距離があったりミスマッチであったりという二項を超越してイノベーションを実現してきた蔵であることがわかる。それは、伝統と革新、日本酒とリキュール、勘とデータ、杜氏と正社員、古参と若手、B2BとB2C、日本酒蔵とファンドなどである。その超越プロセスを考察するには、パラダイム、知の深化と探索、暗黙知と形式知を鍵概念として二項対立を越える知識経営論の視点が相応しいだろう。

日本酒業界には、かつて業界や各蔵に共有された世界観やものの見方、共通の思考前提や枠組み、方法論といったパラダイム[8)]とでも呼ぶべきものが存在した。それは、日本酒が神様の酒であり格式の高いものなので、その伝統は不変で守らなければならないというものである。また、その伝統を保守するなかにおいて大きな利益ももたらされたという成功体験が昭和の時代にはあったので、パラダイムを強化しただろう。伝統を継続していくことは非常に困難を伴うものであるが、造り手の思い込みだけで変化を拒んでも市場は大きく変化しているのである。保守するだけではなく、革新することでこそ伝統を守ることができると気づき、このパラダイムから脱却した蔵も増加しつつあるが、その先鞭をつけた蔵の一つが梅乃宿酒造であろう。例えば、西山酒造の西山らもそのことを日本酒業界の「しがらみ」として議論している[9)]。

またマーチは、新しい知の探索よりもかつての成功した際の知の活用にばかり企業経営が陥ることで目先の短期的収益を追求し、長期的な収益が生まれにくくなる現象をコンピテンシー・トラップと呼んだが[10)]、まさに日本酒業界はこのトラップにはまり続けたともいえる。そして、それはオライリーとタッシュマンによる「両利きの経営」に関する議論でもある[11)]。主力事業の絶え間ない改善を「知の深化」とし、新規事業のための実験や行動を「知の探索」として、その深化と探索のバランスを取りながら両立させることの重要性を説く理論である。

日本酒の酒質にこだわり続け、鑑評会への出品を継続し、いち早く吟醸酒市場へ参入したことや、こだわりの本醸造酒を開発したことなどは現在の梅乃宿酒造の日本酒造りに脈々と引き継がれているし、まさに知の深化といえる。多くの酒蔵はこのことだけに捉われていたといえるかもしれない。そして、次々と新しいリキュールを発売したことは、業界のパラダイムを転換させるほどの知の探索であったといえる。梅乃宿酒造のリキュールは、あくまでもこの深化を続けている日本酒をベースにしているからこそ他のリキュールとは差別化されて認識される。丁寧な日本酒造りに裏打ちされたリキュールであることが重要なのである。そして、親しみやすい果物などのリキュールを製造しているからこそ、普段は日本酒を飲まない層に日本酒を身近に感じさせるという効果もある。このシナジー効果が梅乃宿酒造におけるブランド価値の根幹なのである。

そういった両利きの経営を実現させ、さらに利益の出る経営体質へと変貌させた背景には、職人技ともいえる杜氏の暗黙知を設備投資や若手新規採用の継続によって伝承してきたこと、デジタル化・マニュアル化によって形式知化してきたことの貢献も大きい。さらに、杜氏の暗黙知に頼るトップダウン方式を卒業して、3人の製造幹部を中心としたボトムアップ方式で知の民主化がなされたことも貢献しているのである。

営業、製造を問わずに正社員化を推進し、ファンドを含めた外部人材も積極的に登用し、パート・アルバイトの社員も含めた組織・人事制度の充実と新蔵という創造的な場によって全社的な衆知を集めた組織的知識創造型経営[12]を実現する梅乃宿酒造に今後も注目していきたい。

謝辞

本章執筆にあたり、インタビュー調査や資料提供など吉田佳代氏をはじめ梅乃宿酒造の皆様に大変お世話になりました。また、本研究は JSPS 科研費 JP20K13604 の助成を受けたものです。心より感謝を申し上げます。

●注

1）酒税法（昭和二八・二・二八法律第六号）（抄）（その他の用語の定義）第三条である。

2）「ただし、清酒、合成清酒、焼酎、みりん、ビール、果実酒類、ウイスキー類、および発泡酒に該当するものは除かれる」とされている。

3）2023 年 6 月 9 日、8 月 21 日に梅乃宿酒造にてインタビュー調査を行い、e メールによる追加インタビューによってオリジナルデータを集めた。また、社内文書などの提供も受け、データベースを構築して事例分析を実施した。

4）従業員数にはパート・アルバイトや派遣なども含まれている。

5）民間からは第 58 回関西財界セミナー「輝く女性賞」を現社長の佳代氏が受賞している。

6）地域内外の取引実態や雇用・売上高を勘案し、地域経済への影響力が大きく、成長性が見込まれるとともに、地域経済のバリューチェーンの中心的な担い手、および担い手候補である企業であるとして経済産業省から指定されている。

7）B2B は法人間取引のことを指す。梅乃宿酒造が問屋に卸すことなどを指す。また、D2C は製造者が直接的に消費者と取引することを指すので、梅乃宿酒造が顧客と問屋や販売店を通さずに販売することを指す。B2C は法人である企業と消費者が取引することを指している。D2C は B2C を包含するが、製造者との直接取引なので、例えば流通業者と消費者の取引は B2C ではあるが D2C ではない。

8）組織認識論として企業のパラダイム変革を議論したのは加護野（1988）である。

9）西山・三矢（2015）。

10）March（1991）。

11）O'Reilly Ⅲ and Tushman（2016）。

12）暗黙知と形式知の相互作用により個人の思いが組織的にコンセプトや新商品となりながら連続的なイノベーションを企業にもたらすプロセスを組織による知識の創造と考える概念である。詳しくは、Nonaka and Takeuchi（1995）を参照。

【参考文献】

March, J. G.（1991）“Exploration and exploitation in organizational learning,” *Organization Science*, Vol. 2, No. 1, pp. 71-87.

Nonaka, I. and Takeuchi, H.（1995）*The Knowledge-creating company*, New York: Oxford University Press.（梅本勝博訳『知識創造企業』，東洋経済新報社，1996 年）

O'Reilly Ⅲ, C. A. and M. L. Tushman（2016）*Lead and Disrupt: How to solve the Innovator's Dilemma*, Stanford University Press.（入山章栄監訳・渡部典子訳『両利きの経営』，東洋経済新報社，2019 年）

Yin, Robert K.（1994）*Case Study Research: Design and Methods, 2nd ed.*, Sage.（近藤公彦訳『ケース・スタディの方法』，千倉書房，1996 年）

加護野忠男（1988）『組織認識論―企業における創造と革新の研究』，千倉書房。

国税庁課税部酒税課・輸出促進室（2023）『酒のしおり』。

西山周三・三矢裕（2015）「日本酒業界に学ぶ伝統産業の変革：しがらみを超える」，『Business Insight』，第 23 巻第 1 号，2-13 頁。

丸山一芳（2017）「伝統産業におけるイノベーションを起こす企業家精神―日本酒における塩川酒造の事例研究」，『関西ベンチャー学会誌』，関西ベンチャー学会，第 9 号，26-34 頁。

丸山一芳（2020）「名古屋市の酒造メーカーによる日仏間の知識移転とイノベーション―萬乗醸造の事例分析」，『地域産業のイノベーションと流通戦略―中小企業の経営革新と地域活性化』，41-62 頁，千倉書房。

第 11 章

播州手延素麺「揖保乃糸」の伝統と革新

羽衣国際大学　日向　浩幸

第1節　手延素麺の起源

奈良時代（710年～794年）に朝廷が中国の先進技術や仏教経典等の収集を目的に派遣した遣唐使は、醤油、納豆、胡麻油なども同時に持ち帰った。その中のひとつ唐菓子の一種、「索餅（さくべい）」が素麺の元祖となったと伝えられる。平安時代に「索餅」と書いていたものが、鎌倉時代（1185年頃～1333年）に入り「索麪（さくめん）」に変わった。栄西が臨済禅を、道元が曹洞禅を学んだ宋では、「索餅」の製造技術は進歩し糸のように細長くなり、すでに「索餅」を「索麪（スゥオミエン、さくめん）」と呼んでいた。宋へ渡った栄西や道元らは修業のかたわら、点心（てんしん）で食べる索麪の製造にも当たった。帰国して建仁寺、永平寺を建立すると、寺を索麪製造所にした。「索餅」は、時代とともに現代の素麺へと形や作り方が進歩してきた。室町時代初期の「異制庭訓往来」によると、点心に使われた麺類は「素麺、打麵、冷麵、竹葉麵」の4種類を挙げている。室町時代中期に刊行された「尺素往来」では「碁子麵（きしめん）、饂飩、索麵、截麵（きりめん）」を挙げ、索麵は熱蒸、截麵は冷濯（ひやしあらひ）にして食べると書いている。素麺の食べ方は、茹でた索餅、索麪に醤（もろみの状態）、酢、塩、末醤（みそ）で味をつけていた。汁を使うのは、室町時代後半からで、「蔭涼軒日録（いんりょうけんにちろく）」に「点心饅頭、索麵再進二度、先汁後麵。茶菓子」と汁を記録している。醤油が出現した室町時代末期からは、醤油を汁にして現在のような食べ方になった。

日本全国の手延素麺には、(1) 富山県の大門手延素麺、(2) 愛知県の和泉手延素麺、(3) 三重県の大矢知手延素麺、(4) 兵庫県の播州手延素麺、(5) 奈良県の三輪手延素麺、(6) 岡山県の備中手延素麺、(7) 山口県の菊川手延素麺、(8) 香川県の小豆島手延素麺、(9) 徳島県の半田手延素麺、(10) 愛媛県の五色手延素麺、(11) 長崎県の島原手延素麺、(12) 熊本県の南関手延素麺などがあるが、このうち4大素麺産地といわれているのは播州手延素麺、島原手延素麺、三輪手延素麺、小豆島手延素麺である。この中でも播州手延素麺は、室町時代初期に製造が始まったといわれている[1)]。兵庫県南西部の播州平野を流れ瀬戸内海へ注ぐ揖保川は、水質の良さで知られている。古くから流域の人々の生活を支え、産業の発展に大きく寄与してきた。中でも流域一帯の伏流水は、カルシウムの含有量が1リットル当たり30〜70 mgと極めて少ない軟水で、播州龍野地方特産の手延素麺や淡口醤油の生産に欠かせない水である。この軟水が特産品を育てたといっても過言ではないのである。食料品関係では、酒づくりが最も古く、続いて醤油の醸造がはじまり、さらに水力による水車は搾油と製粉業を勃興させ、手延素麺の製造が続いて行われて天下一品の手延素麺「揖保乃糸」を生み出したのである。

カルシウム含有量の少ない揖保川の軟水で小麦粉を練った麺帯は、早く熟成し、腰があって舌ざわりの良い手延素麺ができる。しかも、この軟水は鉄分が少ないため、素麺製造に使った塩分と接触しても、赤く変色する酸化鉄が出現しないので、製造した当時のままの白い手延素麺が消費者の手元に届けられる。

水道が普及する前の時代には、汲み上げられた井戸水を濾過器に通して、鉄分を除去するという手間をかけていた手延素麺産地もあった。その意味からいうと、播州龍野地方はカルシウム、鉄分が少ない水が豊富にある恵まれた産地であった。

揖保川流域には肥沃な農地が多く、小麦栽培が盛んであった。江戸時代に生産された小麦は、100ヵ所前後あった流域の水車によって製粉され、冬場の農閑期に手延素麺を生産していた。わが国の手延素麺の発祥の地とされる大和国三輪地方も山間部には小麦を製造する水車がたくさん架設されている。

手延素麺の原料となった播州小麦は、素麺にソフトな喉ごしと腰のある製品を生む中力粉で、近世には同じ特性を持つ岡山、香川両県産の小麦とともに「三県麦」と呼ばれ、手延素麺業界にとっては、なくてはならない存在である。この小麦粉は「揖保乃糸」を作る原材料の 93 % を占め、手延素麺の品質を左右する重要な主原料である。兵庫県手延素麺協同組合で使用している小麦粉は各種等級に合った規格を設けており、仕入れる前には、手延素麺のつくり方に合っているか試作を行っている。また、兵庫県手延素麺協同組合研究室[2)] では組合の注文した規格どおりか確認するために定期的に分析も行っている。

冬場の龍野地方は、乾燥した天候が続き、手延素麺生産に適している。豊富な農家労働力、気象条件、高品質の小麦生産、水車製粉、素麺製造に必要な塩は赤穂など周辺の瀬戸内海沿岸で生産されて入手しやすく、自然に恵まれていた。生産された製品は揖保川の船運（高瀬舟）を利用して網干港まで送り、ここから帆船で京阪地方の消費地へ輸送するなど、すべての条件が揃っていた。江戸時代には龍野藩が生産を奨励して産地を形成している。

手延素麺は、製造工程で縄状に縒（よ）りを掛けて延ばしていくため、電子顕微鏡で観察すると、円形の澱粉粒を方向性をもったグルテンが包み込むように伸びて食感を増しているのが確認できる。手延素麺が細長く延び糸状になるのは、このグルテンの作用によるものである。このようなグルテン構造は、他の麺に見られない手延独自の特徴である。このことにより、食感としてのど越しがよく、弾力性を感じることができる。また、手延素麺を良い条件下で貯蔵熟成すると、厄現象により独特の風味をつくり出すといわれている。良い条件下で長期貯蔵された手延素麺を薄層クロマトグラフィーで分析するとトリグリセリド（油脂の主成分）が加水分解して、遊離脂肪酸が増加していることが確認されている。ゆで伸びしにくく、滑らかでコシがあり、しかも歯切れがいい食感の秘密である。

手延素麺は、主食（米飯）以上に調理食品として愛用されているのは、調理がしやすく簡単であり、調理された手延素麺は高雅な乳白色を呈し、野趣豊かな美貌を添え食味をそそり、夏は冷麺、冬は煮麺と食卓を楽しませるなど、四季に応じた調理ができるほか、貯蔵にも耐える保存食品という特徴が、贈答用にも恰好の品物と重宝がられているからである。

なお、機械素麺は、小麦粉と塩水をこね合わせ薄く平らに延ばし、それを糸のように細く切ってつくる。製造工程が少なくかかる時間が短いのでたくさんの素麺を作ることができる。

第2節　兵庫県手延素麺協同組合

組合の設立が認可されたのは1887（明治20）年であり、素麺生産者が団結し、統一規格を設けることで発展してきた。今は、そうした生産者である約400名の組合員が伝統の製法でつくる「揖保乃糸」を中小企業等協同組合法に基づく兵庫県手延素麺協同組合という名の事業協同組合を形成して管理している[3]。兵庫県手延素麺協同組合が全工場を管理し、組合の検査指導員が作業工程を調査・指導している。一つのブランド商品を各工場がばらばらに作るため、品質を保つためには細心の注意が必要である。組合の一元管理のもと、各工場が原料・副資材・製法を統一し、一枚岩となることで伝統の味を現在に伝えている。

組合員分布地域は、たつの市、姫路市、宍粟市、揖保郡、佐用郡（3市2郡）であるが、たつの市などに手延素麺製造が定着したのには、素麺作りに合った気候であり、雪や雨が少ないことや冬場の冷え込みと乾燥した空気であることが挙げられる。また、揖保川流域で素麺に適した良質な播州小麦があり、赤穂の塩、勤勉な労働力があったことも挙げられる。小麦粉は「揖保乃糸」を作る原材料の93％を占める主原料である。「揖保乃糸」で使用している赤穂の塩は、ゆでることで麺から溶出し大半は外に出てしまうのである。また、「揖保乃糸」で使用している食用植物油は、綿実油いわゆる綿の実から取れる油である。この油は、ゆでた後にしっかりもみ洗いすることでほとんどなくなる。「揖保乃糸」の素麺を束ねている帯には、作った組合員がわかるように3桁の数字（組合員コード）を刻印して管理している。昔は今のように車や電車がなく、遠くから物を運ぶことが難しかったため、近くで素麺を作る良い材料が手に入ることも大切であった。こうした、いろいろな条件に恵まれたことにより、この地域で素麺作りが盛んに行われるようになったのである。

生産作業は早朝から原材料をこねることから始まり、圧延、板切り、油返し、細目、掛巻、乾燥、製造結束など11工程を翌日まで2日がかりで行っている。これらの作業工程は、たつの市にある「揖保乃糸資料館 そうめんの里」でもパネルなどで紹介している。このようにして作られた手延素麺は、全量を組合が集荷し、素麺専用の熟成保管倉庫で出荷まで寝かせて熟成させ、特約販売店を通じて全国各地へ出荷している。

第3節　「揖保乃糸」の全社的品質管理

全社的品質管理（TQC：Total Quality Control）により各工程で品質のつくり込みを行っている。すなわち、(1) 品質のつくり込み、(2) 全員参加、(3) 継続的改善、(4) 全国的な推進センターの存在である。

TQCにおける「顧客」とは、商品を使用する最終の顧客だけを意味するものではないのである。商品を設計・生産・使用する各工程において、次の工程のことでもある。各工程間の顧客連鎖を通してすべての工程が最終顧客へつながっていくのである。すなわち、次工程へは、常に良品のみを供給するというものである。設計・工程での (1) 品質のつくり込みにより、良品質と低コストを同時に達成する。(2) 全員参加とは、企業の開発・設計から調達・生産を経て販売に至るまでの全過程、ラインとスタッフを含む全職能、経営者・中間管理者・監督者および作業者を含む全階層の参加を特徴とする全社的品質管理（CWQC：Company Wide Quality Control）である。(3) 継続的改善とは、各工程において製品プロセスおよび管理方法を不断に改善することである。現場での小さな改善の積み重ねは革新（Innovation）にもつながり、発明などによる非連続的革新と並ぶ連続的・斬新的革新となるものである。

TQCにおける各工程での品質のつくり込みと作業内全数検査による工程内での不良率低減にPDCA（Plan-Do-Check-Act）サイクルを適用することで改善活動が促進されている。例えば、「揖保乃糸」を代表する「上級（赤帯）」の検査時においては、(a) 製麺不良、(b) 色沢（白度）不良、(c) 麺質不良、(d) 格落ち防止対策などを行っている。(a) 製麺不良は、麺の太さにバラツキが見られる。掛巻工程（掛巻作業）で、管に掛けた麺紐の太さのバラツキにより、仕上げ時に麺の太さにバラツキがでる場合がある。(b) 色沢（白度）不良は、麺の色にムラが見られる。門干し工程（主に乾燥作業時）で、急な作業場の環境変化（温度・湿度の上下）により、麺の色にムラ（麺の白度）、麺水分が過多になる場合がある。(c) 麺質不良は、仕上げた製品に管付近の端麺（はしめん）の混ざり込みが見られる。切断工程で、門干し工程を終えた素麺の商品規格サイズに切断した際に端麺が混ざり込み、計量・結束される場合がある。(d) 格落ち防止対策は、品質管理部検査課が各工程における留意点について、科学的分析データおよび経験則をもとに、製造事業所（生産組合員）を巡回し、製品の格付け検査を行い生産指導する。指導結果については次回の製品検査時に確認を行っている。

(4) 全国的な推進センターの存在としては、日本科学技術連盟や日本規格協会などが挙げられる。「揖保乃糸」においては、兵庫県手延素麺協同組合がこの役割を担っている。組合施設と生産エリアの中ではメンテック林田と林田加工場が国際規格食品安全管理システム FSSC 22000 を認証取得している（図 11-1）[4)]。FSSC 22000 では、ISO 22000 の 7.2 項を補強する形で PRP（前提条件プログラム）部分を詳細に示し、食品安全への取り組みをさらに推進する仕組みとなっている。認証取得の効果に (a) 食品の安全な提供に関するリスクの低減、(b) 業務効率の改善や組織体制の強化、(c) 仕事の見える化による業務継承の円滑化、(d) 継続的な改善による企業価値の向上、(e) 法令順守（コンプライアンス）の推進、(f) 海外企業を含む取引要件の達成、などある。

手延素麺「揖保乃糸」に使用されている小麦粉は、一部の商品を除き、基本的にオーストラリアン・スタンダード・ホワイト（A.S.W）を中心に、アメリカ産小麦、カナダ産小麦、国内産小麦（北海道、関西～九州産）から、組合が設定している品質基準（水分、灰分、グルテン、粗タンパクについて基準値が設定されている）に合った銘柄の小麦がブレンドされている。製粉会社で小麦を「揖保乃糸」専用の粉にする。A.S.W は、さまざまな日本麺に使用され、「明るい色調」および「滑らかさ、ソフト感、粘弾性」に寄与している。国内産小麦は、手延素麺用小麦粉にブレンドして用いることが多く、「風味の向上」に寄与している。各生

図 11-1　食品安全マネジメントシステム

出典：FSSC 22000。

産地で国内産小麦 100 %の手延素麺の開発も見られる。

下記の手延素麺「揖保乃糸」の製造工程（1 ～ 11）は、定められた品質管理規程における手延素麺の「製麺工程管理標準」、製品格付け後の製品を保管する「貯蔵熟成工程管理標準」などによって厳しく管理されている。そのうえで、袋詰工場（6 束包装品）されて手延素麺「揖保乃糸」が完成する。

第 4 節　「揖保乃糸」の製造工程

(1)　捏ね前工程

・捏ね前作業

小麦粉は、食塩や食用植物油と一緒に配達される。小麦粉・食塩水を捏ね合わせ、素麺の生地をつくる。ここでは、製造日報の記録（原料ロット・使用量などの記録）、作業環境（室温・湿度）などを厳格に監視する。

(2)　板切工程

・板切作業 1

素麺生地を帯状に切った麺帯を桶に巻き込んでいく工程を板切という。加圧した麺生地を幅約 10 cm、厚さ約 5 cm の麺帯にし、採桶（さいとう）と呼ばれる桶に巻き込んでいくのである。

・板切作業 2

桶に巻き込んだ麺（麺帯）を数本合わせてロールに通し 1 本にする。その 1 本になったものを、さらに数本合わせて 1 本にすることを繰り返していくのである。この作業を何度も繰り返すのがポイントである。

(3)　小より工程

・油返し作業

麺帯をロールに通して、縒りをかけながらさらに細かい麺紐にしていくのである。

・熟成 1 回目

油返し作業の後、麺紐をねかせて熟成させる。

・細目作業

約 2 時間ねかせた麺紐に縒りをかけながらロールで直径約 12 mm の細さにす

る。

・熟成 2 回目

2 回目の熟成に入る。

・小均作業

約 1 時間ねかせた麺紐を、さらに直径約 6.3 mm まで細長くしていくのである。ロールに通す際に縒りをかけることで麺に弾力をつける。

・熟成 3 回目

3 回目の熟成に入る。

以上のように麺を違うロールに 3 回通してさらに細くしていくのである。そのときに麺どうしがくっつきにくいように麺の表面に食用植物油を塗るのである。縄のようにねじりながら 12 mm、6.3 mm へと細かくしていくのである。それぞれの作業の間に麺をねかせているのもポイントである。

(4) 掛巻工程

・掛巻作業

小より後、約 4 時間ねかせた麺紐を掛巻機という機械を使って麺紐に縒りをかけながら 2 本の管に 8 の字を描くように掛けていき、麺紐に縒りをかけ室箱（おも）に入れていくのである。ここでは、掛巻作業の作業時間、管 1 セットの重量確認および記録確認を徹底する。

・熟成 4 回目

掛巻作業において室箱と呼ばれる箱に入れて 4 回目の熟成に入る。

(5) 小引き工程

・試し引き作業

約 3 時間の熟成後、室箱から取り出した麺紐を熟成の進み具合や翌日の天候を考えながら、約 50 cm に引きのばすのである。その際の感触と翌日の気候を考慮し、次の小引き作業で麺紐を延ばす長さを判断する。そのため経験が必要な作業工程になっている。

・小引き作業

長年の経験をもとに試し引き作業を行った後、道具を調整し、効率的にのばしていくのである（写真 11-1）。

写真 11-1　素麺の製造工程（小引き工程）

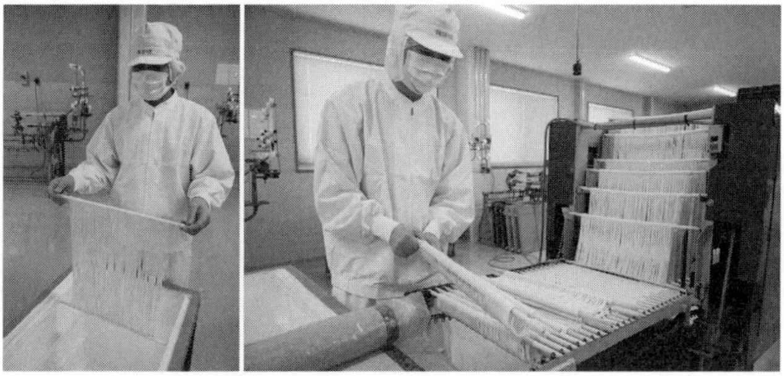

出典：兵庫県手延素麺協同組合。

・熟成 5 回目

小引き作業を終えた麺紐は、再び室箱に収められ翌朝まで約 15 時間ゆっくり熟成させる。ここでは、小引き作業の作業時間の記録を行い管理する。

(6) 小分け工程

・小分け作業

室箱から出された麺紐は、約 1.3 m に延ばされる。ここでは、小分け作業の作業時間の記録を行い管理する。

(7) 門干し工程

機「はた」と呼ばれる道具で、さらに麺紐をのばしながら乾燥する。小分け作業で 1.3 m までのばした麺紐を、さらに 1.6 m、1.9 m と徐々に引き延ばしていくのである。消費者庁品質表示基準では、乾麺類品質表示基準に長径 1.7 mm 未満のものを「手延ひやむぎ」または「手延素麺」と定義しているが、その差は最大で約 20 %ともいわれている。経験をもとに、風の流れなど天候を見ながら機「はた」の向きを変えて、均一に乾燥させていくのである。門干し作業の間は常に麺紐の状態に気を配り、分け箸と呼ばれる長い棒で、麺紐がくっつかないように分けていくのである。各作業ごとに、(1) つけまえ作業、(2) あしづけ作業、(3) はたうわぬきあげ作業、(4) 手さばき作業、(5) はた守り作業、(6) 乾燥作業といった独特の呼び名がある。

(1) つけまえ作業では、小分けされた管（麺）は、8〜9 本ずつ“はた”の上の部分につけていくのである。(2) あしづけ作業では、“はた”につけられた麺を下の部分につけ1.6 mに延ばすのである。(3) はたうわぬきあげ作業では、“はた”を伸ばすハンドルを回し、さらに1.6 mから2 mへと徐々に延ばすのである。(4) 手さばき作業では、“はた”につけられた麺にハシを入れ、均等にさばいていくのである。(5) はた守り作業では、手さばき作業の後、“はた”は乾燥室の温湿度や風の流れを見ながら向きを変え乾燥していくのである。(6) 乾燥作業では、“はた”全体を均一に乾燥させるのである（仕上げ乾燥）。ここでは、門干し工程の作業時間の記録と、はた守り、乾燥作業の確認を行うこと、乾燥作業時における麺水分の監視を徹底する。

(8) 切断工程

・切断作業

麺水分を12 %程度に乾燥させた素麺を19 cmの長さに切断する。機械で調節できない細かな誤差はすべて職人の手で正確に合わせる。ここでは、作業環境（室温・湿度）の確認、作業時間や作業時における麺水分を確認する。

(9) 計量・結束・箱詰め工程

・計量、結束、箱詰め作業

切断した素麺は、50 gずつ計量、結束し、金属検出機を通し、目視による品質チェックを行いながら箱詰めする。ここでは、(1) 結束機刻印を目視で確認および刻印サンプル取りをする。(2) 目視により、異物、汚れ、折れ麺など品質確認をする。(3) 計量機重量を確認する。(4) 金属検出機動作確認および確認リスト記録確認を実行する。(5) 箱詰め作業における総重量を確認する。(6) 製造ロット・賞味期限などの表示を確認する。(7) 製造ロットごとの素麺サンプル採取、保管状況を確認する。

(10) 製品検査工程

・製品検査

検査指導員により素麺の太さや水分などの格付け検査が行われる。ここでは、(1) 組合基準による品質（麺水分・麺線・麺質・色拓（白度）・香気）検査をする。(2) 箱詰めの仕上げ状態、包装状態、表示などを確認する。(3) 製造日報の記録をする。(4) 製造工場の衛生面を確認する。この検査に合格した素麺だけが「揖保乃糸」として専用倉庫に入庫される。

(11) 貯蔵熟成工程

検査指導員による格付け検査の後に組合の素麺専用熟成保管倉庫に出荷される。入庫作業およびその後の工程は以下のとおりである。

・倉庫熟成工程

・入庫作業

格付け検査を終え合格した素麺「揖保乃糸」は、配送部門により組合の素麺専用熟成保管倉庫に入庫し、熟成される。ここでは、倉庫内温湿度および防虫・防鼠管理を徹底する。

・倉庫検査作業

組合専用熟成保管倉庫に保管管理されている製品について、一定期間保管した後、品質管理部検査課による合同製品再検査（倉庫検査）を行い、各検査指導員の格付け検査品の等級再確認作業をする。加えて、格付け検査品の等級再確認を実施する。

・袋詰工場

1894（明治 27）年に「揖保乃糸」の名前が誕生している。1906（明治 39）年に「揖保乃糸」を兵庫県手延素麺協同組合だけが使える名前として登録している。その「揖保乃糸」のトレードマークは『宝播』（たからばん）といわれている。赤い帯の上級は、「揖保乃糸」の中でも最も歴史のある素麺である。作っている素麺全体の約 80 % を占めている。上級 300 g（6 束）入は、1964（昭和 39）年に販売を始めてから 50 年以上続く「揖保乃糸」を代表する商品である。倉庫熟成した素麺は、袋詰工場に運ばれ、6 束ずつ小分け包装される。すなわち、運びこまれた素麺を箱から取り出し、異常がないか目でチェックしながらラインへ並べていくのである。そして、素麺は 6 束ずつ包装していくのである。その際、重さと金属のチェックも実施する。袋詰めは包装された商品の数量を確認しながら行うのである。箱に詰められた素麺は、再度、専用倉庫に入庫され出荷を待つことになるのである。

「揖保乃糸」は、10 月～翌年 4 月の期間につくられている。小麦粉の種類や麺の細さに応じてつくられる時期が決められている。三神（黒帯に金文字）や特級（黒帯）のように細い素麺は、つくり方も難しく、限られた組合員しかつくることができないのである。

「揖保乃糸」を代表する主な等級に、「上級（赤帯）」、「特級（黒帯）」がある。上級（赤帯）は、10月～翌年4月にかけて製造される。麺の仕上げは長さ19 cm、太さ0.7～0.9 mm、1把（50 g）当たりの本数を約400本とし、全生産量の約80 %を占め、最も流通している製品である。

特級（黒帯）は、12月中旬～翌年2月にかけ製造される。麺の仕上げは長さ19 cm、太さ0.65～0.70 mm、1把（50 g）当たりの本数約480本とし、上質の原料小麦粉を使用してつくられる。この製造は組合が選抜指定した熟練製造者に限定されている。贈答用として御愛顧いただいている名品である。

三神（黒帯に金文字）は12月下旬～翌年2月にかけて製造される。麺の仕上げは、長さ19 cm、太さ0.55～0.6 mm、1把（50 g）当たりの本数約550本とし、上質の原料小麦粉を使用し、組合が選抜指定した数件の熟練した製造業者にしかつくれないものである。そのため製造量は「揖保乃糸」全体の極僅かであり最高級品である。

縒つむぎ（紫帯）と播州小麦（緑帯）は原料小麦が国内産小麦100 %である。

縒つむぎ（紫帯）は、12月～翌年3月にかけ製造される。麺の仕上げは、長さ19 cm、太さ0.7～0.8 mm、1把（50 g）当たりの本数約400本とし、北海道産小麦のみを使用した製品である。

播州小麦（緑帯）は、11月～翌年3月にかけて製造される。麺の仕上げは、長さ19 cm、太さ0.9～1.1 mm、1把（50 g）当たりの本数約300本とし、兵庫県播州地方で収穫された小麦を使用した製品である。

第5節　「揖保乃糸」のマーケティング・流通戦略

1.「揖保乃糸」の販売促進

「揖保乃糸」は地元兵庫県から関東を中心に、北海道から沖縄まで全国で販売されている。1年間につくる「揖保乃糸」の素麺を1本1本つなげると地球700周以上の長さになる。手延素麺以外に手延冷麦、手延うどん、手延中華麺、手延パスタ等もつくっている。特に沖縄県では、そうめんチャンプルという家庭料理で親しまれている。素麺一束（50 g）に対して水500 mlを大きな鍋で沸騰させてお湯の中に麺を入れる。軽く箸でほぐしながら再び沸騰したら、ふきこぼれないように火加減を調節する。ゆで上がればザルに移し、流水でよくもみ洗いし、しっかりと水切りをする。

全国の主要百貨店・量販店でメニュー提案型の無料試食イベントを行っている。ミス揖保乃糸が直接出向いて盛り上げている。テレビ CM には、女優の八木莉可子氏を起用している。併せてギフトカードや調理グッズ等が当たる消費者キャンペーンも実施している。近年は WEB や SNS での情報発信にも注力している。

兵庫県手延素麺協同組合では、かねてからメニュー提案を重視してきた。揖保乃糸資料館「そうめんの里」レストラン「庵」では揖保乃糸を使用したスタンダードなメニューからさまざまなアレンジメニューを提供している。井上理事長は、「そうめんを食べ飽きしない提案が大切である。これからも安全でおいしく、売り場になくてはならない商品を目指さなければならない」としている。

兵庫県手延素麺協同組合におけるギフトに関しては、地元業者が大半を取り扱っている。「菅哉物産」は、ギフト・単品をそれぞれ広く扱っており、その構成比はギフトの比率が高く全体の 75 %がギフト、残りが単品販売でスポットがメインである。ギフトの内訳は「上級品（赤帯）」、「特級品（黒帯）」がそれぞれ 45 %ほど、そのほか「三神」、「縒りつむぎ」などを販売している。先述のように、揖保乃糸の組合員でもあり、生産者の中でも一部しか認められていない「特級品（黒帯）」などを手掛けている。販売先は大手百貨店から地域の有力スーパーまで幅広い。大手百貨店に強みを持っている「喜多村」は、揖保乃糸の産地問屋の老舗企業である。贈答用市場が伸びた時期にいち早く現在の形式を導入し、全国の百貨店と取引を広げたことからギフトの喜多村として名を馳せる。売上の 9 割がギフト商材である。麺種別では、「特級品（黒帯）」の新物と古物で 63 %、国産小麦使用の「縒りつむぎ」24 %、「三神」、「上選」、「熟成麺」など特殊麺が残りを占める。贈答用の管理が行き届いた倉庫で 1 年間寝かせて熟成させた古(ひね)には、酸素吸収剤のエージレスを使用することで、真空状態を保ち、麺の劣化を防いでいる。コストが掛かり、揖保乃糸特約店の中で採用している企業は僅かだが他社との差別化に繋げている。量販店向けのウェートが大きい「やぎ」は、「揖保乃糸」の大手問屋の一つである。販売先は大手量販店や百貨店をはじめ全国に広がっている。販売構成比はギフトが全体の 7〜8 割を構成している。「特級品（黒帯)」がメインだが「上級品（赤帯)」の比率が年々上がっている。「横尾商店」は、麺類売上高約6億円のうち、7〜8割を「揖保乃糸」が占める。かねてから冷凍麺を製造しており、ここ近年は揖保乃糸冷麺小分けそうめんギフトを開発し、市場に投入している。

2．新たな価値の創出による需要開拓

夏の食材の代名詞ともいえるのが素麺である。つゆにつけて食べる冷やし素麺は、食欲が減退する暑い時期でも食べられるメニューである。しかし、夏のイメージが強いだけに販売が夏季に集中する。この固定概念を打破し、素麺を年間商材に育てようと兵庫県手延素麺協同組合では素麺を使った新しいメニュー提案を強化している。

その一つが、和風つゆ以外の食品とのコラボレーションである。カゴメとの共同取組みでは、トマトの缶詰を使った素麺メニューから始まり、素麺に練り込む野菜ペーストの原料供給に至っている。また、味の素の中華だし「丸鶏がらスープ」との共同取組みでは、素麺はシンプルな素材ゆえに、調理や味付けが工夫でき、主菜から副菜までアレンジも広く活用できる。

「揖保乃糸」手延素麺と味の素「丸鶏がらスープ」のコラボレーションで訴求するメニューは、顆粒の鶏がらスープを使った冷やし素麺である。つくり方は簡単で、味の素の「丸鶏がらスープ」大さじ1を、水400 mlで溶かすだけで素麺つゆが出来上がる。「丸鶏がらスープ」は1993（平成5）年から販売しているロングセラー商品である。汎用性が高く、スープに限らず、炒め物や鍋、和え物などさまざまな料理への応用が利くものである。鶏肉と鶏がらをじっくり煮だし、あっさりしているのにコクがある深い味わいが特徴であり、手延素麺にも良く合っている。

「揖保乃糸」手延素麺とカゴメのコラボレーションは2006（平成18）年からカゴメの「基本のトマトソース」と市販の麺つゆ（ストレート）と1対1で割った「トマト素麺」を両者が小売店の試食で提案したのが始まりである。2010（平成22）年にはカゴメがこのレシピを商品化した「トマトつゆ」を発売している。それまで麺とつゆのみ、白黒だけの世界であった素麺のプロモーションスペースに、トマトの赤が差し色となり店頭に華やぎをもたらした。また洋食や中華のイメー

ジが強いトマトを和風に取り入れた意外性も消費者の目を誘った。カゴメではさらに具材入り素麺つゆの「サラダ麺シリーズ」を3点発売している。(1) トマトつゆにトマトのダイスカット、ズッキーニ、パプリカを加えた「サラダ涼麺つゆ」である。(2) 魚介ベースのトマトソースにトマトダイスを入れた「イタリアンつゆ」である。(3) トマトの旨味の色素を抽出したクリアトマトスープを使用した赤くないトマトつゆで、冷やし中華をイメージしてドライトマト、きのこ、にんじんの具材入りにした「中華風冷やし麺つゆ」である。

その他にも多岐にわたる大手食品メーカーとのコラボレーションを展開している。また2020（令和2）年からは異業種である玩具メーカーとのコラボレーションや揖保乃糸公認のそうめん流し機等も取り扱っており話題性の高い取り組みを展開している。

3．「揖保乃糸」の戦略的海外展開

海外市場への進出は、揖保乃糸ニューレシピグランプリ・インターナショナル2005（平成17）年から始まった。2005（平成17）年3月から9月にかけて国内外の調理師を対象に開催し、海外88点、国内197点、合計285点もの応募があった。このイベントは業界でも話題となり、海外の業務用市場の開拓という目的にも一定の成果を得ることができた。

翌2006（平成18）年には海外市場進出先としてハワイを選定した。年中常夏であり素麺需要を通年で望めること、素麺の調理に適した質のよい水があること、日本人や日系人比率が高いことなどが理由である。進出先の決定後には、現地の市場調査を実施し、スーパーマーケットとの販促活動の交渉を成立させた。ハワイでは、日本のような商品をメーカーから卸業者を経て小売業者に流通させるといった縛りがなく、メーカーが直接小売業者と交渉することが可能であり、店頭で試食や調理法の説明を行った。試食の素麺はゆで時間を管理し、一番美味しい状態で消費者が食すことができるようにした。また、素麺の食べ方や調理方法を明示したチラシやレシピを配布するなど美味しい食べ方を消費者に伝えた。こうしたイベントは約1年間の間に計6回実施したほか、地元の日系ラジオへの出演、地元フリーペーパーへの広告掲載などを行った。さらに、輸入業者の営業マンに対する商品説明会などの活動も地道に行った。兵庫県手延協同組合は、イベントの企画や実施はすべて主導し、在庫管理や陳列方法についても指導するなど協働して販売した。販促戦略では取引しているスーパーマーケットの競合関係を作りだし、この競合関係が市場を活性化させ他社からの引き合いにもつながっている。

なお「揖保乃糸」を輸出しているアメリカ、香港、タイ、シンガポール、マレーシア、ベトナム、イタリア、フランス、中国、ドバイなどにおいても展示会や試食イベントを開催している。「揖保乃糸」はミシュラン・ガイドやゴー・ミヨーなどに認められた一流レストランのシェフ・ソムリエが味の評価を行う国際味覚審査機構ITIにおいて三つ星Superior Taste Award（極めて優秀）を受賞した[5)]。加えて、商品の品質向上を目的に著名な専門家が集まり、それぞれの専門分野に応じて審査する世界的に権威のあるモンドセレクション2023（令和5）年において2年連続金賞を受賞した[6)]。2021（令和3）年には播州の機械麺業者9社と兵庫県手延素麺協同組合が参画する播州乾麺輸出拡大協議会が発足している。日本有数の乾麺産地である播州乾麺の魅力を国内外の展示会でPRするなど輸出拡大に精力的に取り組んでいる。

厚生労働省認定の国家資格である技能検定単一等級「製麺 手延干し麺製造」において製造技術および専門的知識が認定された熟練と経験を要する手延素麺製造者を「手延製麺技能士」と呼んでいる。兵庫県手延素麺協同組合では「手延製麺技能士」取得に積極的に取り組み、より品質の良い素麺づくりおよび後継者育成に努めている。播州産地においても生産者が減少する傾向にあるが、これを補う全社的品質管理やマーケティング・流通戦略などが進展しており、「揖保乃糸」の競争優位は維持されると考えられる。

謝辞

揖保乃糸資料館そうめんの里 支配人 横田浩一氏、また兵庫県手延素麺協同組合 品質管理部研究室 原 信岳氏、営業部企画課 天川 亮氏など多くの関係者から貴重な情報をいただいた。この紙面をかりて心からの感謝を申し上げる。

●注

1）播磨で最も古い素麺の文献は、奈良・法隆寺の末寺である。揖保郡太子町鵤、斑鳩寺に残る兵庫県重要文化財「鵤庄引付（いかるがのしょうひきつけ）」である。

2）製品の科学分析・科学的検証により品質の均一性、向上を目指し、各種分析機器の活用により手延麺の特性・品質の検証、さらに原材料の分析・研究も可能にしている。

3）揖保乃糸の商品価値を高めていけるように「豊かな心の創造と伝承」をスローガンとし、組合理念に（1）協同の団結、（2）揖保乃糸の名声、（3）職技の継承、（4）顧客の満足、（5）環境の保護、（6）理念の実践、を掲げている。

4）FSSC 22000は、ISO 22000を追加要求事項で補強した食品安全マネジメントシステムに関する国際規格である。GFSI（Global Food Safety Initiative）によって、ベンチマーク規格の一つとして承認されている。

5）優秀味覚賞では審査した製品に対してのコメントや提案を盛り込んだ審査結果報告書を受け取ることができる。審査員である世界一流のシェフやソムリエからダイレクトに製品に対してのアドバイスを受け取ることができる。

6）「世界食品オリンピック」とも呼ばれる。官能かつ科学的分析を通じて、各製品の真の総合評価を行う。製品のカテゴリーごとに、具体的かつ関連性の高い基準のリストを用いて、製品の品質を判断する。ISO規範などの国際規格、法的規定、業界ガイドラインに従った本質的な品質を考慮した評価を実施する。

【参考文献】

Porter, M. E.（1996）"What Is Strategy?," *Harvard Business Review*, November-December, pp. 61-78.

池側義嗣（2018）「三輪そうめんのブランド向上に全力投球：―地理的表示「GI」認証を取得―行政と連携しイベントにも積極参加」，『総合食品』，第41巻第12号，25-27頁。

石川和男（2016）「地域における特産品を取り巻く課題：「揖保乃糸」と「三輪素麺」を事例として」，『専修大学社会科学研究所月報』，（637・638），111-123頁。

井上猛編（2017）『兵庫県手延素麺協同組合百三十年史』，たつの：兵庫県手延素麺協同組合。

河合四郎監修（2002）『目で見る　龍野・揖保・宍粟の100年』，郷土出版社。

柴田弘捷（2016）「たつの市の伝統的地場産業―淡口醤油、手延素麺、革産業―」，『専修大学社会科学研究所月報』，（637・638），100-110頁。

鶴田享宏（1994）「高度経済成長期以降における播州手延素麺業地域の変容」，『愛知教育大学地理学会』，第78号，16-33頁。

日刊経済通信社（2012）「乾めん・手延べそうめんが最需要期へ：めんつゆ拡充・内食・節電を追い風に」，『酒類食品統計月報』，第54巻第3号，17-31頁。

日本規格協会編（2021）『JISハンドブック2021　品質管理』，日本規格協会。

兵庫県手延素麺協同組合（2007）『兵庫県手延素麺協同組合百二十年史』，たつの：兵庫県手延素麺協同組合。

廣瀬久和（2005）「団体論・法人論の現代的課題―団体・法人とマーケット（上）―兵庫県手延素麺協同組合「揖保乃糸」考」，『New Business Law 商事法務』，通号806号，20-25頁。

本岡昭良（2001）「三輪素麺工業の伝統性と素麺の地域性・文化性および市場性」，『龍谷大学経営学論集』，第40巻（3・4）号，104-122頁。

森貫太郎編（1977）『"揖保乃糸" 90年史：播州手延そうめん』，たつの：兵庫県手延素麺協同組合。

日本規格協会グループホームページ
　http://www.jsa.or.jp/（2023 年 10 月 20 日アクセス）
兵庫県手延素麺協同組合ホームページ
　https://www.ibonoito.or.jp/index.html（2023 年 10 月 20 日アクセス）

第 12 章

岐阜県大垣市における和菓子製造の伝統と革新

朝日大学　村橋　剛史

第 1 節　日本の和菓子業界の動向

日本のお菓子は歴史的な背景によって和菓子と洋菓子に分かれ、また保存性によって生菓子、半生菓子、干菓子に分かれる。保存性は主に水分含有量で決まり、水分が 40 %以上（クリームなどが入っている場合は水分が 30 %以上）のものが生菓子といわれる。全日本菓子協会の統計資料では、売上の多い順にチョコレート 17 %、スナック菓子 14 %、和生菓子 14 %、洋生菓子 12 %となっている。

和生菓子の生産数量は 2012 年以降横ばいだったが、新型コロナウイルスで 2020 年、2021 年に減少し、2022 年は回復したが、コロナ禍前の水準には戻っていない。一方、売上は 2012 年以降価格の上昇で少しずつ増加したが、新型コロナウイルスの影響で 2020 年、2021 年と減少し、2022 年は値上げの影響もありコロナ禍以前の水準まで回復している。洋生菓子も同じような傾向となっている（図 12-1）。

和生菓子の消費動向について年間支出額（2 人以上の世帯）をみると 2007 年から 2017 年は漸減し、そこからはいったん横ばいとなったものの、2020 年、2021 年は再び減少し、2022 年はコロナ禍前に近い金額と回復している（図 12-2）。中でもまんじゅうの支出額は、2007 年の 1,729 円から 2017 年は 1,183 円、2022 年は 873 円となっていて減少が目立つ。一方、洋生菓子の支出額は増加傾向にあり、

図 12-1　和生菓子、洋生菓子、菓子全体の売上と数量

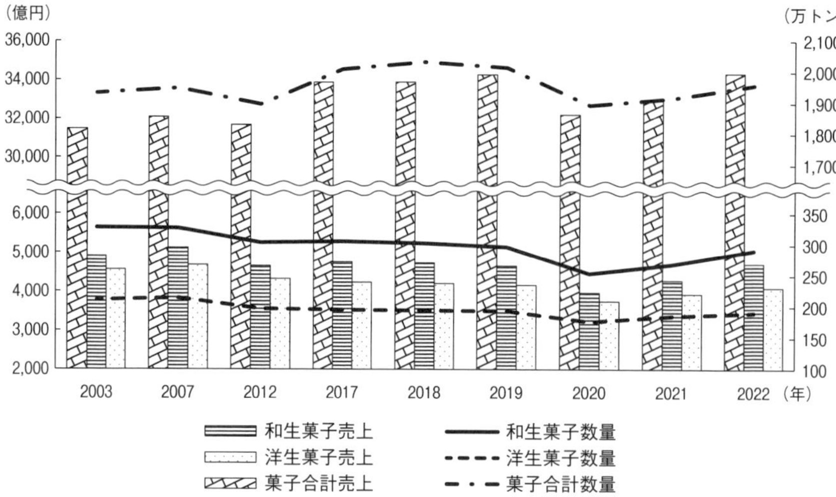

出典：全日本菓子協会のホームページ　菓子関係データによる。

図 12-2　和生菓子、洋生菓子の年間支出額（2 人以上の世帯）

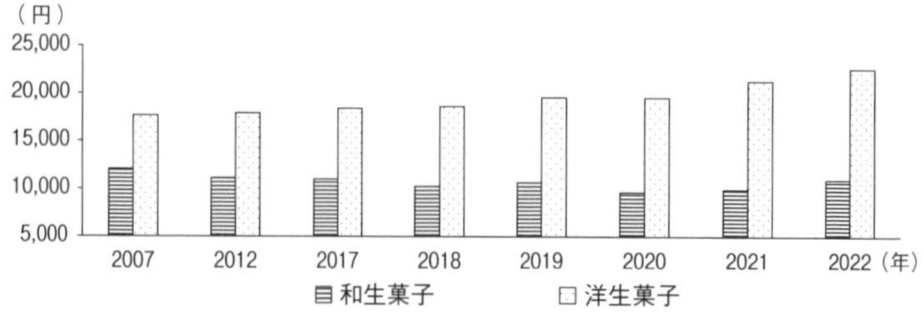

出典：全日本菓子協会のホームページ　菓子関係データによる。

コロナ禍でいったんは減少したが、2021 年、2022 年と過去最高になっている。売上の動向と異なっているのは、洋菓子は自家消費の割合が多いこと、和菓子と異なり統計に入らない新しい業者の参入があることが原因と考えられる。

また、年代別の菓子支出額（2018 年）をみると、39 歳以下で和生菓子が 5,537 円なのに対し、70 歳以上では 1 万 2,982 円となっている。一方、洋生菓子の支出額は 39 歳以下が最も多く、60 歳以上は少ない。このように和菓子の消費は、若年層が少なく、大きく高齢者に偏っている[1)]。和菓子業者はネオ和菓子など洋菓子に近い商品も開発しているが、若年層の需要拡大は必ずしも成功していない。

また、スイーツの販売に力を入れるコンビニエンスストアとの競争も厳しくなっている。

和菓子業者は全国に約3万社あるといわれ、うち95％が小規模事業者である。洋菓子に比べ贈答用の購入が多く土産物など底堅い需要はあるが、生活習慣の変化によって年中行事などでの購入が減少している。また、後継者難などによる小規模事業者の廃業も増加している。ただし、和菓子は主に植物が原料で低脂質という特色があり、食の健康志向の高まりは和菓子に追い風である。和菓子は季節の素材を使い季節感豊かなものが多く、店の個性が反映された特色ある商品も多い。また、和菓子は日本文化を感じられる商品として、外国人に人気がある。

そういったなかで、数年前から和菓子業界では、ネオ和菓子（進化系和菓子ともいう）の創作が盛んになっている。これは和菓子の伝統を大切にしながら、クリームやチョコレートなど洋菓子の素材を取り入れたり、今までとは異なる新しい製法を用いたりして作られているものである。ネオ和菓子は見た目に色鮮やかなものが多く、SNSで見栄えする特徴がある。代替わりした老舗の若い店主が創作し、和菓子に慣れ親しんだ人も変化を楽しめる商品として人気を集めている。

第2節　岐阜県の和菓子業界、大垣の和菓子業界

1．岐阜県の和菓子の状況

岐阜県は和菓子の消費が多い。都道府県別の和菓子の消費量を比較すると、岐阜県は福島県、山形県に次いで3番目に多く、年間の消費額は1万1,357円となっている（全国平均は8,340円）[2)]。また、都道府県庁所在地および政令指定都市別の支出額では岐阜市が金沢市に次いで2番目に多くなっている[3)]。

岐阜県で和菓子の消費が多いのは、各地に特色のある銘菓を販売する和菓子店が地元の人に愛されているためだと思われる。例えば、中津川市や恵那市は栗を使った和菓子の産地として全国的に知名度が高く、多くの和菓子店で販売している。特に栗きんとんが名物で、すや、恵那川上屋といった有名店のほかにも松月堂[4)]、くり屋南陽軒など多くの和菓子店がある。岐阜市では鮎菓子が有名で、玉井屋本舗や緑水庵が代表的であるが、他にも多くの和菓子店で販売されている。

大垣市では水まんじゅうが有名で、夏の風物詩となっている。大垣市は水の都ともいわれ、地下から湧き出る上質な自噴水が今でも豊富であり、この自噴水を利用して和菓子の製造が盛んになった。また、西美濃は柿やよもぎ、茶など地元特産物の農産物があることも和菓子作りに適していた。ほかにも岐阜県にはからすみ、みたらし団子、五平餅、わらび餅など多くの名物の和菓子がある。

2．大垣菓子業同盟会

江戸時代に大垣藩が茶道を推奨していたため、大垣市は古くから和菓子処として栄えてきた。明治時代に一般庶民にも和菓子が広がり菓子業界は発展したが、1885（明治18）年の菓子税によって大きな打撃を受けた。菓子税反対運動で結びついた菓子業者によって、日本で最も古い菓子組合である大垣菓子業同盟会が1885年に設立された。菓子税は1896（明治29）年に廃止されるが、大垣菓子業同盟会は結びつきが強く、和菓子業者だけでなく他の菓子製造業者や菓子問屋などの取引先も加盟し、現在も続いている。現在はピーク時の半分以下の60社ほどとなっており、事業承継が大きな課題となっている。また、大手食品業者が水まんじゅうを商標登録出願するという1994年の事件では、大垣の和菓子業者が協力して異議申し立てを行い、出願は却下された。

同盟会では「同業相和」の精神を大切にしており、美味しく安心・安全な食品を提供すべく、活動している。毎年7月に同盟会青年部主催で大垣菓子博を開催し、2023年は大垣市内の業者21店が参加した。水まんじゅう食べ比べセットは大垣菓子博でのみ販売されており、毎年人気である。そのほかに地元催事の協力や会員の連携による新商品開発や勉強会による技術の伝承なども行っている。

このように交流する機会が多いため、和菓子店の経営者同士のつながりが深く、それが事業運営にも役立っている。柏屋つちやの独立にあたっては、同盟会に加盟している他の和菓子業者や関連業者が協力している。

第3節　金蝶園（きんちょうえん）総本家（株式会社金蝶園総本家）

1．沿革と営業体制

創業は1798（寛政10）年と200年以上の歴史をもつ老舗の和菓子業者である。当初は枡屋であり、2代目喜多野弥三郎が1855（安政2）年に現在の金蝶園饅頭を製造するようになってから本格的に菓子販売に取り組むようになった。明治時代に大垣駅前に移転し、1951（昭和26）年に本店を再建し、現在に至っている。現在は大垣駅前本店のほか、大垣東店、赤坂店、イオンタウン本巣店の4店舗で運営している。

現在の北野英樹社長は8代目で当社に入社して25年となり、「菓心悠遊」を大切にしている。これは、おいしいお菓子を作るためには、安心・安全で旬の厳選された原材料を使い、伝統の技術を生かして真心をこめてつくることが必要であるという考えに基づくものである。北野社長は2023年7月には全国和菓子協会の「選・和菓子職　伝統和菓子職部門」に岐阜県で初めて選ばれた。

なお、大垣市郭町にある同名の金蝶園総本家（株式会社金蝶園）は商品構成も金蝶園饅頭、水まんじゅうなどかなり似ているが別会社で、駅前の金蝶園総本家の親戚（野原家）が運営している。また、よく似た名前の金蝶堂も和菓子の製造販売を行っており、金蝶堂総本店は数年前に倒産したが、駅通り金蝶堂は別会社で現在も営業している。ここも商品構成は金蝶饅頭や水まんじゅうなどである。ここでは株式会社金蝶園総本家についてのみ説明する。

2．金蝶園饅頭と水まんじゅう

金蝶園饅頭は江戸時代から続いている当社の看板商品で、160年以上ほぼ同じ製法で製造している。お酒の発酵力を利用して蒸し上げる酒蒸し饅頭で、発酵にはもち米のおかゆに麹を加えて作った酒元と呼ばれる自家製のどぶろくを使っている。酒元の仕込みには必ず前日の酒元を加えて、代々変わらぬ味を守っている。

皮は添加物も砂糖も膨張剤も一切入っておらず、早く固くなるので出来立ての饅頭を食べられるように作り置きはせず、一日に何度も作っている。ところどころ餡が透けて見える薄い皮であり、機械包みでは出せない酒元本来の風合いを残せるように、生地の発酵具合を確かめながら職人が手作業で餡を包んでいる。

金蝶園饅頭を作るのには仕込み始めから仕上がりまで3回の発酵を経て約2日半かかり、職人が経験に基づいて微妙な調整を行うことでいつも変わらない品質の饅頭を提供している。酒蒸し饅頭は名古屋の納谷橋饅頭が廃業するなど減少傾向にあるが、当社では現在も売上の10％程度を占め安定した人気がある。

また夏季限定の水まんじゅうも人気商品である。当社の水まんじゅうは昔ながらの葛粉とわらび粉を使って作っていて、あっさりした餡の甘さとつるりとした食感が特徴である。葛は繊細で食感が変わりやすく日保ちしないため、小ロットで作っている。

通常のこしあんの水まんじゅうが定番の商品であるが、レモンとソーダを使った黄色と水色の餡でミナモをイメージした「ミナモ水まんじゅう」、月替わりの「フルーツ餡水まんじゅう」などバリエーションに富んだ水まんじゅうを販売している。さらに、蓮の粉を使った「はす餅」や美濃市のお茶の販売店HAPPA STANDとコラボレーションしたオーガニックの茶葉を使用した水まんじゅうも作っている。店頭に水槽を置きお猪口に入れた水まんじゅうを冷やしたものをそのまま販売し、店内でも食べられるようになっている。

3．その他の商品

当社では年間200種類以上の商品を製造しており、次々と新しい商品を開発、販売している。季節限定商品、期間限定商品も多く、冬から春にかけて人気なのは「いちご餅」で各地の厳選されたこだわりの大粒いちごを白餡とふわふわのお餅で包んだ商品である。夏から秋に「巨峰餅」や「翠峰餅」（マスカット）も姉妹品として販売している。春の生菓子としては定番の桜餅、草餅、三色団子などを販売し、夏はくずきり、秋は栗きんとんなどの季節の商品を揃えている。

また、かりんとう饅頭、金蝶園最中、どら焼き、かすていら、焼き菓子など幅広い品揃えで地元の人の多様なニーズに応えている。贈答用の菓子も揃えているが、法事などの減少で進物用のニーズは減っており、自家消費用の菓子を拡充している。駅前にあるため遠方客も来るが、多くは地元客である。ただし、日保ちしない生菓子の比率が多くなっており、廃棄が増えやすいという課題がある。

洋菓子に近い菓子も製造、販売している。「ふわふわ」はふっくらと焼き上げた皮に生クリームや季節のフルーツを挟み和洋の素材、製法で作っている。牛乳やバターを使った皮に白あんに牛乳や生クリームなどを練りこんだミルク餡をはさんだ和洋折衷の「水都みるく」は日保ちすることもあり、人気商品となっている。

4．販売促進と運営体制

当社では店舗販売のみでインターネット販売は行っていない。以前行っていた時期もあるが、主力の金蝶園饅頭や水まんじゅうは時間が経過すると味が落ちるため、できたてのおいしいお菓子をお客さまに提供したいと考え、現在は中止している。一方、店内にイートインスペースを設け、買った商品をその場で楽しめるようにしている。

広告宣伝はホームページのほか、Instagram と Facebook を使って行っており、現在は専属のパート社員が行っている。社長も一時期ブログで情報発信していたが、多忙のため現在は更新が止まっている。製造は本店近くの工房で行っていて、96～97％を自社製造している。新しい菓子を開発するときに和のテイストを残しながらクリームやフルーツといった洋菓子の要素を取り入れることが多く、このような商品開発は自社の技術の幅を広げることにも役立っている。

社長は大垣の和菓子業界全体を盛り立てたいという気持ちが強く、それぞれの和菓子店が創意工夫して伝統的な和菓子だけでなく時代に合ったお菓子を作ることが大切だと考えている。そのため、原材料や加工にこだわって商品を作っており、若い職人への技術の伝承にも力を入れている。

第4節　つちや（株式会社槌谷）

1．沿革

1755（宝暦5）年創業で、初代の園助が柏屋光章の屋号で和菓子を販売したのが始まりである。江戸時代は大垣藩の御用達として完全受注で生菓子を製造していた。1838（天保9）年、4代目右助のとき堂上蜂屋柿を使用して柿羊羹を開発した。1896（明治 29）年、5 代目祐斎が現在の柿羊羹の原形となる竹筒の容器を開発し、1902（明治 35）年の第 2 回全国菓子品評会では柿羊羹一等賞を受賞した。

戦後は富有柿が柿の主流となり、堂上蜂屋柿の生産農家が激減したため、7 代目祐七が柿の苗を無償配布するなどして堂上蜂屋柿の維持に取り組んだ。現在は、主に自社の柿農園で栽培した柿を使用している。経営者の槌谷家は昔から新しいもの好きで、革新的な菓子を開発しており、その伝統は現在に受け継がれている。

2．販売と製造

現在は直営店 5 店舗、テナント店 3 店舗で営業しており、直営店は工場直売店を除けばすべて大垣市内にある。歴史的に由緒ある、大垣市最大の和菓子業者として特に贈答用商品に強みを発揮してきた。商品のラインアップも柿加工品以外に饅頭やどら焼き、鮎菓子など定番の和菓子を幅広く取り扱っている。一方、価格は比較的高めであり、贈答用和菓子の市場縮小に伴い、現在は自家消費用の商品に力を入れている。

自社店舗以外では、JR のキオスクと古くから取引があり、東海地区の駅で販売している。また、百貨店などの出張催事にも定期的に出展し、全国でつちやの商品が手に入れられるようにしている。自社のホームページからオンラインショップで購入でき、生菓子は冷凍で届けている。お客さまの年齢層が比較的高く、電話での注文や FAX による注文にも対応している。

加工は垂井町栗原にある工場で集中して行っており、生産設備や生産体制が整っていることが強みとなっている。また、いちご、ブルーベリー、ゆず、抹茶など地元で採れたものを中心に使用し、素材にこだわった商品を作っている。

3．柿加工品

柿羊羹はつちやの代名詞で、現在も主力商品である。原料の干し柿は主に自社の柿農園で栽培している約 900 本の柿の木から採取した柿の実を、自社で干して使用している。一部の柿は大野町など近隣の契約柿農園から供給を受けている。

竹筒の柿羊羹は、現在も贈答用を中心に幅広く利用されている。あらかじめスライスしてある「柿羊羹ひとひら」、練り羊羹を柿の形に整形し表面を軽く乾燥させ、飛騨・美濃すぐれものに認定された「延寿柿」なども販売している。最近では自家農園で育てたレモンを使用した錦玉と干し柿の両方が味わえる「柿と檸檬羊羹」を新商品として発売した。ほかにも「柿サブレー」、「柿フィナンシェ」といった商品を販売している。

4．洋菓子

柿加工品と並ぶ人気商品が「おゝ垣」で、七代目祐七がフランスのブッセに感動し、その味を日本で再現しようと考えて作られた。2020年にパッケージをリニューアルし、大垣城の笑い積みと呼ばれる石垣を模したデザインとなっている。また、従来のちょこれーと、おれんじクリームに加え、あんチーズのクリームも揃え、日保ちも10日間と長くなっている。

また、柿とチーズと組み合わせた「フロマージュテリーヌ」や柿とチョコレートと組み合わせた「ショコラテリーヌ」といったケーキに近い洋菓子も販売し、柿製品のラインアップを拡充し、自家消費用の製品にも力を入れている。

5．その他の商品、広告宣伝

前述のとおり老舗有名店として幅広い品揃えを有し、和菓子を中心に一部洋菓子も販売している。夏は葛とわらび粉を使った水まんじゅうを販売し、最近は冷凍で日保ちするように工夫した「白桃水まんじゅう」、「栗きんとん水まんじゅう」、「梅酒香る柿水まんじゅう」も販売している。秋には栗きんとん、春には草餅やいちご大福といった季節のお菓子を豊富に揃えている。季節のお菓子は期間限定品も多く、開発プロジェクトチームによって商品開発が行われている。

2015年には「みずのいろ」というカラフルで非常に美しい新商品が、SNSやテレビなどで話題となって大ヒットし、2017年の日本経済新聞の「ネオ和菓子10選」にも選ばれた。「みずのいろ」は水の都といわれる大垣の水のしずくがモチーフである。砂糖と寒天を煮詰めて作る干錦玉という伝統的な羊羹をできる限り薄くして作り、大量生産ができないためすべて予約販売となっている。当初5色であったが、現在は6色となっており、地元の梅酒、いちごジャム、みかん、ゆず、緑茶、バタフライピーによって着色している。また、夏、秋といった季節の色の「みずのいろ」も数量限定商品で販売している。

広告宣伝は商品が入れ替わる季節の変わり目に折り込みチラシを使うほか、

Facebook や Instagram を使った広告宣伝も行っている。また、プレスリリースを行って新聞やインターネットの記事も活用している。

6．最近の動向

株式会社槌谷は2019年に大垣の大手食品業者である株式会社デリカスイトのグループ会社となった。つちやの伝統を生かしつつ、売れ行きに合わせて品揃えを工夫して採算面をより重視した運営となっている。2020年8月には新型コロナウイルスで来店客が減った岐阜市の美術館前店を閉店した。美術館前店は婦人服や雑貨なども販売し、2階には喫茶部門を併設していたが、一方で事業の幅が広すぎる面もあった。閉店によって岐阜市内の店舗はなくなり、地元の大垣市を重視した営業体制となっている。また、主要なターゲットを40代～70代の女性客とし、贈答用だけでなく自家消費用にも購入されるような品揃えに力を入れている。

一方、新しく一宮駅構内のアスティに柏屋光章というどら焼きの専門店を2022年10月にオープンした。この店舗では通常の商品は一部の主力商品のみ取り扱い、その場で焼いたどら焼きの販売に特化している。価格はやや高めだが、餡は北海道産の小豆を使用し、中のフルーツも地元のものを使用するなど素材にこだわっている。店舗で焼き上げる「宝」6種類と生地に白あんを入れてふんわり焼き上げた「ふわふわ宝」6種類を定番のどら焼きとして販売しているほか、季節の果物を使った期間限定のどら焼きも販売している。さらに、製茶問屋瑞草園とのコラボメニューとして揖斐（いび）抹茶を使用したドリンクも販売し、店内のイートインスペースで楽しむことができる。

第5節　柏屋つちや

1．事業立ち上げの経緯

柏屋つちやは、前節で述べたつちやの前社長である槌谷祐哉氏が2020年秋に独立した和菓子店である。より自由で新しい和菓子作りの場を求めて、つちやとは異なる新しい商品を開発し、販売している。

槌谷氏は北海道の六花亭製菓での修行が原点であり、お客さまから信用される商品を大切にしてきた。栗や柿、小豆など日本のお菓子のルーツといわれる「果子（かし）」に着目し、素材の味を最大限に生かしたお菓子作りを目指している。独立当初はレンタルキッチンを利用していたが、現在は自社の工房で槌谷氏がほぼひとりで和菓子を作っている。独立にあたっては、地元の和菓子業者の経営者とのつながりによって材料や製法のアドバイスなどさまざまな協力を得ることができた。

2．商品

代表的な商品は「kasane」という琥珀糖である。琥珀糖は寒天に砂糖や水あめを溶かして固め、乾燥させたゼリー状の伝統的な和菓子である。この琥珀糖に、十二単などで色合いの違う布で季節を表現する「かさねの色目」の文化を取り入れて鮮やかな色彩を表現した。「kasane」は現在8種類あり、異なる色を使ってそれぞれ季節を表現している。見た目が宝石のように透き通っていて美しく、外はシャリシャリ、中はつるっとした食感が楽しめ、1か月日保ちする。

店主がすべて手作業で作っており、現在は1か月に1,000個の生産が限界である。2022年4月にテレビで報道されて問い合わせや注文が殺到し、現在ではSNSに情報を掲載すると100箱が1時間も経たずに売り切れる人気商品である。

定番商品としては、ほかに栗入りどら焼き、柏まんじゅう、干し柿チーズなどがある。栗入りどら焼きは地元のれんげ蜂蜜を生かしてふわふわの食感に仕上げている。干し柿チーズはお酒のつまみとして安定した人気を得ている。また、季節ごとの期間限定商品として、春は桜餅、柏餅、夏は水まんじゅうと新商品のフォンダン水ようかん（抹茶ラテを使用）、秋は栗きんとんなどを販売している。

3．販路と広告宣伝

販売ルートは自社店舗とオンラインショップと百貨店である。百貨店は三越、伊勢丹、松坂屋などで過去からのつながりを生かして催事にも出展し、贈答用など売上の約半分を占める。ネット販売は自社のオンラインショップのみで、現在はお客さまの顔が見える店舗での直接販売を重視している。

広告宣伝はSNSが中心でありX（旧ツイッター）とInstagramを主に活用して

いる。Instagram は多くのフォロワーがいて、固定客づくりに役立っている。店主はつちやの社長時代から新商品開発に積極的で、伝統を生かしながら新しい進化した商品を提供したいと考え情報発信している。

第 6 節　田中屋せんべい総本家

1．沿革と営業体制

1859（安政 6）年に初代の田中増吉が大阪で煎餅づくりの修行をし、みそ入りせんべいを考案し、大垣に店を開いたのが始まりである。5 代目のときに煎餅と並行して洋菓子店兼レストランを開店し洋菓子を中心にしたが、徐々に売上が低下した。現社長の 6 代目田中裕介氏が 2001 年に修行から帰ると、8 年かけて洋菓子を廃止し煎餅 1 本に方針転換した。昔からのみそ煎餅を基幹商品とするとともに、新作煎餅を多く開発し、現在に至っている。

現在の直営店は大垣市内に本店と FACTORY SHOP の 2 店舗である。本店は歴史や伝統が感じられ、FACTORY SHOP は白を基調にした内装で、焼き型なども展示している。また、高島屋、三越などの百貨店でも販売し、催事や菓子展などのイベントにも積極的に出展している。そのほか、自社のホームページからオンラインショップの販売も行っている。

SNS を使った情報発信を広告宣伝に役立てている。田中社長は自身の Instagram や X（旧ツイッター）で情報を発信し、多くの賛同者がお客さまとなっている。

2．商品

主力商品の「みそ入大垣せんべい」は、飛騨・美濃すぐれものに選ばれた完成度の高い製品であり、品質を守るため手焼きの伝統を維持しつつ、絶えず材料や品質の見直しを行っている。材料は小麦粉、砂糖、味噌、ごまの四つだけで、小麦粉は岐阜県産の小麦タマイズミを半年間倉庫でねかせて使用している。小麦粉に大垣の水を加え機械で捏ね合わせた生地は一晩ねかせてうまみを引き出している。味噌は自家製の糀を使用して店主自ら手作りした白味噌である。大豆に対し

2.5倍の自家製糀を入れて塩分濃度を非常に低くし、独特のまろやかな風味を生み出している。

職人が一枚一枚手作業で焼いており、卵を使用していないため独特の固い歯ごたえが特徴となっている。朝一番に型を熱して薄く3、4回繰り返して油を塗り、焼き付ける艶付けという作業を行うことで表面に独特のてかりをつけている。手作業で焼き上げるなど市販の煎餅とは一線を画した商品であり、価格は安くないが、その高い品質に根強いファンがいて固定客となっている。

そのほかにもみそ入りせんべいにキャラメルコーティングをした「まつほ」、コーヒー煎餅、かぼちゃ煎餅など8種類の味を揃えた「玉穂堂」、玉子せんべい、落花せんべいなどの各種小麦粉せんべいも販売している。また、子育て世代をターゲットとした手軽に食べられるおやつである「せんべいびー」は、コーヒー味やミント味など6種類を販売している。「NOT COOKIE・YES! SENBEI CAN」というユニークなせんべい缶は、日本ギフト大賞で老舗の商品開発賞を受賞した。

3．本和菓衆、ワカタクと和菓子の革新

2014年頃から和菓子業界では、伝統的な和菓子の製法にとどまらず、洋菓子の材料を用いたり、洋菓子の製法を取り入れたりして味のバリエーションと見た目のインパクトを重視した「ネオ和菓子」というジャンルが生まれてきた。田中社長は、和菓子の伝統を大切にしつつも、従来の枠に捉われない柔軟な考えで新作を次々と開発している和菓子界のイノベーターの一人である。

2013年春、田中社長の呼びかけに老舗和菓子店の30代、40代の若手店主が賛同し、「本和菓衆」というグループが作られた。本和菓衆は同年10月の三越日本橋本店の創業340周年祭で、店主が和装で和菓子のイベントを行って話題となり、以後、毎年秋に三越でイベントを開催している（つちやも2019年度まで参加していた）。伝統を受け継ぎつつ、時代に合った新しいコンセプトの和菓子創作を目的とし、ネオ和菓子ムーブメントの火付け役ともなった。2016年は坂木司の小説「和菓子のアン」とのコラボが話題になった。イベントでは、店主自らが売り場に立ち直接反応を見ており、新しいお菓子作りに生かされている。

また高島屋でも、田中社長を含めた老舗和菓子店の若主人9名が2014年9月

に新宿高島屋で「WAGASHI 和菓子老舗 若き匠たちの挑戦」（通称：ワカタク）というイベントを開催した。その後も2019年まで新宿高島屋や玉川高島屋で開催されている。これは高島屋の和菓子担当のバイヤー畑氏と老舗和菓子店の若店主がアイデアを出し合い、新しい創作菓子を発表する場として行われた。新しい生菓子の実演販売やイートインスペースが設けられ、毎回盛況であった。

4．田の中屋

田中社長は、2023年9月に岐阜県大垣市上石津町に田の中屋というカフェを開店し、新しいせんべいの提供方法にチャレンジしている。中山間地域で周辺には田んぼが広がっており、築50年ほどの民家を改築した建物は昭和の雰囲気が漂う。食事メニューのご飯は地元産の米をかまどで炊いている。地元で採れた野菜を副菜とし、付け合わせの味噌は味噌せんべいに使用している自家製の味噌である。そのほかにみそせんべいジェラートなどのスイーツやドリンクを販売している。また、店舗では自社商品や原材料の量り売りも行っている（写真12-1）。

高齢化率や人口減少率が高い田舎地域は日本の最先端であり、そこにお客さまが来てもらえるような店舗を作ることが、挑戦的な試みだと考えている。環境負荷を減らす取り組みも行い、自然と共生する新たな店舗のあり方を模索している。

写真12-1　田の中屋

入口概観　　店内せんべい量り売り

第 7 節　みやこ屋

1．沿革と経営方針

創業は戦後の 1964（昭和 39）年で和菓子業界では比較的新しい。現在の社長の父が京都のタカラブネで修行した後、大垣に帰って創業し、当初はパンやジュース、駄菓子なども売る「まちのおやつ屋さん」的な店だった。しかし、仕入れ商品の商売に限界を感じて和菓子専門店に方向転換し、約 30 年前に工場を現在の地に移転した。現在の社長は 2 代目で、あんこが苦手でもともとは家業の後を継ぐ予定はなかったが、大学卒業後に滋賀県の和菓子業者たねやで修行し、洗練された商品や売り場や将来を熱く語る社長のことばに感動し、家業を継ぐことにした。1992 年に家業を継ぎ、現在は大垣菓子業同盟会の会長も務めている。たねやのように自社もすてきな商品を、居心地のよい店舗でお客さまに提供することを心がけてきた。地産地消のお菓子作りを目指し、積極的に地元の食材を使用している。

2．商品構成

主力商品は「四喜満堂（しきまんどう）」と「かりんとう饅頭」である。「四喜満堂」は、求肥（ぎゅうひ）をつぶ餡で包んだ最中である。香ばしい皮と求肥のもちっとしたボリューム感が特色である。「かりんとう饅頭」は、奄美徳之島産の黒糖を使用して蒸しあげた饅頭を米油で揚げたものである。季節によって配合や揚げ方を微妙に変化させてかりっとした食感を保つように工夫している。

通年商品は 25 種類と比較的多くの品揃えを行っている。どら焼きである「囲いづつみ」や「和の輪」、「みそめてまんじゅう」などの饅頭類、大福、最中と多様な種類の和菓子を提供している。さらにマドレーヌである「桃配山」、ブッセである「輪中の水神さま」などの洋菓子も揃えている。

季節商品も豊富で、特に「百間堀りの水まんじゅう」はマンゴー味にレモンあんなど 6 種類があり、他社にない味が楽しめる人気商品である。食感や保存方法を工夫しており、見た目もカラフルで写真映えする商品となっている。「白桃とアールグレイのゼリー」や「ほうじ茶プリン」なども人気商品である。和菓子だけでなく洋菓子もあり、枠に捉われずお客さまが喜ばれる商品を提供している。

また、「桃配山」、「天下取り浪漫」といった歴史にちなむもの、「輪中の水神さま」や「神戸はバラ色」といった地名にちなむものなど、商品にユニークな名前を付けている。社長は地元の文化を伝える役目を果たしたいと菓子名に地域の歴史や文化を取り入れ、「西美濃讃菓」をコンセプトにしたお菓子作りを行っている。

3．生産体制と販売体制

地産地消にこだわり、素材を生かしたお菓子を作っている。例えば、よもぎ大福のもち米は関ケ原産のふわり餅を使い、よもぎは揖斐川町産、お茶や黒豆なども岐阜県産を使っている。多くは自社工場で製造していて、新しい材料や製法に積極的にチャレンジしており、より効率的でおいしく作る方法を工夫している。

店舗は中川本店、本今店、神戸店、羽島店の4店舗で販売し、大垣市またはその近郊にある。インターネット販売は行っていない。店舗は比較的広く、明るい店内にゆったりと商品が並べられ、商品のレイアウトが工夫されている。お客さまに居心地のよい空間を提供したいという社長の考えが反映されている。

第8節　餅惣（もちそう）

1．沿革と現在の営業体制

1862（文久2）年、創業。古くから餅と赤飯を製造販売している。3代目が明治30年代に葛饅頭の製法に改良を加えて作ったのが現在の水まんじゅうの起こりだともいわれている（水まんじゅうの起源については諸説ある）。現在の鳥居清代表取締役は6代目で他の和菓子店で修業後、28年前から家業に従事している。

多店舗展開せず、ずっと大垣市商店街に1店舗で営業している。店構えは木をふんだんに使い、のれんを掲げ伝統が感じられる。製造はほぼ社長がひとりで行っており、数名の社員、パートで運営している。配送で鮮度が落ちるためインターネット販売は行っていない。店舗はイートインスペースを併設しているが、新型コロナウイルスのときに歩道にテラス席を置くことが認められ（まちなかテラス）、現在もこれをイートインスペースとして活用している。

2．商品構成

現在も餅は自店舗で製造し、自店舗での販売以外にも他社から注文を受けて製造している。赤飯も自店舗で製造販売している。材料のもち米は地元のものを使っていて、餅や赤飯の味には定評があり、昔からのファンも多い。また、餅のほかに氷も販売しており、自店舗ではかき氷を昔から提供しており、現在もオオガキ珈琲や黒豆きなこなどバラエティに富んだかき氷を販売している。

主力商品の一つの水まんじゅうは、葛粉とわらび粉で製造するという昔ながらの製法を継続しており、原材料の葛粉や砂糖もこだわっている。水まんじゅうは普通の黒餡のものが主力商品であるが、連続テレビ小説「半分、青い。」に合わせて 2018 年に青色の葛生地の「半分、青い。水まんじゅう　ソラ」を、2022 年に緑色の葛生地の「半分、蒼い。水まんじゅう　爽」を発売した。前者はマスカルポーネチーズが入っており、後者は青りんごリキュールを使った白餡が入っている。「半分、青い。水まんじゅう　ソラ」は一時販売を中止したが、2022 年から販売を再開し、「半分、蒼い。水まんじゅう　爽」とともに人気商品となっている。

また、店頭のイートインスペースで食べられる「水まん氷」は当社独自の商品で看板商品になっている。かき氷の中に水まんじゅうが入っており、これは先代が持ち帰り用の水まんじゅうを買う近所のなじみのお客さまにかき氷をかいて渡していたことにヒントを得て現社長が考案したオリジナル商品である。容器には大垣名産の木の枡で、八角形のものを使っている。かき氷には白蜜をかけ、水まんじゅうの味を壊さずにかき氷とともに食べられる商品となっている。

ほかにも多くの種類の和菓子を製造販売している。パイ生地の饅頭である「駅前おもいで話」、サクサク食感の「最中とサブレ」などのオリジナル商品のほか、定番のどら焼き、カステラなどを通年販売している。また季節限定商品として、春は「さくらもち―結―」などの桜餅、お彼岸にはおはぎを販売している。

3．今後の方針

新型コロナウイルスの影響で葬儀や結婚式が小規模化し、法事も減少し、餅や赤飯の売上が減少し、現在も回復していない。焼き菓子などは贈答用に使われるが、全体として生菓子が多く、自家消費用の商品の比率が高い。社長はお客さまや地元の人との交流を大切にし、現在の店舗でよりお客さまに喜ばれる商品を提供したいと考えていて、インターネット販売は行っていない。チラシやSNSによる宣伝もほとんど行っておらず、地元のお祭りやイベントなどへの協力など地域に根差した経営を行い、質の高い商品を提供し続けることを重視している。

第9節　大垣市の和菓子業者の特色と今後の展望

大垣市の和菓子業者は、他地区の和菓子業者と同じく、多くは明治時代以前に創業し、代々世襲で経営を引き継いできた。小規模な業者が多いこともあり、経営者は事業を運営するとともに、自ら新しい商品を企画して会社を支えてきた。商品開発は老舗の経営者が先代から受け継いできたセンスや修行で培ってきた知識や技術に裏付けられている一方、経営者個人の能力に依存している面がある。

大垣の和菓子業者は経営者同士の交流が深く、それが競争よりも新しい商品を生み出す方向に向かってきた。伝統を引き継ぐだけでなく、新しいものに積極的にチャレンジしよい商品を作り、お客さまに支持されてきたといえるだろう。

ネオ和菓子が一般的になり、伝統に捉われず新しい商品を開発する必要性はより高まっている。新しい商品を作る創造性とともに、商品の売上の動向など客観的なデータに基づいてお客さまの嗜好やニーズを把握し、お客さまから支持される品揃えを追求するマーケットイン志向が重要である。また、効率的に安全安心な商品を製造できるような生産体制を構築するとともに、従業員の能力向上を図り専門性を高め、組織力を強化していくことも必要になるであろう。

生活習慣の変化によって法事やお中元、お歳暮の市場は縮小しており、贈答品も儀礼的なものからもらって喜ばれるものにシフトしている。一方、健康志向の高まりや和菓子の季節性などが新たな魅力となる可能性もあり、高齢者の増加もチャンスである。自分で買ってよかったと思う商品であれば、今後、贈答用として購買される可能性も高まるため、自家消費用の商品に力を入れることが重要だと考えられる。

お客さまにいいお菓子を届けたいという気持ちとともに、消費者は他の商品と比較して購入するということを常に考える必要がある。職人的な手作業が多く残り、それが魅力となっている和菓子では価格競争は難しいが、価格に見合った商品をお客さまに提供できているか、常に見直し改善する必要があるであろう。

和菓子には作り手の思いや努力が詰まっている。その思いがお客さまにとってもお金を払ってもよいと感じられる商品に結実し、お客さまに伝える仕組みを作ることがこれからの和菓子業者の発展に必要だと考える。

謝辞

本章を執筆するにあたっては、多くの関係者から資料の提供や取材の協力をいただいた。協力くださった方々をここに記し、深謝の意を表する。

金蝶園総本家 代表取締役 北野英樹氏、田中屋せんべい総本家 代表取締役 田中裕介氏、株式会社槌谷 顧問 槌谷恒樹氏、株式会社槌谷 広報 清水陽子氏、柏屋つちや 店主 槌谷祐哉氏、株式会社みやこ屋 代表取締役 粕川康夫氏、株式会社餅惣 代表取締役 鳥居清氏、栄光堂ホールディングス株式会社 代表取締役 鈴木伝氏、大垣観光協会 事務局係長 三浦武史氏、大垣観光協会 専門員 山田茂夫氏。肩書および各店の商品は2023年8月時点のものである。

●注

1）総務省「家計調査通信第544号」(2019年6月15日）による。
2）総務省統計局「家計調査」令和2年のデータによる。
3）総務省「家計調査通信第544号」(2019年6月15日）による。
4）松月堂は現在、大垣の菓子製造業者の栄光堂ホールディングスが運営している。

【参考文献】

大垣菓子業同盟会（1985)「大垣菓子業同盟会100周年記念誌」。
大垣菓子業同盟会（2005)「大垣菓子業同盟会120周年記念誌」。
佐藤奨平編著（2019)『和菓子企業の原料調達と地域回帰』，筑波書房。
メトロポリタンプレス編（2014)『まんじゅう大好き！』，メトロポリタンプレス社。
藪光生（2014)「和菓子需要実態調査結果」，『豆類時報』，第76号，8-12頁。
藪光生（2018a)「和菓子産業の現状と課題」，『豆類時報』，第91号，47-51頁。
藪光生（2018b)「和菓子産業の強みと弱み」，『月報　砂糖類・でん粉情報』，2018年4月号，2-6頁。

NIKKEI STYLE，2017 年 3 月 5 日「食べるアートだ　ネオ和菓子 10 選」。
https://www.nikkei.com/article/DGXKZO13579920S7A300C1W01001/
（2023 年 8 月 15 日閲覧）
Yahoo　Japan ニュース，池田恵里（2021 年 4 月 13 日）「コロナ禍で苦境の老舗和菓子店　生き残りをかけ模索」
https://news.yahoo.co.jp/expert/articles/cdb699e38572605a07d9650f98254c5c9aac8bc9
（2023 年 8 月 15 日閲覧）
柏屋つちやホームページ
https://kashiwa2020.theshop.jp/　（2023 年 8 月 15 日閲覧）
株式会社金蝶園総本家ホームページ
http://www.kinchouen.co.jp/　（2023 年 8 月 15 日閲覧）
株式会社つちやホームページ
https://www.kakiyokan.com/　（2023 年 8 月 15 日閲覧）
岐阜新聞 2016 年 2 月 25 日，2017 年 3 月 6 日，2018 年 10 月 5 日，2019 年 5 月 31 日，2021 年 6 月 26 日，2022 年 7 月 22 日，2022 年 10 月 5 日，2023 年 7 月 4 日。
岐阜新聞 WEB，2023 年 8 月 25 日「せんべい屋の自家製みそ使用，カフェ「田の中屋」オープン　豚汁やジビエカレー提供、岐阜・大垣市」
https://www.gifu-np.co.jp/articles/-/278568　（2023 年 8 月 30 日閲覧）
岐阜の極み　水まんじゅう，岐阜県農政部農産物流通課
http://gifu-kiwami.jp/products/2631/　（2023 年 8 月 15 日閲覧）
全国和菓子協会ホームページ「和菓子ものがたり」
https://www.wagashi.or.jp/monogatari/　（2023 年 8 月 15 日閲覧）
全日本菓子協会ホームページ　菓子関係データ
https://anka-kashi.com/statistics.html　（2023 年 7 月 17 日閲覧）
ダイヤモンドオンライン，沼澤典史，2022 年 10 月 12 日「「有名和菓子店」が相次ぎ倒産、業界を苦しめる 3 つの逆風とは」
https://diamond.jp/articles/-/310141?utm_source=antenna　（2023 年 8 月 27 日閲覧）
田中屋せんべい総本家ホームページ
http://tanakaya-senbei.jp/　（2023 年 8 月 15 日閲覧）
東洋経済 ONLINE，2022 年 5 月 20 日「紀の国屋が廃業「和菓子離れ」加速する 5 つの理由」
https://toyokeizai.net/articles/-/590559　（2023 年 8 月 15 日閲覧）
みやこ屋ホームページ
http://www.miyakoya.jp.net/　（2023 年 8 月 27 日閲覧）
餅惣ホームページ
https://mochisou.com/　（2023 年 8 月 15 日閲覧）
和樂 web、2021 年 8 月 21 日「え、「水まんじゅう」が名乗れなくなる！？果たして文化は商標登録できるのか？」
https://intojapanwaraku.com/rock/gourmet-rock/168811/　（2023 年 7 月 17 日閲覧）

第 III 部

観光地関連産業

第 13 章

山口県下関市における観光まちづくり

九州共立大学　**梅田　勝利**

東海学園大学　**西田　安慶**

第1節　海峡と歴史のまち下関市 1)

本市は本州の最西端に位置している。関門海峡、周防灘（すおうなだ）、響灘（ひびきなだ）と三方が海に開かれ、本州と九州および大陸との接点でもある地理的条件から内外の交通の要衝として栄えた。対岸の福岡県へは関門橋やトンネルでつながり、船や車、電車で渡れるほか世界的にも珍しい歩行者用海底トンネルで歩いて渡ることができる。また、大陸の近くに位置することから中国、朝鮮半島などの国々との交流も盛んに行われてきた。

本市は大正、昭和の時代、周辺市町村と合併を進めてきた。最近では 2017（平成 29）年 2 月 13 日に豊浦郡（とようらぐん）4 町との合併により市域を拡大し、商工業、港湾、農業、水産観光都市の性格を持つ山口県最大の都市となった。

交通面では 1958（昭和 33）年の関門国道トンネルの開通に続き 1970（昭和 45）年、下関～韓国釜山間に関釜フェリーが就航した。1973（昭和 48）年に関門橋の完成、1975（昭和 50）年に山陽新幹線が開通、1983（昭和 58）年 3 月には中国自動車道が全面開通した。

本市の人口は 2015（平成 27）年 10 月 1 日時点での国勢調査では 26 万 8,517 人であったが、2020（令和 2）年 10 月 1 日時点での国勢調査では 25 万 5,199 人となっており約 5 %減少した。また、2021（令和 3）年時点で 65 歳以上の人口は全人口の約 35.8 %となっている。住民基本台帳に基づく 2023（令和 5）年 10 月末現在の人口は 24 万 7,535 人である。

本市の就業人口は 2015（平成 27）年時点で、11 万 7,820 人で年々減少傾向にある。産業別従業者割合では第一次産業が約 0.7 %、第二次産業が約 20.4 %、第三次産業が約 78.9 %である。

本章では日本の観光動向を踏まえたうえで、下関市の観光まちづくりの経緯を検証し方向性を考察しようとするものである。

第 2 節　「観光都市」への転機[2]

1．ハード面の充実

本市が観光都市として、その姿を一新した契機は、ソフト面では 2000（平成 12）年の「しものせき観光キャンペーン実行委員会」の立ち上げであり、ハード面では 2001（平成 13）年の新水族館「海響館」および新「唐戸市場」のオープンである。それ以前の本市は産業の求心的役割であった地場産業である水産業、造船業等が衰退してきており、観光エリアも赤間神宮をはじめとした旧唐戸、火の山、長府、吉田といった歴史的遺産等が中心であった。

当時の観光コースの一例として高速道路を降りてきた観光バスは赤間神宮を見学し特に火の山に、時に長府や吉田に向かい数時間後には再び高速道路等で他市町の観光地を目指すのが代表的観光コースであった。経済的効果の低い典型的通過型観光地であった。

その現状を一新し従来の観光が観光産業へ姿を変える転機となったのが 2001（平成 13）年、21 世紀に入って世界最初に開館した市立水族館「海響館」であり、観光的要素を備えた水産市場、新「唐戸市場」であり、翌年にオープンしたシーサイドモール「カモンワーフ」である。これら三つの施設によって唐戸エリアの海道沿いに新たな観光エリアが誕生した。バブル崩壊後、全国的に停滞する景気のなかで、これらハード面における連続した完成は、旅行会社等からも大いに注目を浴び観光客が飛躍的に増加した。

2.「観光交流都市下関市」の宣言

1996（平成8）年、本市は「観光都市宣言」を行うとともに、国から「国際会議観光都市」に認定された。国内において長く不況が続き、人口減少問題もあって全国的に定住人口の拡大が容易に望めないなか、本市は観光客の増加による交流人口の拡大を目指すこと、観光都市として数段のランクアップを図ることが当面の課題であった。

観光は宿泊・運輸・小売り・その他のサービス業、さらには製造業や農林水産業等、幅広い産業に波及する、すそ野の広い総合産業として地域の経済に大きな影響を与えるものである。結果として定住人口の拡大にまで影響を及ぼす可能性がある。

2012（平成24）年12月、10年後を目標にすべての下関市民が「誇りを持てる観光都市下関市」の構築に向けて邁進していくため、第二の「観光都市宣言」として改めて「観光交流都市下関市」を宣言した。そして本市の観光振興戦略としての『下関市観光交流ビジョン2022』（下関市, 2012）を策定し、10年後の観光客数1,000万人、宿泊客数100万人の数値目標を掲げた。

なお、下関市は2018（平成30）年3月『下関市観光交流ビジョン2022（附則）』（下関市, 2018）を発表し、数値目標の達成率などの検証を行っている。しかしながら、この目標達成は新型コロナ感染症の拡大もあり達成時点を先送りして今日に至っている。

3．JR西日本による大型キャンペーン

2001（平成13）年からの本市観光振興への外部からの最大の追い風の一つにJR西日本による大型キャンペーンの実施がある。キャンペーンは2001（平成13）年11月から2002（平成14）年3月までJR西日本が実施した「関門地区キャンペーン」に始まる。キャンペーン提案から実施まであまり時間がないなかで、本市にとっては「しものせき観光キャンペーン実行委員会」が設立されていたのが幸いし、官民が協力して適切な対応が可能となった。このキャンペーンの成功を受けて2002（平成14）年4月から1年間、JR西日本全域での「鳴門・海峡物語キャンペーン」が実勢された。2002（平成14）年7月からはJR九州の「関門

キャンペーン」も実施され、両社とも翌年以降も数年にわたりキャンペーンを実施した。「関門・海峡物語キャンペーン」の最大の特徴はテレビCMの放送など続々と投入された観光商品にあった。歴史的・地理的な言葉に過ぎなかった「関門海峡」を観光地としての「関門海峡」として定着させるのに役立った。JR西日本は観光振興にとって最も重要なパートナーである。

4．NHK大河ドラマ「武蔵 MUSASHI」

2001（平成13）年以降の本市観光振興おける飛躍への最大の追い風の一つには、NHK「大河ドラマ」の存在もある。なかでも2003（平成15）年の「武蔵 MUSASHI」、2005（平成17）年の「義経」、2010（平成22）年の「龍馬伝」、2012（平成24）年の「平清盛」と、本市の歴史と関連する大河ドラマが数年おきに放送されてきた。各放送年に観光客数を伸ばすとともに、翌年以降も、それぞれの放送に合わせて生まれた「しものせき観光キャンペーン」事業としての観光寸劇や歴史体感（紙芝居）など、大河ドラマを活用したソフト事業を継続している。それらのソフト事業が本市の観光振興を戦術として支えている。

第3節　日本の観光動向

1．日本の観光の動向[3)]

2020（令和2）年からインバウンド需要はほぼ蒸発し、度重なる緊急事態宣言や、まんえん防止等重点措置による行動制限に伴い、国内旅行も大きく減少するなど新型コロナウィルス感染拡大は観光関連事業に大きな影響を与えた。

2022（令和4）年はオミクロン株による新型コロナウィルス感染が拡大した。この年には中国のゼロコロナ政策、2月から続いているロシアによるウクライナ侵攻や欧米におけるインフレの加速等、想定外の事柄が起こった。

観光については2022（令和4）年3月には、まん延防止等重点措置が全面解除された。また、同年10月には全国旅行支援の開始に加え、水際措置の大幅緩和により観光需要が大幅に増加した。

2．訪日旅行の状況[4)]

政府は訪日外国人旅行者に対しビザの戦略的緩和や、訪日外国人旅行者向け消費税免税制度の拡充、CIQ[5)] 体制の充実といった施策を進めた。同時に航空・鉄道・港湾等の交通ネットワークの充実、多言語表記をはじめとする受入環境整備、魅力的なコンテンツの造成、日本政府観光局の対外プロモーション等により訪日外国人旅行者数は2019（令和元）年までは過去最高を更新していた。しかし、2020（令和2）年および2021（令和3）年の訪日外国人数は新型コロナウィルスの拡大に伴う水際措置強化の継続などにより年間を通じて大きく減少した。2022（令和4）年の訪日外国人旅行者数は6月の外国人観光客の受入再開後、大きく増加した。これは、10月の入国者数の上限撤廃、個人旅行の解禁、ビザなし渡航の解禁等、水際措置の大幅緩和等によるものと考えられる。同年12月には2019年同月比で51.2％まで回復、年間では約383万人（2019年比88.0％減）となった。2023（令和5）年も回復傾向が続き、同年1月から6月まで（上半期）の累計は1,071万2千人で新型コロナウィルス禍による激減を経て4年ぶりに1千万人を突破した。年間では2千万人を超えるペースで折り返し点を通過した。

第4節　下関市の観光客数と宿泊客数（2022年）

1．観光客数[6)]

2022（令和4）年の本市観光客数は実人数455万9,370人で対前年比122.6％となり新型コロナウィルス感染状況に大きく影響を受け2021（令和3）年より回復傾向がみられる（**表13-1**）。

・旧下関地区は、実人数226万8,076人で、対前年比は142.2％、67万2,712人の増となった。
・菊川地区は、実人数43万1,068人で、対前年比は106.1％と、2万4,884人の増となった。
・豊田地区は、実人数73万4,544人で、対前年比は105.7％と、3万9,427

表 13-1　観光客数（実人数）

～地区別～		R 4	R 3	増減	対前年比
観光客数（実人数）		4,559,370 人	3,717,773 人	841,597 人	122.6%
	旧下関地区	2,268,076 人	1,595,364 人	672,712 人	142.2%
	菊川地区	431,068 人	406,184 人	24,884 人	106.1%
	豊田地区	734,544 人	695,117 人	39,427 人	105.7%
	豊浦地区	390,683 人	400,138 人	△ 9,455 人	97.6%
	豊北地区	734,999 人	620,970 人	114,029 人	118.4%

～属性別～		R 4	R 3	増減	対前年比
観光客数（実人数）		4,559,370 人	3,717,773 人	841,597 人	122.6%
	通年型観光客数	3,750,163 人	3,377,215 人	372,948 人	111.0%
	季節型観光客数	809,207 人	340,558 人	468,649 人	237.6%

注 1：実人数：延人数の重複を考慮した観光客数
　　（1 人が 2 箇所の観光スポットを訪れた場合、延人数は 2 人、実人数は 1 人となる）
注 2：通年型観光客数：観光施設や史跡・名所など年間を通じて観光ができるスポットへの観光客数
注 3：季節型観光客数：祭りやイベントなど時期が限定される行事への観光客数
出典：下関市のホームページ　https://www.city.shimonoseki.lg.jp/uploaded/life/88801_157104_misc.pdf

人の増となった。

・豊浦地区は、実人数 39 万 683 人で、対前年比は 97.6 %と、9,455 人の減となった。

・豊北地区は、実人数 73 万 4,999 人で、対前年比は 118.4 %で、11 万 4,029 人の増となった。

新型コロナウィルス発生前の 2019（令和元）年と比較すると 64.1 %となっている。その内訳は通年型観光客数 76.9 %、季節型観光客数は感染対策を講じながらのイベント開催となったため 36.2 %にとどまっている。

2．宿泊客数[7)]

宿泊客数は市全体で 68 万 8,069 人で対前年比 117.4 %と、10 万 2,223 人の増となった。旧下関地区で 7 万 955 人、菊川地区で 1,452 人、豊田地区で 6,611 人、豊浦地区で 5,341 人、豊北地区で 1 万 7,864 人の増となった。2019（令和元）年と比較すると 80.6 %となっている。

外国人宿泊客数は市全体で3,252人で対前年比263.7％となった。2019（令和元）年と比較すると13.8％となっている（表13-2）。

なお、宿泊施設は旧下関地区30か所、豊北町11か所、豊浦町2か所、豊田町4か所、菊川町1か所である。

3．観光客数と宿泊客数の推移

(1) 観光客数の推移

2013（平成25）年には674万8,905人、2019（令和元）年には711万2,699人を記録したが2020（令和2）年以降は新型コロナウィルス感染拡大により減少に転じている（表13-3）。

(2) 宿泊客数の推移

2013（平成25）年には79万2,559人、2018（平成30）年には81万3,646人、2019（令和元）年には80万494人を記録したが2020（令和2）年以降は新型コロナウィルス感染拡大により減少に転じている（表13-4）。

表13-2　宿泊客数

～地区別～		R 4	R 3	増減	対前年比
観光客数（実人数）		688,069人	585,846人	102,223人	117.4%
	旧下関地区	547,320人	476,365人	70,955人	114.9%
	菊川地区	5,837人	4,385人	1,452人	133.1%
	豊田地区	42,027人	35,416人	6,611人	118.7%
	豊浦地区	37,568人	32,227人	5,341人	116.6%
	豊北地区	55,317人	37,453人	17,864人	147.7%

	R 4	R 3	増減	対前年比
外国人宿泊客数	3,252人	1,233人	2,019人	263.7%

出典：下関市のホームページ　https://www.city.shimonoseki.lg.jp/uploaded/life/88801_157104_misc.pdf

表 13-3　観光客数の推移

（単位：人）

～地区別～	H 25	H 26	H 27	H 28	H 29	H 30	R 1	R 2	R 3	R 4
旧下関地区	3,900,635	3,868,557	3,550,633	3,531,287	3,970,733	4,036,944	4,148,403	1,704,227	1,595,364	2,268,076
菊川地区	445,584	435,026	462,659	453,606	484,493	472,567	472,631	406,006	406,184	431,068
豊田地区	980,655	1,016,719	1,043,494	916,896	874,657	836,185	894,454	636,049	695,117	734,544
豊浦地区	533,391	550,114	608,467	557,607	597,729	596,770	588,476	422,328	400,138	390,683
豊北地区	888,640	920,826	1,012,575	1,071,032	1,127,740	1,061,022	1,008,735	651,629	620,970	734,999
合　　計	6,748,905	6,791,242	6,677,828	6,530,428	7,055,352	7,003,488	7,112,699	3,820,239	3,717,773	4,559,370

（単位：人）

～地区別～	H 25	H 26	H 27	H 28	H 29	H 30	R 1	R 2	R 3	R 4
通　年　型	4,511,950	4,632,080	4,800,024	4,598,968	4,832,190	4,760,083	4,874,968	3,283,909	3,377,215	3,750,163
季　節　型	2,236,955	2,159,162	1,877,804	1,931,460	2,223,162	2,243,405	2,237,731	536,330	340,558	809,207
合　　　計	6,748,905	6,791,242	6,677,828	6,530,428	7,055,352	7,003,488	7,112,699	3,820,239	3,717,773	4,559,370

出典：下関市のホームページ　https://www.city.shimonoseki.lg.jp/uploaded/life/88801_157104_misc.pdf

表 13-4　宿泊客数の推移

（単位：人）

～地区別～	H 25	H 26	H 27	H 28	H 29	H 30	R 1	R 2	R 3	R 4
旧下関地区	644,341	650,961	659,042	676,563	652,117	659,665	649,290	484,078	476,365	547,320
菊川地区	4,236	4,451	5,681	6,407	6,805	6,105	5,756	4,187	4,385	5,837
豊田地区	46,756	45,689	48,087	48,876	44,580	42,267	44,232	29,322	35,416	42,027
豊浦地区	40,965	43,547	42,780	45,040	43,739	43,583	43,759	32,675	32,227	37,568
豊北地区	56,261	59,215	61,653	62,166	62,341	62,026	57,457	39,124	37,453	55,317
合　　計	792,559	803,863	817,243	839,052	809,582	813,646	800,494	589,386	585,846	688,069

出典：下関市のホームページ　https://www.city.shimonoseki.lg.jp/uploaded/life/88801_157104_misc.pdf

第５節　下関市の代表的な観光関連施設

1．関門の台所「唐戸市場」[8)]

(1)　本市場の概要

唐戸市場は、ふぐの市場としてはもちろんのことタイやハマチの市場として有名である。地元の漁師が獲得したり育てた魚も直接販売しており、地方卸売市場としては全国的にも珍しい販売形態の市場である。農産物の直販所もあり漁業者や農業者が軒を並べて販売をしている。また、あらゆる食材を取り揃えた総合食品センターとしての役割も果たしている。

(2) 唐戸市場の歴史

交通の要として古代より栄えてきた唐戸周辺は明治に入って海外貿易の拠点として隆盛を誇った。各国の領事館や外国商社の代表店、銀行などが軒を連ねる町並みが形作られてきた。現在の唐戸町は港湾機能強化を目指して1894年から1896年（明治27年から29年）に行われた唐戸湾（田中湾河口）の埋立工事によって生まれた。

人の集まるところに物が集まり1909（明治42）年の唐戸路上での野菜・果物販売の公許に続き1924（大正13）年には魚市場が阿弥陀寺から移転して唐戸魚市場が発足した。1933（昭和8）年には現在の唐戸市場となった「魚菜市場」が開場した。また、1976（昭和51）年には食料品小売センターが開場した。1979（昭和54）年には地元生産者が中心となり唐戸朝市がスタートした。

この間、下関市による唐戸地区の整備事業が進み1992（平成4）年、カラトコア、1994（平成6）年、市営赤間駐車場が完成し、1995（平成7）年4月からは「唐戸朝市」が始まった。

昭和30年代後半から経済活動と流通の近代化が進むなかで敷地が手狭となり、さらに施設の老朽化と交通事情の悪化により市場機能の低下を招くに至った。これらの諸問題を解決するため市場の建替えを行い、2001（平成13）年4月に新築移転した。2009（平成21）年には発祥100周年を迎え海響館・カモンワーフと共に下関を代表する観光地として賑わいを醸し出している。

2．下関市立しものせき水族館　海響館

(1) 海響館の概要[9)]

海響館は下関の成り立ちが海と深く関わってきたことから「海のいのち・海といのち」をメインコンセプトとしている。下関らしい展示として世界一の種類数を誇るフグ目魚類の展示や、国内では珍しいイルカとアシカの共演ショーを開催している。また、国内最大級のペンギン展示施設では野生の生息環境を再現しペンギンたちが生き生きと生活する姿やペンギンが群れで泳ぐ姿を見ることができる。水の生き物たちの生態を通じ自然と人間の関わり合い、生命のすばらしさや自然保護の大切さについて理解を深めることができる。

(2) 海響館の歴史

① 2001（平成 13）年

4 月 1 日に当水族館はオープンした。地域色を反映した展示に努めつつ地域にとどまらず全国的に存在感を示す水族館でありたい、というオープン当初よりの想いは現在にも引き継がれている。

② 2010（平成 22）年

当水族館ではフグと並んで絶大な人気を誇るペンギン村がオープンした。ペンギン村オープンの式典ではチリ共和国のサンチアゴ・メトロポリタン公園との国際協定が調印され、フンボルトペンギン保護区が生息地域外重要繁殖地に指定された。

元来、下関市とペンギンは深い関わりがあり現在では「下関の鳥」として制定されている。

③ 2020（令和 2）年

当水族館は 2020（令和 2）年 3 月に開館 20 周年を迎え外観や館内装飾を施した記念イベントを行った。

2019（令和元）年には旧下関水族館からの累計入館者数 3,000 万人を達成した。

④現在

現在では、下関を取り囲む「日本海」、「鳴門海峡」、「瀬戸内海」の三つの海を再現した関門海峡潮流水槽やフグ目の展示数世界一を誇るなど下関に根付いた地域との交流と学習に貢献している。

3．カモンワーフ[10)]

唐戸市場と海響館の間にある三階建ての複合施設である。王道のふぐ料理を味わえる飲食店や下関名物が並ぶ土産物店など約 30 店が集まるシーサイドモールである。

ここで、カモンワーフに出店している店舗のお土産品とグルメ店を紹介したい。

(1) お土産

①ふぐさし珍味

天然ふぐで作る味付き刺身。うに、柚子胡椒など 5 種類の味が揃う。

②ふぐ唐揚げ

工場直販。自宅で揚げるだけで簡単にふぐ料理を楽しめる。

③ふぐ一夜干し

④おかきふぐ焼き

ふぐの形をしたふぐの骨粉入りおかき

⑤とらふぐ皮キムチ

こりこりした食感のとらふぐの皮を秘伝のキムチたれで味付け

⑥幸ふく土鈴

下関名物のふぐをかたどった郷土玩具。黒、ピンク、黄色などの全5色。

⑦せんべい

とらふぐ、関門たこ、鯨といった下関ならではの魚介せんべい

⑧ ALL BLUE

下関酒造がふぐや鯨などに合うように仕込んだ食中酒

(2) 下関グルメ店

①からと屋

昼は和食ダイニング、夜は炙り料理が自慢の創作ダイニングとして営業している。なかでもふぐ料理は本格的コースをはじめ、単品まで幅広く用意している。ほかにも瓦そばや海鮮丼、鯨料理などを用意している。

②すし遊館

唐戸市場をはじめ全国から厳選した魚介を職人が握る人気回転寿司店である。下関ならではの魚介から一本買いした生の本マグロまで質の高さに定評がある。

③ふくの関

ふぐと鯨の問屋から直送される新鮮な魚介が自慢である。特にふぐ料理には定評があり、丼からフルコースまでバリエーション豊富に展開している。

④彩や（いろどりや）

唐戸市場で仕入れた魚を使うボリューム満点の海鮮丼や定食が人気である。ふぐ処理士の資格をもつ店主が調理するふぐ料理や鯨を使った一品、下関名物の瓦そばも提供する。

⑤いちばのよこ

隣接する唐戸市場に毎日、買い付けに行き「ネタの鮮度、ふぐ料理はご当地価

格」にこだわる海鮮定食屋である。豪華な海鮮丼や魅惑のふぐ定食を提供する。

⑥藤屋

種類豊富な海鮮丼や瓦そば御膳が人気である。ふぐを使った丼や一品料理も提供する。

⑦奇兵隊

地元でとれた新鮮な魚介を使った丼が看板メニューである。ふぐ、うになど約10種類がある。

⑧海鮮酒家 敦煌（とんこう）

地元で40年以上愛される本格中国料理店である。コース料理から平日限定の定食まで幅広いメニュー構成となっている。ふぐの旨みを出したスープはあっさりしながらコクが深い。

4．春帆楼（しゅんぱんろう）

(1) 発祥と歴史

江戸時代の末期、豊中中津（大分県）奥平藩の御殿医だった蘭医・藤野玄洋（げんよう）は自由な研究をするために御殿医を辞し下関の阿弥陀寺（現在地）で医院を開いた。専門は眼科であったが長期療養患者のために薬湯風呂や娯楽休憩棟をつくり、一献を所望する患者には妻・みちが手料理を供した。

玄洋がこの地を選んだのは隣接していた本陣、伊藤家の招きによるといわれている。当時の伊藤家の当主・伊藤九三（きゅうぞう）は坂本龍馬を物心両面で支援したことでも知られる豪商である。

1877（明治10）年、玄洋は「神仏分離令」によって廃寺となった阿弥陀寺の方丈（ほうじょう）跡を買い取り「月波楼医院」を開業する。春帆楼は玄洋没後の明治14年から15年頃、伊藤博文の勧めによって、みちがこの医院を改装し割烹旅館を開いたことにより始まる。

馬関（ばかん）と呼ばれていた下関は北前航路の要衝として「西の浪速」と称されるほどの活況を呈していた。下関は討幕をめざす長州藩の拠点でもあり奇兵隊や諸隊の隊医（軍医）として長州戦争に参加した玄洋の人柄に惹かれて伊藤博文、高杉晋作、山縣有朋など維新の志士たちも出入りしたといわれている。

「動けば雷電の如く、発すれば風雨の如し。…」と伊藤博文公が後に高杉晋作顕彰碑（吉田・東行庵）で讃えた晋作が組織した奇兵隊の本拠地が阿弥陀寺（現・赤間神宮）であり、その跡地に建ったのが現在の春帆楼である。

春帆楼という屋号は、春うららかな眼下の海にたくさんの船舶が浮かんでいる様から伊藤博文が名付けた。

明治維新後、急速に近代化を進めた日本は、朝鮮半島の権益を巡って清国（中国）と対立を深め1894（明治27）年8月、東学党の乱をきっかけに甲午（こうご）農民戦争をはじめた。日本軍は平壌、黄海で勝利し、清国が講和を打診してきた。会議の開催地は開催の一週間前に伊藤博文が「下関の春帆楼」と発表した。

1895（明治28）年3月19日、総勢百人を超える清国の使節団を乗せた船が亀山八幡宮沖に到着した。日本全権弁理大臣は伊藤博文と陸奥宗光、清国講和全権大臣、李鴻章（りこうしょう）を主軸とする両国代表11名が会議に臨んだ。講和会議は当時の春帆楼の二階大広間を会場に繰り返し開かれ、4月17日、日清講和条約（下関条約）が締結された。

のちに世界の外交史に残る講和会議の意義を後世に伝えるため1937（昭和12）年6月、春帆楼の隣接地に開館したのが日清講和記念会館である。講和会議が開かれた部屋を当時の調度そのままに再現している。浜離宮から下賜された椅子をはじめ伊藤博文や李鴻章の遺墨など講和会議に関する多くの資料を展示している。

(2) 春帆楼のおもてなし三つの心得

1887（明治20）年の暮れ大時化（おおしけ）でまったく魚のないこの日に「魚を食したい」という初代内閣総理大臣、伊藤博文公の御膳に当時の女将みちはお手打ち覚悟で禁制のふぐを出した。こころばかりのおいしいお料理を召し上がっていただくためであった。そうした、おもてなしのこころから春帆楼の歴史は始まった。なによりも、おいしいお料理とともにお客様を想い、お客様をもてなす女将みちの覚悟が今この瞬間も春帆楼に息づいている。

①表なし

おもてなしとは「表なし」、すなわち裏のない自然な立ち振る舞いとその心である。出過ぎず出なさ過ぎず料理を主役としながらも、お客様に安心感や親しみを感じてもらえるよう心掛ける。

②味・接客・空間

日本ならではの旬を感じられる料理とその演出者として、お客様に安心感や親しみを感じてもらう接客を心掛けている。それらを落ち着いた雰囲気で愉しんでいただけるよう、おもてなしをしている。

③社訓「変えてはいけないもの、変えなければいけないもの」

春帆楼には培った歴史と伝承すべきものが多くある。そうした故(ふる)きを温(たず)ねる一方、更なるお客様の満足のため時代とともに進化すべきものが多くある。春帆楼は時の流れとともに日々進化していく。

(3) 戦後から現在へ

1945（昭和20）年の戦災で全焼した春帆楼は復興し、関門国道トンネル開通時と山口国体の際には、昭和天皇・皇后両陛下がお泊りになられた。

ふぐ料理は下関の味として真っ先に挙げられる、古今の食通をうならせてきた味覚の王者である。ふぐ料理公許第一号の店となって以来それにふさわしい味を供し続けている。

2008（平成20）年より自社スペックの養殖ふぐの生産の開発、原産地が遡(さかのぼ)れる仕組み（トレーサビリティ）に着手した。安全な食材を安定的に供給し他社との差別化を図ることでオンリーワンの素材をつくりあげている。

(4) 受け継がれている三つの技

①捌きの技

ふぐ刺の身上は皿の絵柄が透けて見えるほど薄く引く包丁さばきが醍醐味である。それは「ふぐ料理公許第一号」の伝統がなせる薄づくりの技である。

②盛りの技

薄造りしたふぐの身の先端を立たせる華麗な盛り付けは目でも味わう、ふぐ料理の醍醐味の一つである。一流の技と経験、そして厳選された素材と丹念な仕込みがあって初めて形となる熟練の技である。

③食の技

シャキシャキとしたふぐ専用に栽培された極細の葱をふぐの身で巻くのは下関発祥の食し方である。ピリリとした辛みを効かせた紅葉おろしと春帆楼特製ぽん酢で食する。福岡県糸島で栽培する早摘みの橙を絞り無添加の本醸造醤油、薬味として欠かせない極細の鴨頭葱、下関では安岡葱と呼ばれ伊藤公のふぐ解禁以来、安岡地区で改良生産されてきた。

第6節　観光産業振興に向けて

1．観光産業振興の意義

地域の創生やまちおこしが求められるようになったのは、人口減少と地域経済縮小からの脱却のためである。いま東京一極集中の是正という課題を解決するため地域ごとにさまざまな取り組みが行われている。その取り組みの一つが観光産業の振興である。地域ごとに、より付加価値の高い産業集積を通じた雇用の創出、地域経済社会の活性化や魅力向上が求められている。

地域が主役となる着地観光は地域の価値創造、活性化のために欠かせない存在である。着地観光とは、旅行者にとっては自らの旅行先となる地域（これを着地という）側が、その地域で推奨する観光資源をもとにした旅行商品の体験プログラムを企画・運営する形態のことを意味している。

訪日旅行のトレンドは近年大きく変化している。その変化は旅行形態が団体客から個人客へシフトしている点である。今では何度も日本を訪れ自由に旅行を楽しむ個人旅行が主流となってきた。「爆買い」に代わって体験そのものを楽しむ「コト消費」が主流となっている。

2．下関市の観光施策

(1) 観光交流都市に向けて

本市は1996（平成8）年、「観光都市宣言」を行うとともに国から「国際会議観光都市」に認定された。さらに2012（平成24）年12月、第二の「観光都市宣言」として改めて「観光交流都市 下関市」を宣言した。そして、2012（平成24）年『下関市観光交流ビジョン2022』（下関市, 2012）を策定し、10年後の観光客数1,000万人、宿泊客数100万人の数値目標を掲げた。『ビジョン2022』では計画期間を10年間とし長期的な視点から交流人口拡大に向けて「365日毎日楽しい下関」をスローガンに官民一体となってさまざまな施策を展開してきた。

2017（平成29）年は『ビジョン2022』の中間年となるため、策定後の本市を取り巻く内外のさまざまな環境変化や、2016（平成28）年度に実施した観光動態調査の結果を踏まえ、中間検証を実施し『下関市観光交流ビジョン 2022」の附則とした（下関市, 2018)。その中で今後取り組むべき方策や、増加する訪日外国人観光客への対応策などについて述べている。『ビジョン 2022』は、新型コロナの感染拡大もあり延長され今日に至っている。

なお、下関市から2022（令和4）年に『下関海峡エリアビジョン』、2023（令和5）年、『火の山地区観光施設再編整備基本計画』、『都市再生整備計画 火の山地区』、『あるかぽーと・唐戸エリアマスタープラン』が発表されている。

(2) 下関市の観光施策―ソフト面―

2001（平成13）年の海響館、新「唐戸市場」のオープンおよび『山口きらら博』の開催を前に官民が協力して観光客の受入態勢を整える目的で「2001年しものせき観光キャンペーン実行委員会」を設立した。2001年のキャンペーン終了後も「しものせき観光キャンペーン実行委員会」として活動している。実行委員会は観光戦略部会を中心に本市が毎年発信するキャンペーンの大部分を計画策定する。実行委員会の設立により官と民のネットワーク化が急速に進み本市観光振興のキーパーソンも現出している。

同実行委員会が企画した2024年の事業としては次のようなものがある。

「世界に1本だけのSAKE造り体験」、「松琴堂茶房FUWARI『和菓子作り体験』（茶道体験付)」、「平家の武将、官女、武蔵・小次郎着付け体験」、「ふく食と先帝祭太夫所作体験」、「ふくの本場下関ふく食体験」などである。

(3) 下関市の基本姿勢

下関市は報告書で観光振興において最も重要なのは次の三点であると指摘している。

①企画力

②情報発信力

③ハード・ソフト両面での受け入れ力

下関市はこれらの点を踏まえて官民挙げて取り組んでいる。同市の今後の更なる観光開発に期待したい。

謝辞

本章の執筆にあたっては下関市（行政）の皆様と春帆楼の支配人、橋本恒氏から貴重な情報をいただいた。記して感謝の意を表したい。

●注

1）山口県下関市のホームページ　https://www.city.shimonoseki.lg.jp/uploaded/life/88801_157104_misc.pdf
2）下関市（2012），pp. 3-5。
3）国土交通省観光庁（2023），p. 9。
4）国土交通省観光庁（2023），p. 9。
5）税関（Customs）、出入国管理（Immigration）、検疫（Quarantine）の総称。
6）山口県下関市のホームページ　https://www.city.shimonoseki.lg.jp/uploaded/life/88801_157104_misc.pdf
7）同上。
8）同上。
9）同上。
10）井上健太郎・昭文社旅行ガイドブック編集部編（2023），pp. 26-27。

【参考文献・資料】

井上健太郎・昭文社旅行ガイドブック編集部編（2023）『まっぷる山口・萩・下関：門司港・津和野 '25』，昭文社。
国土交通省観光庁（2023）『観光白書（令和5年版）』，昭和情報プロセス。
下関市（2012）『下関市観光交流ビジョン 2022』，下関市観光交流部観光政策課。
下関市（2018）『下関市観光交流ビジョン 2022（附則）』，下関市観光・スポーツ部観光政策課。
しものせき観光キャンペーン実行委員会事務局（2024）『食に、歴史に、文化に、遊び、体験できる下関！！』，一般社団法人下関観光コンベンション協会，下関市観光政策課。
下関市観光・スポーツ部観光施設課（2023a）『火の山地区観光施設再編整備基本計画』，下関市。
下関市観光・スポーツ部観光施設課（2023b）『都市再生整備計画　火の山地区』，下関市。
下関市総合政策部エリアビジョン推進室（2022）『下関海峡エリアビジョン』，下関市。
下関市総合政策部エリアビジョン推進課（2023）『あるかぽーと・唐戸エリアマスタープラン』，下関市。
西田安慶・片上洋編著（2014）『地域産業の振興と経済発展―地域再生への道―』，三学出版。
西田安慶・片上洋編著（2016）『地域産業の経営戦略―地域再生ビジョン―』，税務経理協会。
西村順二・陶山計介・田中洋・山口夕妃子編著（2021）『地域創生マーケティング』，中央経済社。

第 14 章

大分県中津市における料亭の伝統と経営革新

――日本料理・筑紫亭を事例に――

西南女学院大学　池口　功晃

第 1 節　中津市の地誌

大分県中津市は福岡県に隣接する県北部に位置し、大分市（約 47 万人）、別府市（約 12 万人）に次ぐ県内で 3 番目の人口（約 8 万人）を擁している[1]。市域面積約 490 km^2 の大部分を山林が占め、北東部には一級河川の山国川が形成した平野が広がっているが、この山国川は名勝として知られる耶馬渓を貫流しながら山林からもたらされる豊かな栄養分を豊前海が広がる干潟に注ぎ込んできた。そのため中津では古くから引き網漁や刺し網漁といった漁法のもと漁業が盛んに行われてきたのである[2]。一方、中津市の平野部には条里制の遺構が残っていることから古くは奈良時代より水田の開発が行われていたようであるが、以下で中世以降の中津の歴史について少し触れておきたい。

中世の中津は 1587 年の黒田孝高（通称、黒田官兵衛）の入城に始まる。黒田孝高は豊臣秀吉と島津義久との戦い[3]において豊臣秀吉に多大な貢献をしたことで豊前 12 万石を与えられた。その後、城主は細川氏や小笠原氏へと交代した後、1717 年に八代将軍徳川吉宗から任を受けた奥平昌成に代わり、以後 1871（明治 4）年の廃藩置県まで約 150 年間、奥平家が代々中津の政治を行った。明治時代初期、中津は小倉県に属していたが、1876（明治 9）年に大分県に編入され、その後繰り返される町村合併により、1888（明治21）年には人口約1万5,000人の中津町となり、1929（昭和4）年には人口約3万1,000人の中津市が誕生した。その約80年後の2005（平成17）年に実施されたいわゆる平成の市町村大合併では耶馬渓町などと合併し、約8万6,000人の人口を抱える都市へと発展した。

次に中津市の産業の特徴を見ておきたい。近世以降の中津市の産業は紡績業から始まる。明治時代中頃、丘陵地を利用した桑の栽培や養蚕業が盛んになったことで紡績会社が設立され、また小倉—行橋間、行橋—長洲間の鉄道も漸次開通し、中津市は次第に商工業都市としての性格を帯びながら小倉や大分に比肩するほどの都市へと発達した。その後、1944（昭和19）年に神戸製鋼が操業を開始したことで、鋼材・金属関係の工場が相次いで建設され、1973（昭和48）年には自動車部品工業の工場も操業を開始し、1990年代に入ってからはダイハツ工業株式会社の工場誘致に成功した。その結果、中津市の就業者人口のうち第2次産業に従事している者の割合は3割を超え、県内14市のうち最多となっている（図14-1）。

次に、本章で論じる鱧（はも）および漁業について見ていきたい。中津市の主な漁港は

図14-1　大分県14市の産業別人口構成割合　（令和2（2020）年）

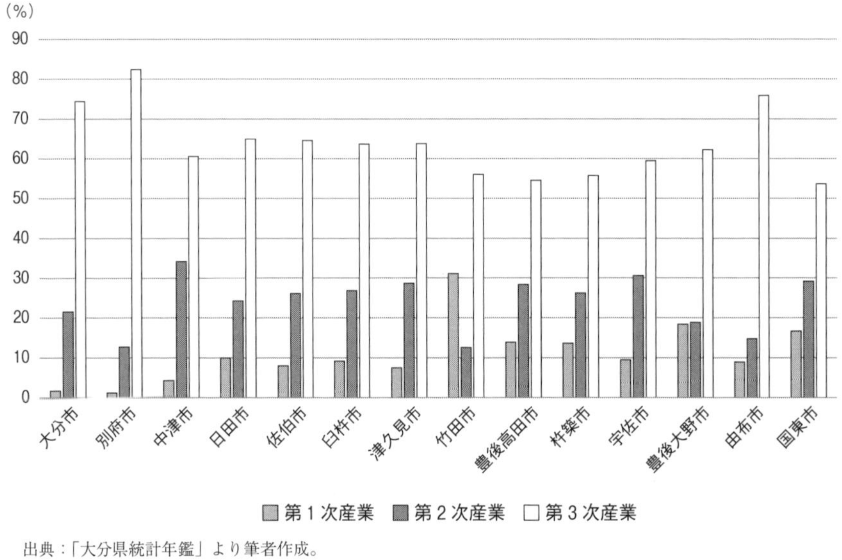

出典：「大分県統計年鑑」より筆者作成。

市の中心部に近い小祝漁港と市南部に位置する今津漁港の二つがある。大分県漁業協同組合中津支店「中津地区漁獲量検討表」によると中津地区全体の漁獲量の約8割は小祝漁港であることから、後述する鱧を含めて数多くの魚が小祝漁港にて水揚げされていると判断してよいだろう。

図14-2は、2015年から2022年までに中津地区で水揚げされた鱧および全魚種（鱧を含む）の漁獲量を表したものである。これによると、ほぼ毎年、全魚種漁獲量の1割程度を鱧が占めていることがわかる。豊前海で獲れる魚種は例えば、このしろ、まあじ、むろあじ、サバ類、ブリ類、ひらめ、かれい、あなご、たちうお等、挙げればきりがないが、『中津学』によると、常時200〜250種類の魚が水揚げされるとのことなので、全漁獲量の約1割を鱧が占めることを鑑みると、この地がいかに鱧の産地として名高いかがわかるだろう。

中津において鱧料理が作られるようになったのは諸説あるが、次の二つが有力視されている。一つは、江戸時代中期に中津の医者であった田中信平という人物が鱧の骨切りを考案することで始まったとする説、もう一つは中津藩主の細川忠興が江戸時代に小祝の漁師を集めて鱧料理を考案させたとする説である。いずれが史実なのかは定かではないが、鱧は一体に約3,000本の小骨を持つため、これ

図14-2　中津地区の鱧および全魚種漁獲量の推移　（2015〜2022年）

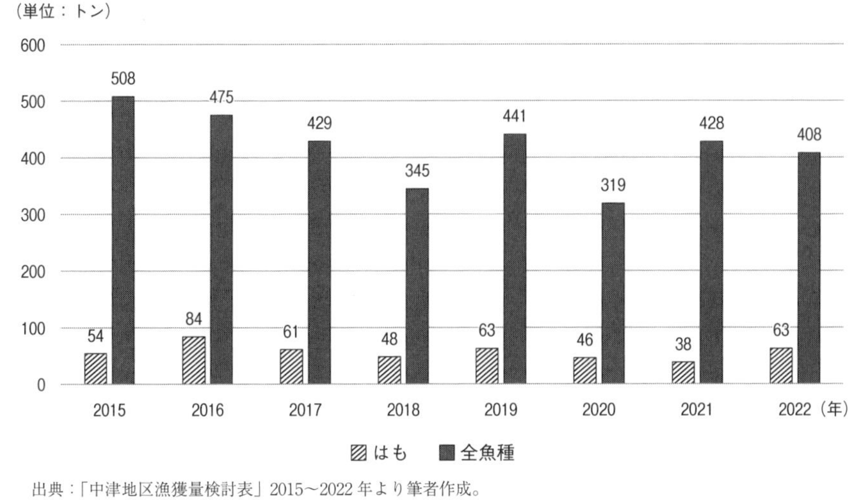

出典：「中津地区漁獲量検討表」2015〜2022年より筆者作成。

を調理するために一寸（約 3.3 cm）に 24～26 回程度も包丁を入れる非常に高度な技術が考案された。これが「一寸 24 丁」や「一寸 26 丁」などと料理人の間で言われる鱧の骨切りである。

一般に、鱧と聞けば多くの人の脳裏に浮かぶのは京都であろう。京都では 1 年のうち 7 月の祇園祭の頃に鱧の消費量が増え、夏の風物として広く知られている。しかし、京都の鱧は中津の鱧と次の点で異なっている。第一に、京都の鱧は主に京都中央市場から運ばれてくるが、竹国（2013）によると、この京都中央市場の鱧の約 3 割は韓国産であり、一匹 300～500 g の小ぶりの鱧であるという。これに対して中津の鱧は豊前海およびその周辺から獲れた国産の鱧がほとんどで、大きさも 1～2 kg と京都の鱧に比べて大きい。第二に、京都の鱧は先に述べたように最も消費量が多くなるのは 7 月であるが、中津の鱧の旬は 9 月～ 10 月であることから消費される時期も大きく異なっている。中津の鱧の旬が秋である理由は前出の『中津学』によると、鱧は 6 月に産卵した後、細くなった体をもとに回復させるかのように秋まで餌を食べ続け、ちょうど脂がのった頃に水温低下の時期を迎えるため身がよく締まっているからだという。

第 2 節　「日本料理 筑紫亭」とは

1．筑紫亭の歴史

「日本料理 筑紫亭」（以下、筑紫亭（ちくしてい）に省略）は 1901（明治 34）年に中津市枝町にて創業した。筑紫亭によると、創業当時は「西の博多か、東の中津」と唄われるほど数多くの料亭が中津に軒を連ねていたようだが、戦後解体されずに残った料亭は筑紫亭ただ一軒だけという。中津市ホームページによると市内で鱧料理が提供されている飲食店は現在 30 軒ほどあり、このうち半数以上が中心市街地に立地しているものの、その多くはレストランや割烹であり、料亭は筑紫亭のほかにたしかに存在していないことがわかる。

筑紫亭の家屋は 1914（大正 3）年に数寄屋風に建築されたもので、主屋（しゅおく）と離れと塀からなるが、これらは 2003（平成 15）年に国登録有形文化財に登録された。国登録有形文化財とは、文化財保護法の一部を改正する法律によって設けられ、保存および活用についての措置が特に必要とされる文化財建造物を文部科学大臣が文化財登録原簿に登録する制度である[4)]。主屋と離れの間には中津城の外堀の一部を構成するのみならず町名の境にもなっている水路が東西に流れ、古の風情を感じさせる[5)]。主屋には52畳の広さを持つ大広間、紅葉の間と呼ばれ20畳の広さを持つ中広間、竹の間と呼ばれ少人数で利用可能なお座敷からなり、これらすべての座敷には香炉、掛け軸、中津に咲く季節の花で作られる生け花が飾られ、訪れる人に季節感を感じて頂けるように細かな演出がなされている。

一方、水路を挟んだ亭内奥には廊下で繋がれた二階建て一棟と平屋二棟があり、それぞれに静寂な佇まいの離れがある。この離れの一室には中津出身で慶応義塾を創設した福沢諭吉の書簡が飾られ、また二階建ての一室である桐の間は太平洋戦争中、海軍宇佐航空隊の将校クラブとして利用され、特攻隊員が出撃前夜に過ごした部屋でもあった。出撃を前にして隊員らが無念さを示すかのように残したとされる刀疵が今でも部屋の柱に残っている。城山三郎が2001（平成13）年に著した『指揮官たちの特攻』は、神風特別攻撃隊第一号に選ばれレイテ沖で散った海軍大尉と、玉音放送を知らされず8月15日に最後の特攻隊員として基地を飛び立った海軍大尉の二人を対比させ描いたドキュメンタリー小説であるが、4頁にわたってこの桐の間についての記述がある。

2．鱧料理と南蛮菓子

筑紫亭を代表する料理は自然豊かな大分の旬の食材に鱧のお造り・お刺身などをふんだんに取り入れた懐石料理である（**写真14-1**）。懐石料理は古くは禅僧の食事として誕生したものであるが、後に千利休がお茶の前に提供し、お茶を引き立てるための食事として確立させた。したがって、懐石料理の味付けは薄く、食材に敬意を払う意味でできるだけすべて使い切るという仏教の精神を受け継ぎながら、一汁三菜を基本とし、旬の食材を用いて客をもてなすという茶道の精神をも表現したものである。しかし、時代とともに少しずつ変化し、今日の懐石料理は、一般的に先付・煮物・焼き物・吸物・八寸・飯・香物・汁物・菓子などが一品ずつ提供されるようになった。

筑紫亭の懐石料理のうち特筆すべき料理は鱧のしゃぶしゃぶである。鱧のしゃぶしゃぶとは鍋を用いて鱧を僅かに湯通しして食する料理であるが、筑紫亭では

写真 14-1　「日本料理　筑紫亭」で提供される懐石料理の一例

出典：「日本料理　筑紫亭」ホームページ。

特製のポン酢につけて召し上がって頂く形をとっている。このような鱧の湯引きは京都では梅肉を添えて食するのが一般的であるが、筑紫亭では鱧という素材本来の味を上品に引き出すために敢えて梅肉は使用していない。しかし、一口にポン酢と言っても酢という素材の濃いものを用いるわけであるから、その製法が極めて難しい。酢も醤油も勝（まさ）ってもいけない中で、鱧という素材本来の味を上品に引き出す難しさがそこにはある。そこで、筑紫亭では、鰹と昆布の出汁に酒、みりん、濃口醤油を合わせたのち、橙、カボスなどのエキスを加えることで特製のポン酢を仕上げている。その独自の製法が評価され、第 2 回醤油名匠（2004 年 10 月）で審査委員特別賞を受賞した。醤油名匠とは、日本醤油協会、全国醤油工業協同組合連合会、全国醤油醸造協議会が協力し発足させた「しょうゆ情報センター」が醤油の PR 活動の一環として展開している活動の一つで、醤油の本来の価値を引き出し、独自の創意工夫により巧みに使いこなす醤油使いの匠に贈られる称号である。2003 年に第 1 回醤油名匠が表彰されて以降、これまで計 6 回の授賞式が行われ、全国で 200 名以上の醤油名匠が誕生している。

また筑紫亭には、食後の甘味として親しまれている「巻蒸（けんちん）」という南蛮風の蒸し菓子がある。これは前出した中津藩の医者、田中信平が漢方料理の一つとして江戸時代中期に考案したものを発展させたものである。白大豆をキクラゲと共に濃口醤油と砂糖で煮込み、葛で固めて冷やしたものであるが、ほどよい甘さにほのかな醤油の香りが漂う上品な蒸し菓子である。この「巻蒸」は通販カタログにも紹介されるほどの逸品となり、表千家同門会機関誌「同門」やNHK総合番組「お取り寄せ不可！？ 列島縦断 宝メシグランプリ」などさまざまなメディアで取り上げられるようになった。

第3節　料亭の伝統と経営革新

1．筑紫亭の理念と伝統

筑紫亭には『美酒鮮魚普客懇何抱薄情須富家』という家訓がある。これを現代風に解釈するならば、「美味しい酒や魚をお客様に提供することでお客様との信頼関係が生まれる。お客様への想いがなくてどうして家（料亭）が栄えようか」と言ったものだろうか。また、筑紫亭の理念には次のくだりがある。

> 『筑紫亭は、食が生命だと考える。食は、精神や魂を育てると考える。筑紫亭は、選び抜いた旬の食材を使って全て手作りし、決して手抜きをしない。旬の食材の自然の味を消さない様に、カツオ節と昆布の出汁や、古くから続く酵母を使ったお醤油など数滴で仕上げる。筑紫亭には、豊かな自然と共に生きてきた日本人の考えが受け継がれている。』（出典：筑紫亭ホームページ）

これら筑紫亭の家訓や理念に、料亭としての基本的な姿勢・あり方を見ることができよう。それは創業以来、時代がどのように移り変わろうとも料亭の役目というものを自ら定め、頑なに堅持してきた点である。「筑紫亭が定める料亭の役目とは二つあり、一つは、旬の食材を用い、添加物など一切加えない日本古来の料理の美味しさと素晴らしさを伝え続けること。もう一つは料亭を日本文化集積の場と捉え、さまざまな掛け軸や書簡、歌人が遺した俳句、建物に残された歴史の疵痕などを大切に保存しながら、一方で香炉や生け花などで座敷を設えるなど、訪れる人に歴史と文化を伝え続けること」であると筑紫亭の女将、土生かおる氏は語る。

2．マーケティング・ミックスと経営革新

前項で述べたように、筑紫亭が今日もなお中津において存続している理由は、時代に流されることなく料亭としての信念を堅持してきたことが大きいが、以下では、伝統的なマーケティングフレームであるマーケティングの4Pと4Cについて触れ、これを用いて筑紫亭の経営の強みについてさらに細かく分析したい。

マーケティングの4Pとは1960年にE・J・マッカーシーが提唱したマーケティング戦略のフレームワークである。マッカーシーによると、マーケティングには、① Product（製品）、② Price（価格）、③ Place（流通）、④ Promotion（広告）の4要素があり、企業戦略の策定上、これらをいかに組み合わせるかが肝要であるという。4要素を具体的に示すと、① Product（製品）は、製品やサービスを指し、どのような機能やブランドイメージをもったものを企業が創り出せるか、② Price（価格）は、製品やサービスの価格をどのように設定するか、③ Place（流通）は、立地や販売経路を含めて商品やサービスをどのように顧客へ届けるか、④ Promotion（広告）は、製品やサービスの広報活動をどのように行うかであり、売り手側の視点に立っているのが特徴である。

これに対し、R・ラウターボーンは市場が成熟している状況においては、売り手側よりもむしろ買い手側の視点に立つマーケティングが重要であることを指摘し、前出のマッカーシーから約30年後の1993年にマーケティングの4Cなるものを提唱した。マーケティングの4Cとはマッカーシーの4Pを消費者の視点に置換したもので、① Customer Value（顧客価値）、② Customer Cost（顧客が負担するコスト）、③ Communication（顧客とのコミュニケーション）、④ Convenience（顧客の利便性）の4要素からなる。つまり、マッカーシーのProductがラウターボーンのCustomer Valueへ置き換わり、以下、同様にPriceがCustomer Costへ、さらにPlaceとPromotionが順にConvenienceとCommunicationへ置き換わる。市場が成熟している状況においては、顧客にとって企業が生み出す製品やサービスにどれほどの価値があるかを考え、またその価値に見合う対価であるか否か、さらに広告は顧客とのコミュニケーションと捉え、流通は顧客の利便性の観点から捉えるのである。

以上のマーケティングフレームをもとに、筑紫亭の経営について（1）製品・

サービスの開発、(2) 広報活動、(3) 流通、(4) 価格設定の4点から分析する。

(1) 製品・サービスの開発

一般に製品やサービスには導入期→成長期→成熟期→衰退期というライフサイクルがあり、また消費者ニーズは絶えず変化していくため、企業において新製品や新サービスを開発することはその存続上必要不可欠である。料亭もその例に漏れず、例えば季節ごとに旬の食材を使った新メニューを提供し、また斬新なアイデアをもとに新製品の開発を行う、といったことが求められる。この点、筑紫亭は前出したポン酢、巻蒸（けんちん）のみならず、最近では蓮根と黒豆餡を用いた「黒蜜葛饅頭」や水産庁漁業関係者応援企画として開発された「鯛と蕪の煮物椀」や「ヒラマサと紅大根他の炊き込み御飯」など素材のうまみを引き出す料亭伝統の技を堅持しながら新しい製品や新メニューを次々と開発している。

しかし、筑紫亭の新製品・新サービスの開発はこれにとどまらない。前項で指摘したとおり、筑紫亭は訪れる人に歴史と文化を伝え続けることも料亭の役目と捉えているため、大広間などを使って日本を代表するアーティストによるコンサート、寄席、著名人の講演会などを随時開催している。例えば、大分県出身のヴァイオリニスト朝木桂一氏のヴァイオリンコンサートや同じく大分県出身の真打、桂文治の寄席などが過去に開催されたが、こういった文化的なイベントは他の料亭にはあまり見られない取り組みであり、筑紫亭の独自の強みであろう。

(2) 広報活動

マーケティングの観点からは、料亭はいうまでもなくBtoC企業[6)]であるが、テレビCMや新聞などマスコミを使って自ら広報活動を行う、いわゆるマスマーケティングの手法をとることは適切ではない。なぜなら料亭はその敷居の高さから一般大衆が普段使いできるような場ではなく、費用対効果の観点から効果的ではないからである。料亭の広報の難しさはここにある。

広報においてマスマーケティングの手法がとれない場合、一方でインダイレクトマーケティングという手法をとることができる。インダイレクトマーケティングとは間接的に自社を宣伝する手法で、自社製品やサービスを一般消費者に直接宣伝するのではなく、代理店や関連業界などを通じて自社のイメージ作りを行い、製品やサービスの購入へと導く手法であり、ターゲットとなり得る潜在的顧客にアプローチできる点が特徴である。

この点、筑紫亭は結果的にインダイレクトマーケティングの手法で顧客を増やすのに成功しているといえるだろう。なぜなら、筑紫亭の真摯でひたむきなこれまでの取り組みが近年さまざまなメディアで伝えられ、またさまざまな企画への参加依頼が絶えないからである。その中でも、日本遺産『やばけい遊覧～大地に描いた山水絵巻の道をゆく』のストーリー構成文化財のひとつとして認定されたことは大きい。日本遺産とは地域に点在する歴史遺産などの活用し地域活性化を図ることを目的として2015年に文化庁が開始した認定制度であるが、これまでに全国で104件が認定されている。また、JR九州のD&S列車「36ぷらす3」の日曜日ルート（大分・別府～小倉・博多間）では、列車内の食事に筑紫亭の料理が選定されたことは、筑紫亭のイメージづくりにも貢献し、筑紫亭を訪れる潜在的顧客にアプローチしている点で料亭のインダイレクトマーケティングの成功事例といえるだろう（表14-1）。

(3) 流通

マーケティングの4Pの一つ、Place（流通）は製品やサービスを顧客へどのように提供するかという要素であるが、料亭の場合、顧客に料亭まで足を運んでもらう以外に製品やサービスを提供する手段がない。しかし、2019年冬に始まった新型コロナウイルスの蔓延が、料亭を含め多くの飲食店の存続危機をもたらし、

表14-1　筑紫亭のインダイレクトマーケティングの事例 （2018年～）

メディア	出演・掲載内容	年月
テレビ	テレビ朝日『朝だ！生です旅サラダ』に出演	2018年 5月
書籍	『ミシュランガイド熊本・大分2018特別版』で一つ星獲得	2018年 7月
テレビ	TBS『じょんのび日本遺産』2週連続放送に出演	2018年12月
雑誌	アウトドア雑誌「ランドネ」5月号に掲載	2019年 5月
Web	『接待の手土産～秘書が選んだ至極の逸品』に掲載	2019年 5月
テレビ	NHK総合「お取り寄せ不可⁉列島縦断 宝メシグランプリ」出演	2019年10月
雑誌	月刊誌『Discover Japan』9月号にて連載	2020年 9月
雑誌	月刊誌『婦人画報』10月号に掲載	2022年10月
テレビ	BSテレ東「新美の巨人たち」に出演	2022年12月
Web	「食べログ 日本料理WEST百名店2023」に選出	2023年 4月

出典：「日本料理　筑紫亭」ホームページより筆者作成。

製品のテイクアウト・デリバリーを開始するきっかけをつくった。

筑紫亭はこれまでも年の瀬にはおせち料理の予約受付などを行ってきたが、最近では四季折々の旬の素材を使用した「松花堂弁当」のテイクアウト・デリバリーや「鱧のしゃぶしゃぶセット」の地方発送を開始した。この点は製品の販路拡大につながったとみてよいだろう。

(4) 価格設定

料亭は何か特別な日や特別な行事で利用する場であるから、顧客は料亭に対して普段使いできない敷居の高さや一定以上の風格・品質を逆に求めている。したがって、料亭は顧客のターゲティングをして、そのニーズにしっかり応えなければならない。経営環境が激しく変化する時代にあっても、顧客が料亭に期待する価値やニーズを認識し、価格設定を行う必要がある。

筑紫亭は他の料亭同様、その点を十分認識しており、製品やサービスの低価格化を進めていない。この点は経営上の強みの一つである。価格に見合う価値があるかどうかは顧客が決めることであり、料亭はただその価値を対価以上に高めることに邁進するのみであろう。

まとめと考察

本研究では、大分県中津市が古来より鱧の産地として知られ、またその消費量の多さに鑑み、中津市内で 120 年以上続く老舗料亭「日本料理 筑紫亭」を対象にその経営上の強みは何かについて伝統的なマーケティングの手法をもとに分析を試みた。その結果、筑紫亭が長く存続している最大の理由は、料亭の役目というものを自ら定め、それを頑なに堅持してきたことにある。それは繰り返しになるが、①添加物など一切加えない日本古来の料理の美味しさと素晴らしさを伝え続けることと、②訪れる人に歴史と文化を伝え続けることである。どのように時代が変わり、経営環境が激しく変化しようとも、健気に守り貫いてきたことが高評価の連鎖を生み出していると推察できる。

この点を踏まえ、伝統的なマーケティングフレームを用いて筑紫亭の経営の強みについてさらに細かく分析した結果、次に掲げる事項が明らかとなった。第一に、新しい製品や新メニューを次々と開発しつつも、他の料亭にはあまり見られない文化的なイベントを随時開催していること。第二に、筑紫亭のこれまでの真摯でひたむきな取り組みがさまざまなメディアで評価され、さまざまなメディアで伝えられることでインダイレクトマーケティングが成功していること、第三に、コロナ禍でテイクアウト・デリバリーを開始し、製品の販路拡大につなげたこと、第四に、安易な低価格化を進めず、価格に見合う価値の向上に邁進してきたこと、である。

しかし、筑紫亭の役目の一つ「歴史と文化を伝え続けること」という点に焦点を当てれば、これからは料亭を知らない感性豊かな若い世代にいかにして日本料理の素晴らしさを伝えていくかという点も筑紫亭の使命の範疇にあるように思える。筑紫亭の料亭としての革新を通じ、今後のさらなる発展を願ってやまない。

謝辞

本研究にあたり、「日本料理 筑紫亭」の女将 土生かおる氏に多大なるご協力を頂きました。ここに改めてお礼申し上げます。

●注

1）2023 年 7 月 15 日時点のデータである。
2）『中津学』によると、豊前海には約 450 種の魚が生息しており、常時 250 種類ほどの魚が水揚げされている。
3）現在の宮崎県児湯郡木城町で 1587 年に行われた「根白坂（ねじろさか）の戦い」をいう。この戦いにより豊臣秀吉は九州を平定したとされている。
4）国登録有形文化財は令和 5（2023）年 9 月 1 日時点において全国で 1 万 3,774 件の登録がある。
5）水路を境に主屋側が中津市枝町、離れ側が中津市島田という行政区分となっている。
6）一般消費者に直接商品やサービスを提供する企業をいい、例えば百貨店、家電量販店、スーパー、コンビニなどが該当する。

【参考文献】

大分県漁業協同組合中津支店「中津地区漁獲量検討表」2015 年～ 2022 年。
竹国友康（2013）『ハモの旅、メンタイの夢：日韓さかな交流史』，岩波書店。
中津市教育委員会（2012）『中津学』講演記録集，139-155 頁。

しょうゆ情報センターホームページ　https://www.soysauce.or.jp　（2023 年 8 月 1 日閲覧）
中津市ホームページ　https://www.city-nakatsu.jp　（2023 年 8 月 1 日閲覧）
日本遺産ポータルサイトホームページ

https://japan-heritage.bunka.go.jp/ja/　(2023 年 8 月 1 日閲覧)
日本料理 筑紫亭ホームページ　https://chikushitei.com　(2023 年 8 月 1 日閲覧)
令和 4 年版「大分県統計年鑑」　https://www.pref.oita.jp　(2023 年 8 月 1 日閲覧)

第 15 章

栃木県日光市の観光地マーケティング戦略

——日光ブランドによる地域活性化——

桜美林大学　川﨑　友加

第 1 節　日光市の概要

栃木県日光市は、栃木県の北西部に位置している。現在の日光市は、2006（平成 18）年に今市市、日光市、藤原町、足尾町、栗山村の 2 市 2 町 1 村が合併して誕生した。面積は、1,449.83 km^2 で、栃木県内の約 4 分の 1 を占めている。この面積は全国では第 3 位の面積となっている。市街地は標高約 380 m、観光地である中禅寺湖エリアは約 1,200 m、一番高いところでは約 2,580 m である。2023（令和 5）年 8 月における現在の人口は、約 7 万 6,800 人である[1)]。産業構造は、2020（令和 2）年国勢調査によれば、第 1 次産業が 9.4 %、第 2 次産業が 26.5 %、第 3 次産業が 64.2 %となっている。産業大分類別の就業者構成比は、製造業が 18.6 %、卸売業・小売業が 13.8 %、宿泊業・飲食サービス業が 13.3 %の順となっている[2)]。

このように日光市は、広大な面積と標高差があることから、自然豊かな観光資源が豊富であり、歴史や文化も含めて観光地として形成されてきた。旧日光市エリアでは、日光東照宮をはじめとする 2 社 1 寺の世界遺産、旧藤原町エリアは、鬼怒川温泉、旧足尾町エリアは、産業遺産である足尾銅山などがある。また、日光市は、年間約 1,200 万人が訪れる観光地である[3)]。旧日光エリアは、明治時代より国際的な避暑地として知られ、さまざまな著名な観光地があり、国内外から多くの観光客が訪れている国際観光都市でもある。

本章では、観光地で行われているブランド戦略に焦点を当て、観光地の現状を分析し、これからの観光戦略について資料や聞き取り調査を用いて考察する。聞き取り調査については、日光市企画総務部秘書広報課シティプロモーション係（2023年6月30日）、日光市観光経済部観光課（2023年6月23日）、株式会社金谷ホテルベーカリー（2023年7月31日）、虎彦製菓株式会社（2023年8月1日）、株式会社永井園（2023年8月1日）に実施した。また、日光市商工課は、メールと電話による調査を実施した。

第2節　避暑地としての発展と観光の現状

1．避暑地としての発展

本項では、日光が観光地として形成されてきた要因として関係が深いと考えられる避暑地としての発展を中心に述べる。

1874（明治7）年、「外国人内地旅行允準条例」[4] の制定によって、外国人の国内旅行が行われるようになった。この時期から中禅寺湖を中心に外交官や御雇（おやとい）外国人を中心に外国人が訪れるようになってきた。1874年から1875年までは約100人、1890（明治23）年に日光まで鉄道が開通すると、約1,400人の外国人が訪れるようになった。1891（明治24）年には外国人の別荘が誕生し、1899（明治32）年には18軒の別荘が建てられた。1890年代に外国人の避暑地が定着した[5]。また、1935（昭和10）年には28軒の別荘地があった[6]。このころが最盛期とみられている。避暑地では、風景観賞や散策、ヨットレースなどレジャーが行われていた。戦後は、連合国軍の占領下に置かれ、避暑を求めて訪れる人々は少なくなった。

一方、観光整備は観光行政が担っているが、1934（昭和9）年に中禅寺湖や日光の社寺が日光国立公園として指定されると、観光協会が設立され、観光地としての整備が進められてきた。

「夏は日光に外務省が移る」といわれたように、日光は多くの外交官たちの交流の場や避暑地として、大きな役割を果たした。2000（平成12）年には、イタリア大使館別荘[7]を解体復元し、イタリア大使館別荘記念公園として一般公開している。また、2016（平成28）年には英国大使館の別荘が記念公園として一般公開されている[8]。

2．観光政策

現在の観光政策は、第2次総合計画の後期総合計画に基づいて実施されている[9]。2021年度からは観光振興計画といった個別の基本計画は策定していないが、2021年度において、観光振興の指針となる日光市誘客戦略を策定している。この日光市誘客戦略の計画期間は、2021年度から2025年度までの5年間となっている。この計画では、コロナ禍からの回復に向けた指針を策定しており、コロナ禍を経て変化した状況を踏まえて新たに策定したのである。この誘客戦略では、次の七つの取り組みを挙げている。七つの取り組みとは、情報の一元化、宿泊率の向上、観光消費額の向上、繁閑差の平準化、競争力の強化、マーケティング力の向上、サステナブルツーリズムの推進である。この誘客戦略の中では、国内向けと海外向けの取り組みが混在している状況になっている。そのため、2022（令和4）年度中にインバウンドに関する取り組みに特化した「日光市インバウンド誘客アクションプラン」[10]を策定し、インバウンド誘客に向けた取り組みを行っているところである。

3．観光の現状

近年の動向として、合併後の2006（平成18）年から2022（令和4）年までの観光客入込数、宿泊客数、外国人宿泊数について述べる。まず、観光客入込数であるが、2006（平成18）年は約1,140万人であり、2010（平成22）年までは横ばいで推移している。2011（平成23）年は東日本大震災の影響により約863万人まで減少をしているが、2006（平成18）年の水準までに徐々に回復してきた。2018（平成30）年は約1,232万人と過去最高となっている。その後、新型コロナウィルスの影響により約789万人へと減少したが、2022（令和4）年は約872万人と新型コロナウィルス前に比べ、73.8％へと回復傾向にある（図15-1）。

次に、宿泊客数であるが2006（平成18）年は約376万人であり、入り込み客数に対して33.0％が宿泊している。この傾向が2014（平成26）年まで続いてい

図 15-1　日光市観光客入込数

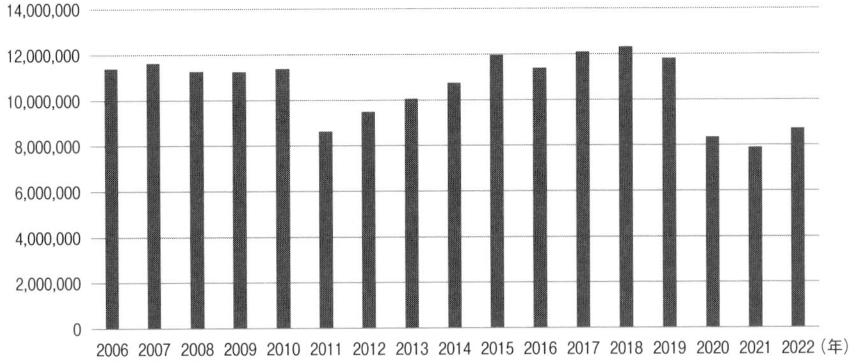

出典：日光市観光客入込数調査結果を基に筆者作成。

たが、2017（平成 29）年以降は減少傾向が続いている。2022（令和 4）年は約 248 万人、入り込み客数に対して 28.5 %の比率になっている。2019（令和元）年と比較すると 75.4 %となっている（図 15-2）。

最後に、外国人宿泊客数であるが、2007（平成 19）年は約 8 万人である。全体の宿泊客数に対しては 2.1 %の割合となっている。2016（平成 28）年から 2019（令和元）年までにかけて増加し、2019 年では、約 12 万人、宿泊客数に対して 3.6 %となっている。さらに、2022（令和 4）年は約 1.5 万人であり、2019 年に比べ 12.9 %となっている（図 15-2）。

日光市観光経済部観光課（2020）の日光市観光振興計画に基づく観光実態調査によれば、課題は大きく三つある。一つ目は、繁閑差が大きいこと、二つ目は、滞在日数が短いこと、三つ目は、若年層の割合が少ないことが挙げられる。一つ目の繁閑差は、5 月から 11 月までの時期が多く、12 月から 4 月までが少なくなっている。繁忙期は、特に紅葉の時期が最も多く、中禅寺湖につづく「いろは坂」は一日中渋滞している状況である[11)]。二つ目の滞在日数は、日帰りの観光客が半数以上を占めていることである。日光市の調査によれば、宿泊を伴う旅行であっても 1 泊 2 日が 81.7 %を占め、長期滞在者が少ない。三つ目の客層については、50 歳以上が 44.3 %を占めている（n = 1,454）。

図 15-2　日光市宿泊客数

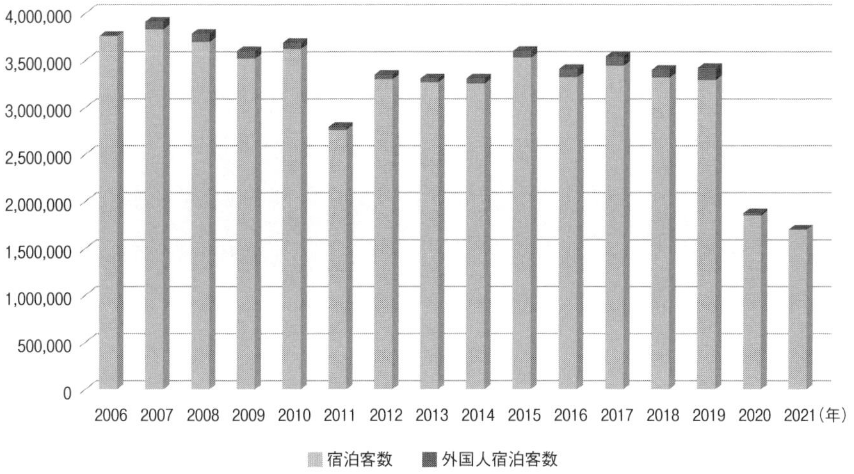

出典：日光市観光客入込数調査結果を基に筆者作成。

第3節　日光市のブランド戦略

1．日光市のブランド戦略プランのはじまり

日光市のブランド戦略は、日光市総合計画後期基本計画の中に盛り込まれたことから始まる。2013（平成25）年2月に「日光市ブランド戦略プラン」を策定した。このプランでは、日光ブランドの定義として、「都市ブランド」と「地域ブランド」の二つのブランドを挙げている。日光市の定義によれば、「都市ブランド」とは、日光のイメージであり、「地域ブランド」とは、そのイメージを形成する有形・無形の地域資源としている。この日光ブランド戦略プランの目的は、日光が持つ観光力を基軸にして、地域へと波及させることでブランドイメージを形成することである。コンセプトは、「For All of Nikko（FAN）」である。つまり、地域内外のファンを醸成していくことを基本方針として定めている。

具体的な事業は、2013（平成25）年4月から開始された「日光ブランド認定制度」である。この制度は、日光市のイメージを高めるとともに地域活性化につな

げることを目的に市内にある地域資源を「日光ブランド」として認定する制度である。当初は、自然、歴史、文化、風習分野のみの認定であったが、次第に分野が拡大され、2016（平成28）年には、当初の分野に加え、食、産業、技術、生活、環境、健康の分野で認定が行われ、合計159件（自然：32、歴史：21、文化：5、風習：2、技術：6、産業：2、環境：1、生活：1、食：特選日光ブランド：5、食：85）の認定が行われている[12)]。しかし、2019（令和元）年度に認定制度を休止し、「日光ブランド」は、「平成の日光ブランド」として整理されて存続している。

2．新たな日光ブランド戦略プラン

2021（令和3）年6月に日光ブランド戦略プランの見直しがなされ、2022（令和4）年4月に施行された「第2次日光市総合計画後期基本計画」の基に新たな日光ブランド戦略プランが開始されている。見直しの背景には、三つの視点がある。一つ目の視点は、社会的な背景である。人口減少や地域間競争、新型コロナウィルスの影響である。二つ目の視点は、地域住民の意識の変化である。市民意識アンケート調査[13)]の結果によれば、愛着度や定住意向度が2011（平成23）年と2019（令和元）年の調査とを比べると、約10ポイント低下した（n＝5,000）。三つ目の視点は、観光客の日光に対するイメージである。2019年に日光市が実施した首都圏旅行意識調査[14)]によれば、日光市と聞いて純粋想起されるものとして日光東照宮が59.1％を占め、華厳の滝や鬼怒川温泉などの観光資源の認知度が低い結果となったことである。また、今までのプロモーション活動は、観光客誘致と移住定住促進とに別れており、コンセプトが統一されていない状況であった。こうしたことから、都市ブランドのイメージの統一を図るために、新たなブランドコンセプトとシンボルマークを定め、このコンセプトの下でさまざまなプロモーションを実施している。

新たなブランドのコンセプトは、「NEW DAY, NEW LIGHT」（新しい日、新しい光）である。新型コロナウィルスの影響があったなか、これまでの歴史を踏まえて、新しい日光市を市内外の人々に発信していくブランド戦略を打ち出した。知られざる観光資源や時代に合わせた新しい旅の提案やコロナ禍でのストレス解消のための旅の仕方と新しい働き方や生き方を提案し、日常に寄り添うことを提案することを基本方針としている。このブランドコンセプトの役割は、市民と観光客および市に関わるすべての人々と連動して、創り上げていくことである。ターゲット層は、F1、M1層としている。そこから認知度を高め、各世代へと拡大を図ろうとしている。

具体的な事業として以下の六つのことを掲げている。一つ目は、ブランディングガイドラインの作成である。ブランドイメージを浸透させていく環境づくりやブランドイメージの構築を図っていく事業である。二つ目は、日光隠れすぎ遺産プロジェクトである。このプロジェクトは、市内の小中学生から市内のオススメスポットを公募し、それを著名人が取り上げてYouTubeで発信していく企画である。三つ目は、観光プロジェクト「Route. N」である。日光の観光資源を活用し、地域のストーリーやテーマごとに新しい日光市を巡る観光ルートを一つの絵のようにして発信するものである。四つ目は、フィルムコミッション「Studio. N」である。これは、映画やドラマのロケ地の誘致を促進するプロジェクトである。五つ目は、アニメを活用したプロモーションである。日光市が舞台となったアニメーションを活用し、既存の観光資源と連動することにより誘客につなげようとするものである。六つ目は、CHOCOTTO NIKKOプロジェクトである。本事業については、事項で詳しく述べる。

3．CHOCOTTO NIKKOによるプロモーション

本事業は、西洋菓子を象徴するチョコレートを題材として、このフィルターを通して観光客誘致と地域の活性を図っていこうとするものである。日光市は明治時代から西洋との関係性のなかで発展してきた地域である。特に中禅寺湖畔には、ベルギー、英国、フランス、イタリア大使館の別荘群が立ち並び、「夏は外務省が日光に移る」とまでいわれた地域である。また、多くの外国人も訪れており、国際的な避暑地として発展してきた経緯がある。こうした外国人たちが、中禅寺湖畔を眺めながらティータイムを楽しんでいたことがイメージとして浮かんでくる。このような日光市の歴史とチョコレートとを組み合わせて、新たな日光市の魅力を伝えていこうとする活動である。

2022（令和4）年11月から開始された事業である。日光市内の企業の自社で開発したチョコレートにまつわる商品やサービスを登録してもらい、発信するという試みである。

参加方法は、ポスターなどの宣伝グッズを使ってCHOCOTTO NIKKOを盛り上げる応援団と自社商品をCHOCOTTO NIKKOの対象商品として登録し、活動を行うプレーヤーがある。2023（令和5）年8月現在で、応援団が4、プレーヤーが31の企業が参加している。参加するためには、日光市商工課で登録が必要となっている。登録は、企業側が申請書を提出し、それを日光市商工課が内容を精査した上で、基準（市内で販売するチョコレート関連の自社商品やメニュー、既存または新規の商品であること）を満たしていれば、登録証の発行、販売促進に関わる物品（シールやロゴマーク、掲示物等）の提供を行い、それらを用いて自社商品の販売活動を企業側が実施する。また、市のホームページやInstagramに掲載される。登録から実施までの期間は、通常約1週間である。

第4節　個別企業からみた日光ブランド戦略

本節では、日光市ブランド戦略の一つであるCHOCOTTO NIKKOを取り上げ、そのプレーヤーとして参画している3社から日光市のブランド戦略を検証していく。

1．株式会社金谷ホテルベーカリー

(1)　概要

株式会社金谷ホテルベーカリーは、1873（明治6）年に開業した金谷ホテルの前身となる金谷カッテジインをルーツとしており、金谷ホテルで提供しているパンの製造部門がはじまりである。当時はパン文化が普及していない時代に外国人をもてなすために、外国人宿泊客の意見を取り入れながら、味を専門的に追求し製造がなされてきた。1968（昭和43）年、製パン工場（現在の金谷ホテルベーカリー日光工場）を建設し、パンの外販を開始した。1988（昭和63）年、商号を変更し、現在の会社名である株式会社金谷ホテルベーカリーとなった。創業時より、伝統の味を受け継ぎながら、新商品の開発などその時代に合わせた革新を行っていくことを一つの企業理念としている。

事業内容は、パン、クッキース、洋菓子・冷凍冷蔵商品の製造販売である。また、その他食品の仕入れ販売を行っている。

主力商品は、ブレッドである。また、ホテルのお茶請けとして長年製造されてきたクッキーやラスク等の商品もある。

(2)　CHOCOTTO NIKKO 参画の経緯と対象商品

本事業に登録した時期は2023（令和5）年2月である。参画の経緯は、日光市商工課から話があったことによる。既存の商品の中からチョコレートに関連した商品を登録申請している。

対象商品は、ガトーショコラ、金谷パウンドショコラ、ショコラブレッド、ベイクドチョコレーズンの4種類である。ガトーショコラは、2007（平成19）年に発売されたチョコレートケーキである。金谷パウンドショコラは、フランス産のチョコレートを使用した、ドライバナナとジンジャーを隠し味にしたパウンドケーキであり、発売は2011（平成23）年である。ショコラブレッドは、チョコレート生地にチョコレートシートを何層にも織り込んだ食パンである。2006（平成18）年に発売が開始されている商品である[15)]。ベイクドチョコレーズンは、栃木県内にある企業とコラボレーション開発したベイクドチョコレートで、2018（平成30）年に発売された商品である。

(3)　CHOCOTTO NIKKO 参画による経営展開

①販売・製造数

販売数は、商品によってばらつきがあるものの登録後（2023年3月20日～7月30日）と登録前（2022年3月20日～7月30日）とを比較をすると、180％以上の増加がみられる。これは、日光市内の企業からまとまった注文があった結果によるものである。

②商品設定

対象商品のガトーショコラは3個入と6個入があり、金谷パウンドショコラは1個入り、ベイクドチョコレーズンは3個入りで各商品ともに化粧箱に入っている。ショコラブレッドは1斤で袋に入っている。

③流通経路

日光市内にある自社工場で製造し、市内にある3店舗（本社工場直売店、カッテジイン店、道の駅日光店）で販売をしている。すべて直営店舗での対面販売である。

④プロモーション

プロモーション活動は、店頭販売をしている3店舗のPOP掲示およびSNS（X〈旧ツイッター〉、Instagram等）での周知を行っている。ただし、夏の期間については、チョコレートが溶けるため、商品の販売を中止している。そのため、夏の時期はプロモーション活動を一時停止している状態である。

2．虎彦製菓株式会社

(1)　概要

虎彦製菓株式会社は、1956（昭和31）年に創業した企業である。観光地である鬼怒川温泉に位置している。企業理念は、安全で安心な「美味しいお菓子」を製造する会社である。事業内容は、菓子の製造・卸である。自社店舗は持たず、栃木県北部を中心としたホテル、物産店、テーマパークが主な卸先となっている。加えて、東北自動車道のサービスエリアやパーキングエリアにも商品を卸している。

製造している主力商品は、「きぬの清流」である。この商品は、バターなどの油脂を使わずに、小麦粉、砂糖、卵を使った生地に餡を挟んだ和風のクッキーである。餡は、小豆や栃木県のブランド苺である「とちおとめ」を使用したとちおとめ餡、ブルーベリー、栗、チョコレートなどのフレーバーがある。また、2020（令和2）年10月よりNIKKO BAKING STUDIOという新しいブランドを立ち上げ、ビスコッティ、日光ひとくちクッキーなど洋菓子も製造している。

(2)　CHOCOTTO NIKKO参画の経緯と対象商品

本事業に登録した時期は2022（令和4）年9月である。対象商品は、「きぬの清流　しっとり香ばしいチョコレートサンド」であり、既に発売されていたチョコレート商品を参加対象品としている。

参画の経緯は、本事業の説明会に参加した際のCHOCOTTO NIKKOのコンセプトの説明と2020（令和2）年時点ですでに販売していた「きぬの清流」を開発した時の考えが全く同じであったことである。その時の説明とは、聞き取り調査によれば、次のようなことである。日光という土地は、中禅寺湖畔には、多くの大使館の外交官たちが集まった。湖畔には、別荘が立ち並んでおり、そこで外交官の人たちが中善寺湖畔を眺めながら優雅な時間を過ごし、チョコレートを食べていたのではないかと連想できるという説明であったという。

既に当社が商品化していた「きぬの清流　チョコレートサンド」の商品パッケージには、外交官やその妻、その友人や関係者とでティータイムを楽しむ姿とともに次のような言葉が記載されている。

> 明治から昭和まで、中禅寺湖畔に建てられた西洋館の別荘を西洋諸国の外交官が訪れてきました。「きぬの清流・チョコレートサンド」は、上質なチョコレートの香ばしいアロマと独特なしっとり感の生地をコラボさせた和洋菓子です。別荘での優雅なティータイムを演出する贅沢な味わいです。

このように、商品コンセプトとCHOCOTTO NIKKOのブランドコンセプトが完全に一致していたのである。この商品の開発スタートは、中禅寺湖畔にあるイタリア大使館別荘記念公園を訪れたことから始まる。イタリア大使館別荘の本邸を復元した建物内に飾られているモノクロ写真には、湖畔で遊ぶ外交官たちがティータームを楽しむ当時の様子が写っていた。このティータイムの菓子を当社の商品を使って再現ができないかと考え、主力商品である「きぬの清流」にチョコレートを挟んでみようという発想が商品開発の始まりである。一方、外国人観光客も増加し、和菓子の材料として使われている小豆餡に抵抗を抱く購買者もいるなかで、和菓子に洋風のエッセンスを加えた商品構想を考えていたことも商品開発のきっかけとなっている。ターゲットは、40代の首都圏在住の女性をメインとしている。この購買者層にターゲットを絞った理由として2点ある。1点目は、日光を訪れる国内観光客の多くは、首都圏在住の観光客であるということである。2点目は、自社の既存の購買者層が50代以上であるため、和と洋のコラボ商品の購入が見込めそうな新たな購買者層を設定していたことである。

(3) CHOCOTTO NIKKO参画による経営展開

①販売・製造数

製造数は本事業に参画する前と比べ、約170％増加している。販売する購買者を除いては大きな変化はみられない。しかし、日光市内で行われるイベントでのお茶請けや手土産の用途としての注文が増加している。例えば、地元企業が開催するイベントでの景品、2023（令和5）年7月15日に運行が開始されたスペーシアＸの乗客に配布する品物、G7 栃木県・日光男女共同参画・女性活躍担当大臣会合でのブレイクタイムのお茶請けや各国の大臣への手土産品として使用されているのである。

②商品設定

参画前は、6 個入りの商品を販売していた。売上個数が伸びたことによって、3 個入りの簡易パックの製造が可能となった。また、安定的に一定数の製造が見込めるようになり、仕入れた原材料を一定のサイクルで使い切ることができるようになった。

③流通経路

流通経路は、98 %が卸売である。2 %は、自社工場に来店される方や通信販売である。卸先数の変化は見られない。既に栃木県北部の主要な得意先が取り扱っていたからである。取り扱っていた商品は、「きぬの清流」の中でも売れ行きが良い商品であったが、CHOCOTTO NIKKO に登録したことによって、扱ってもらうところが大幅に増えた。登録以前は、100 社も満たない状態であったが、2023（令和 5）年 7 月では約 180 社に商品を卸している。

④プロモーション

当社のホームページ、SNS などでの情報発信を行っている。また、新商品の発売時には地元の新聞社にリリースしている。CHOCOTTO NIKKO に参画していることに関しては、プロモーション活動をしているというわけではない。しかし、地元のイベントや G7 などで取り上げられたことで、認知度は高まっている。

3．株式会社永井園

(1)　概要

株式会社永井園は、1958（昭和 33）年に日光市で創業した。当初は、お茶・海苔の小売店として開業したが、1996（平成 8）年に観光土産品事業部を設立している。2007（平成 19）年、株式会社永井園に組織変更し、2021（令和 3）年に日光市の営業所と宇都宮営業所を統合し、営業所は宇都宮が拠点となっている。

業務内容は、観光土産品の企画・卸売である。日光市内には自社店舗もあり小売業も行っている。

主要取扱品目は、大きく分けて三つある。一つ目はグッズおよび菓子の自社オリジナルブランド商品、二つ目はグッズおよび菓子のPR企画商品、三つ目はサンリオおよびご当地キャラクター商品である。

(2) CHOCOTTO NIKKO 参画の経緯と対象商品

本事業に登録した時期は2022（令和4）年9月である。参画の経緯は、日光市在住の従業員から情報を得て、日光市商工課に問い合わせを行い、参画したのである。日光市にある直営店である「さんりお屋」のPRも兼ねて登録を行ったのである。

対象商品は、「日光散歩道ガトーショコラ」と「日光散歩道ラングドシャ」である。既に発売されていたチョコレート商品を参加物品としている。本商品は、2015（平成27）年に開発をしたものである。当初、日光市の土産品にはチョコレートを使った商品が競合他社からも発売されていない状況にあった。メーカーからオリジナル商品の開発の話があり、そこから企画を進めていき商品化することとなった。社内でネーミングを決定した後、パッケージデザインを募集し、日光市のイメージと合致する昭和レトロなデザインに決めたのである。商品は、1個から販売しており、低価格で10代でも購入できる価格帯にしている。

(3) CHOCOTTO NIKKO 参画による経営展開

①販売・製造数

販売数は、発売当初から2023（令和5）年7月までの期間で約30万個である。CHOCOTTO NIKKOに参画してからの販売数の変化は、特にみられない。しかし、登録したことによって、日光市内でのイベント、スペーシアXのオープニングイベントの商品として選出されるなどの需要は増えている。

②商品設定

対象商品の「日光散歩道ガトーショコラ」は、1個入りの商品である。ホールタイプの商品もあるが、店頭での販売はしておらず、イベント時や会合でのお茶請けなどの用途で発注を受けている。また、「日光散歩道ラングドシャ」は、10個入りの箱入り商品である。

③流通経路

対象商品の流通経路は、自社店舗と卸売、通信販売である。その割合は、自社店舗が1％、卸売が80％、通信販売が1％である。得意先は、栃木県内のホテルやサービスエリア、駅など約10社ほどである。

④プロモーション

卸先での店頭、当社のSNS（FB、X〈旧ツイッター〉）で商品を取り上げている。また、2023（令和5）年6月に開催されたG7栃木県・日光男女共同参画・女性活躍担当大臣会合時に、対象商品が土産品として選出された。それを受けて、自社のSNSで積極的にPR活動を行った。

第5節　観光地のブランド戦略と今後の課題

1．観光地のブランド戦略の現況

日光市のブランド戦略の特徴は、観光客誘致から市民誘致までを視野に入れながら、地域の新たなイメージを確立していこうとする戦略である。その戦略の一つが本章で取り上げたCHOCOTTO NIKKOによるプロモーション活動である。本事業では、明治時代に外国人避暑地として発展してきた地域性を再考し、チョコレートという西洋を象徴する菓子を媒介として日光での過ごす価値を創造するマーケティング活動と捉えることができる。ここには、外国人を受け入れてきた日光という地域性あるいは外国人が訪れるようになったことにより、西洋ホテルの誕生や土産物といった観光産業が成立し、地元の中小企業の関わり合いのなかで産業が発達してきた経緯がある。地域が織りなしてきた有形の産物である「モノ」と地域ストーリーやそこでの体験などの「コト」を融合させ、日光市の自然、歴史、文化、伝統を基盤とした地域らしさに根付いた価値を訴求する仕掛けが構築され、行政主導で行われている。

一方、この事業に参画している地元企業の捉え方はさまざまである。今回の聞き取り調査では、マーケティングの視点として、商品戦略を中心に流通、プロモーションについて調査を行った。商品戦略については、各社が創意工夫を凝らして商品開発を行っていることは評価できる。しかし、必ずしも日光市がイメージしているブランド戦略に結び付いている商品であるかという点については一部の商品で疑問がある。プロモーション活動については、製造・卸業を中心とした企業という点もあるかもしれないが、積極的に行っている企業は少ない。しかし、CHOCOTTO NIKKOに参画したことによって、地元企業からの受注の増加や地元のイベント時の土産品やお茶請けとして商品提供を依頼されるなど販路拡大などにつながっている。現状では、大きな売上につながっていない部分もあるが、付加価値は高まったといえる。

2．今後の課題

日光ブランド戦略を浸透させ、観光誘致等につなげていくための課題を三つ示す。一つ目は、戦略から戦術への展開である。事業に参画する企業に対する具体的な方向性を示し、それに基づいたマネジメントを行っていくことが重要である。二つ目は、地域との関係づくりである。事業を通して、企業と観光客あるいは市民が地域というフィールドでの出会いや経験価値を高めることにより、リピーターや定住促進の効果が生まれる。三つ目は、地域活性化の視点である。事業を進めていくことにより、地域産業が潤い、継続的に観光客が訪れる好循環を構築していくことが必要である。日光ブランド戦略は始まったばかりである。短期間での事業にとどまらず継続的な活動にしていくことによって、今後、日光市が発展していくことに期待したい。

謝辞

本研究にあたり、日光市企画総務部秘書広報課シティプロモーション係、日光市観光経済部観光課、日光市商工課、株式会社金谷ホテルベーカリー、虎彦製菓株式会社、株式会社永井園の皆様に資料提供やインタービュー調査にご協力いただきました。厚く御礼申し上げます。

●注

1) 日光市ホームページ
https://www.city.nikko.lg.jp/shimin/jinkou/index.html　(2023年9月1日アクセス)
2) 政府統計の総合窓口「令和2年国勢調査」 https://www.e-stat.go.jp/stat-search/files?page=1&layout=datalist&toukei=00200521&tstat=000001136464&cycle=0&year=20200&month=24101210&tclass1=000001136467　(2023年9月1日アクセス)
3) 日光市観光経済部観光課の聞き取り調査による（2023年6月23日）。
4) 外国人内地旅行允準条例は、外国人の国内旅行に関する許可制度である。外国人旅行免除が発給され、国内旅行ができる制度である。ただし、学術研究と病気療養の場合に限られていた。国立公文書館デジタルアーカイブ
https://www.digital.archives.go.jp/das/meta/M0000000000000846328.html
(2023年9月1日アクセス)

5）手嶋（2021）。
6）同上書。
7）イタリア大使館別荘記念公園は、中禅寺湖畔に位置している。1928年から1997年まで歴代大使が別荘として使用していたものである。その後、栃木県が購入し、公園として整備をしたのである。日光自然博物館「イタリア大使館別荘記念公園」ホームページ https://www.nikko-nsm.co.jp/italy.html （2023年9月1日アクセス）
8）英国大使館別荘記念公園は、中禅寺湖畔に位置している。2010年、英国大使別荘が栃木県に寄贈し、改修工事後に英国大使館別荘記念公園として一般公開されている。日光自然博物館「英国大使館別荘記念公園」ホームページ https://www.nikko-nsm.co.jp/british.html（2023年9月1日アクセス）
9）第2次総合計画は、2016年度から2025年度までの約10年間の計画で実施されている市全体の計画である。この期間を前期と後期に分けてそれぞれ計画が実施されている。前期は、2016年度から2021年度、後期は、2022年度から2025年度である。時期に差があるのは、新型コロナウィルスの影響により、若干の調整がされているためである。日光市観光経済部観光課の聞き取り調査による（2023年6月23日）。
10）「日光市インバウンド誘客アクションプラン」は、日光市誘客戦略に基づき、インバウンドを補完するアクションプランである。インバウンド市場を分析し、日光市誘客戦略で設定した七つの取り組み（情報の一元化、宿泊率の向上、観光消費額の向上、繁閑差の平準化、競争力の強化、マーケティング力の向上、サステナブルツーリズムの推進）に基づいてインバウンドにつながる内容を整理したものである。日光市観光経済部観光課の聞き取り調査による（2023年6月23日）。
11）日光市観光経済部観光課の聞き取り調査による（2023年6月23日）。
12）「日光ブランド認定制度」は、2013年7月に食分野の認定制度が開始され、2015年2月に個別商品認定の前に「特選日光ブランド」として、「日光の名水」、「日光の湯波」、「日光のそば」、「日光の天然氷」、「日光老舗名店会」を認定している。
13）市民意識アンケート調査
https://www.city.nikko.lg.jp/hisho/gyousei/shisei/kouhou/kouchou/anke/index.html
（2023年9月1日アクセス）
14）日光市 首都圏旅行意識調査
https://www.city.nikko.lg.jp/kouryuu/documents/r1ryokouishiki.pdf
（2023年9月1日アクセス）
15）株式会社金谷ホテルベーカリーの聞き取り調査によれば、ショコラブレッドは、CHOCOTTO NIKKOの対象商品として登録されているが、消費期限が3日と短いため、各販売店舗での販売は行われていない。

【参考文献】

手嶋潤一（2021）『外国人避暑地 日光中禅寺』，随想舎。

株式会社金谷ホテルベーカリー
https://www.kanayahotelbakery.co.jp/（2023 年 9 月 1 日アクセス）
株式会社永井園ホームページ　http://nagaien.com/　(2023 年 9 月 1 日アクセス)
虎彦製菓株式会社ホームページ　https://torahiko.co.jp/　(2023 年 9 月 1 日アクセス)
日光市観光経済部観光課（2020）日光市観光振興計画に基づく観光実態調査 調査地点別クロス集計資料　令和 2 年 3 月
https://www.city.nikko.lg.jp/kouryuu/documents/2019jittaichosa2.pdf
（2020 年 9 月 1 日アクセス）

主要索引

【英字】

AI 選果場　152-154
BtoB マーケティング　76
BtoC 企業　271
CHOCOTTO NIKKO　283-290
ECOCERT　135
FSSC 22000　210
GI 制度　133-134
ITI　220
JA 出資型法人　170
OCIA　135
OEM（Original Equipment Manufacturing）
55-57, 59-60
TQC（Total Quality Control）　209

【ア行】

赤穂の塩　208
アメリカ有機食品認定機関（OCIA）　135
暗黙知　201-202
一貫生産　38, 41
イノベーション　40-41, 54, 56, 81, 84, 91, 93, 96-97, 111, 116, 181, 184, 199, 201
インダイレクトマーケティング
271-272, 274
温州みかん　143, 145, 152
エコシステム　82, 91, 93-98
大垣菓子業同盟会　226, 237
帯　208-209, 215-218

【カ行】

海響館　246, 253-254, 260
開放的流通チャネル　167
価格戦略　164-165
柿羊羹　229-230
加工紙　10-11, 14
価値訴求型商品　59-60
家庭用紙　10-11
カモンワーフ　246, 253-254
唐戸市場　246, 252-255, 260
柑橘農業
159-160, 162-164, 168, 174, 176, 178
観光客数の推移　251-252
観光交流部 下関市　261
観光地マーケティング　277
機械すき和紙　4-5, 10-11, 14-15, 19, 21
企業間連携　45, 50-53, 59
技術力　51-52, 55, 58, 71, 75-76
機能性表示食品　152, 154
共創　39, 94, 96, 99
「共」領域　82, 91
国登録有形文化財　266
グラフトマンシップ　106
グルテン　207, 210
経営の多角化　82, 84
コーシャ（Kosher）　135
顧客価値　82, 270
国際規格食品安全管理システム（FSSC 22000）
210
国際味覚審査機構（ITI）　220

コレクティブ・インパクト　92, 94, 97
コンピテンシー・トラップ　202

【サ行】

索餅　205
差別化戦略　51, 59, 136, 160
産業財　76-77
産業集積　45-46, 52, 54, 57, 59, 90-91, 259
産地間競争　160
自家消費　144, 224, 228, 230-232, 240-241
事業承継　191-192, 200, 226
老舗　133, 225, 227, 231, 235-236, 240, 273
しものせき観光キャンペーン実行委員会
　246-247, 260
下関市の観光施策 ソフト面　260
社会企業家　81, 84, 86, 93-95
社会問題解決　81-82, 84, 95
柔軟性の罠　97, 99
宿泊客数の推移　251-252
春帆楼　256-258
新規就農　159, 161, 163, 168-172, 174-178
スーパーマーケットとの取引
　150-151, 153
ストーリー性　137
棲み分け　51, 55, 59
正統性　91, 93-94
製販連携　59-60
製品戦略　165
世襲　240
全社的品質管理（TQC：Total Quality Control）
　209, 220
選択的流通チャネル　167
選択と集中　52
創造型マーケティング　113
贈答品　240

【タ行】

ターゲティング　273
ダイレクトチャネル　71
多様なラインナップ　114
知識経営　201
着地観光　259
中心市街地　3, 266
地理的表示制度（GI 制度）　133-134
デジタルマーケティングの活用　116
手すき和紙　4-5, 8, 10-13, 15, 17-21
　——の生産者　12-13
手延製麺技能士（国家資格）　220
テロワール　134
伝統工芸士　30, 33-34
伝統産業　90, 107, 116, 136, 194, 199, 201
　——の保護・振興　116
伝統的工芸品　4, 29, 33-34, 63-64, 67
等級　207, 215-216, 220
島嶼地域　162, 178
特殊紙　10-11, 15
都市ブランド　281-282
豊橋市　25-26, 28-30, 34, 38, 41
豊橋筆　27-41
　——振興協同組合　33

【ナ行】

中津市（大分県）　263-264, 266, 273
日光市　277-285, 287-291
日本遺産　69, 272
日本酒
　181-183, 186-190, 194, 197, 199-202
ネオ和菓子　224-225, 231, 235, 240
ネットワーク組織　162

農地銀行　151, 154

【ハ行】

パーパス　200-201
八丁味噌　121, 123-124, 130-137
パラダイム　201-202
播州乾麺輸出拡大協議会　220
反応型マーケティング　113
販売方法　52-55, 196
避暑地　277-278, 283, 290
品種の絞り込み　150-151, 153
物流の最適化　114-115
筆工房　34
筆産業　25, 38
筆職人　28, 33-35, 39-41
ブランド＆コンセプト戦略　113
ブランド戦略
57, 193, 278, 281-282, 284, 290-291
ブランド力　52, 106, 113, 146-148, 186
分割の誤謬　98-99
ポーター，M. E.　136
本美濃紙　4-9, 13, 18-19, 21
——の生産者　6-7
本和菓衆　235

【マ行】

マーケティング　3, 25, 34, 38, 41, 51, 57, 63, 67, 70, 76-77, 103, 107, 111, 113-117, 126-127, 135-136, 159-160, 162-165, 167, 178, 184, 198-199, 216, 220, 270-274, 277, 279, 290
マーケティングとブランディングの支援　116
マスマーケティング　271
豆味噌　121-124, 130-135, 137
水まんじゅう　226-229, 231, 233, 237-239
三ヶ日町柑橘出荷組合　147-148, 154
三ヶ日みかん　143, 146-149, 151-152
美濃和紙の里会館　17
銘柄産地　160, 163, 165, 167
毛筆　27-28

【ヤ行】

ユネスコの無形文化遺産　5, 8, 19-21
ヨーロッパ有機認証機関（ECOCERT）　135

【ラ行】

ライセンス戦略　114
ライフサイクル　38, 271
流通　3, 27, 34, 37, 40, 50, 52, 55-56, 74, 76, 84, 97, 103, 107, 111, 113-117, 125, 127, 144, 159-160, 162-164, 167, 178, 201, 216, 219-220, 253, 270-272, 285, 288-290
両利きの経営　202

【ワ行】

和菓子　223-227, 229-233, 235-241, 260

■著者紹介と執筆分担

○印　編著者

○　西田　安慶（にしだ　やすよし）　　**執筆担当：第1章、第13章**

東海学園大学名誉教授、日本企業経営学会会長、経営関連学会協議会評議員（元筆頭副理事長）、日本産業経済学会名誉会員（元会長）、米サンフランシスコ州立大学名誉博士（経営学）。

専攻：地域産業論、中小企業論、マーケティング論

著書に『現代のマーケティング戦略』（共著、三学出版、2022年）、『現代の企業経営』（共編著、三学出版、2021年）、『地域産業のイノベーションと流通戦略』（編著、千倉書房、2020年）、『地域産業の経営革新』（共編著、税務経理協会、2018年）、『地域産業の経営戦略』（共編著、税務経理協会、2016年）、『地域産業の振興と経済発展』（共編著、三学出版、2014年）、『マーケティング戦略論』（共編著、学文社、2011年）、『環境と消費者』（共著、慶應義塾大学出版会、2010年）、『新現代マーケティング論』（単著、弘文社、2006年）、『流通・マーケティング』（共著、慶應義塾大学出版会、2005年）などがある。

○　岩本　勇（いわもと　いさむ）　　**執筆担当：第2章**

豊橋創造大学経営学部教授、日本企業経営学会理事長、日本産業経済学会理事、経営関連学会協議会評議員。日本大学大学院博士（総合社会文化）。

専攻：流通論、マーケティング論、地域産業論

著書に『地域産業のイノベーションと流通戦略』（共著、千倉書房、2020年）、『地域産業の経営戦略』（共著、税務経理協会、2016年）、『地域産業の振興と経済発展』（共著、三学出版、2014年）、『データで知る流通の科学』（共著）（成山堂書店、2000年）、『現代の流通と取引』（共著、同文舘出版、2000年）、『挑戦する卸売業』（共著、日本経済新聞社、1997年）などがある。

水野　清文（みずの　きよふみ）　　**執筆担当：第3章**

愛知工業大学大学院博士後期課程。

専攻：経営管理論、人的資源管理論、経営戦略論

著書に『地域産業のイノベーションと流通戦略』（共著、千倉書房、2020年）などがある。

中嶋　嘉孝（なかしま　よしたか）　**執筆担当：第4章**

拓殖大学商学部准教授、博士（経営学）。

専攻：流通論、マーケティング論

著書に『現代のマーケティング戦略』（共著、三学出版、2022年）、『地域産業のイノベーションと流通戦略』（共著、千倉書房、2020年）、『地域産業の経営革新』（共著、税務経理協会、2018年）、『地域産業の経営戦略』（共著、税務経理協会、2016年）、『家電流通の構造変化―メーカーから家電量販店へのパワーシフト』（単著、専修大学出版局、2008年）などがある。

大驛　潤（おおえき　じゅん）　**執筆担当：第5章**

中央学院大学大学院商学研究科教授、博士（経済学）。

専攻：経営戦略、マーケティング戦略、流通システム、起業論

著書に『アントレプレナーシップの原理と展開：企業誕生プロセスに関する研究』（編著、千倉書房、2023年）、『流通政策の理路：流通システムの再編と政策展開』（単著、千倉書房、2019年）、『Japanese Marketing Channels』（単著、Tectum Verlag、2006年）、『Strategic Management Between Company and Nonprofit Organization：Marketing Channel Evolution』（単著、Cuvillier Verlag、2006年）、『社会情報学Ⅰ－システム：東京大学社会情報研究所編』（共著、東京大学出版会、1999年）などがある。

伍　翔（うー　しゃん）　**執筆担当：第6章**

愛知学院大学商学研究科博士課程満期退学、愛知学院大学非常勤講師。

専攻：国際貿易論、開発経済学、経済政策

著書に『0（ゼロ）から学ぶ仕事と会社―初学者・留学生のための超入門』（共著、中部日本教育文化会、2020年）などがある。

論文に「税関管理システム電子化による貿易の円滑化をめぐる日中比較―上海港の無人自動化を事例として―」『世界経済評論』（722号、国際貿易投資研究所、2022年）、「中国企業の海外進出による投資と政策の動向：対日投資の推移に着目して」『東亜企業経営研究』（創刊号、東アジア企業経営学会、2022年）などがある。

○　**岡本　純**（おかもと　じゅん）　**執筆担当：第7章**
名古屋学院大学商学部教授、商学部長、同大学院経済経営研究科教授。
専攻：マーケティング論、国際マーケティング論
著書に『商学総論』第2版（共著、中央経済社、2022年)、『現代経営学の本質』（共著、五絃舎、2023年)、『地球環境辞典』第4版（共著、中央経済社、2019年)、『現代日本の企業・経済・社会』第2版（共編著、学文社、2019年)、『マーケティング論』（共編著、五絃舎、2017年)、『マーケティング・オン・ビジネス―基礎からわかるマーケティングと経営』（共編著、新世社、2015年)、『ビジネス入門』（共著、三恵社、2015年)、『現代の流通論』（共編著、ナカニシヤ出版、2012年)、『現代マーケティング―その基礎と展開―』（共著、ナカニシヤ出版、2009年)、『現代企業とマネジメント』（共編著、ナカニシヤ出版、2008年）などがある。

○　**河田　賢一**（かわだ　けんいち）　**執筆担当：第8章**
常葉大学経営学部教授。
専攻：流通論
著書に『リテールマーケティング入門』（共著、白桃書房、2023年)、『地域経済と流通』（共著、五絃舎、2023年)、『現代のマーケティング戦略』（共著、三学出版、2022年)、『現代流通序説』（共著、五絃舎、2022年)、『流通と小売経営（改訂版)』（共著、創成社、2021年)、『販売管理論入門（改訂版)』（共著、学文社、2021年)、『地域産業のイノベーションと流通戦略』（共著、千倉書房、2020年)、『現代商業経営序説』（共著、五絃舎、2020年)、『現代流通変容の諸相』（共著、中央大学出版部、2019年)、『沖縄の観光・環境・情報産業の新展開』（共著、泉文堂、2015年）などがある。

宮井　浩志（みやい　ひろし）　**執筆担当：第9章**
山口大学経済学部経営学科教授、博士（農学）神戸大学。
専攻：地域企業経営論、農業市場論、フードシステム論
著書に『現代の企業経営』（共著、三学出版、2021年)、『現代の食料・農業・農村を考える』（共著、ミネルヴァ書房、2018年)、『「農」の付加価値を高める六次産業化の実践』（共著、筑波書房、2013年）などがある。
論文に「製販協働による温州みかん産地組織の再形成とマネジメントに関する一考察」『消費経済研究』（第11号、日本消費経済学会、2022年)、「企業的果樹農業経営における6次産業化の展開」『企業経営研究』（第24号、日本企業経営学会、2021年）などがある。

○ **丸山　一芳**（まるやま　かずよし）　**執筆担当：第 10 章**
京都橘大学経営学部教授、博士（知識科学、北陸先端科学技術大学院大学）、経済産業省近畿経済産業局「次代の産業クラスター政策としての『Local X Lab.』事業の発掘・磨き上げ実証事業」委員（座長）、「オープンファクトリー研究会」委員（座長）など歴任。

専攻：知識経営論、イノベーション論、起業論。

著書に、『地域産業のイノベーションと流通戦略』（共著、千倉書房、2020 年）、『地域産業の経営革新』（共著、税務経理協会、2018 年）などがある。

日向　浩幸（ひむかい　ひろゆき）　**執筆担当：第 11 章**
羽衣国際大学現代社会学部教授。

専攻：戦略論、組織論、経営学史

著書に、『現代の企業経営』（共著、三学出版、2021 年）、『新企業統治論 = CORPORATE GOVERNANCE』（共著、税務経理協会、2021 年）、『地域産業のイノベーションと流通戦略』（共著、千倉書房、2020 年）、『地域産業の経営革新』（共著、税務経理協会、2018 年）、『地域産業の経営戦略』（共著、税務経理協会、2016 年）、『地域産業の振興と経済発展』（共著、三学出版、2014 年）などがある。

村橋　剛史（むらはし　たけし）　**執筆担当：第 12 章**
朝日大学経営学部教授、日本産業経済学会会長。

専攻：会計学、経営診断論

著書に『地域産業のイノベーションと流通戦略』（共著、千倉書房、2020 年）などがある。

論文に「大学の会計教育からみた高大連携教育のあり方」『商業教育論集』（第 31 集、日本商業教育学会、2021 年）などがある。

梅田　勝利（うめだ　かつとし）　**執筆担当：第 13 章**

九州共立大学大学院経済・経営学研究科教授、日本企業経営学会常任理事、経営関連学会協議会評議員（元監事）、博士（学術）。

専攻：会計学関連、観光学関連

論文に「フリー・キャッシュフロー成長率からみた情報通信産業の動向」『企業経営研究』（第 23 号、日本企業経営学会、2020 年）、「日本と韓国の大手旅行会社の財務分析—JTB、H.I.S.、HANATOUR をとりあげて—」『東亜企業経営研究』（創刊号、東アジア企業経営学会、2022 年）、「ツアーオペレーターのビジネスモデルの動向—非上場の旅行会社 2 社の財務分析から—」『企業経営研究』（第 25 号、日本企業経営学会、2022 年）、「社会福祉連携推進法人における経営課題発見のための財務分析手法」『東亜企業経営研究』（第 2 号、東アジア企業経営学会、2023 年）などがある。

池口　功晃（いけぐち　たかあき）　**執筆担当：第 14 章**

西南女学院大学人文学部准教授、博士（経済学）。

専攻：観光経済学、観光ビジネス論、地域活性化論

論文に、「地方自治体における観光政策の現状と課題—九州各県を事例に—」『東亜企業経営研究』（第 2 号、東アジア企業経営学会、2023 年）、「地域産業構造と観光政策の視座—北九州市を事例として—」『西南女学院大学紀要』（第 27 号、西南女学院大学、2023 年）などがある。

川﨑　友加（かわさき　ゆか）　**執筆担当：第 15 章**

桜美林大学ビジネスマネジメント学群准教授。

専攻：観光文化政策論、観光経営論、地域活性化論

著書に『現代のマーケティング戦略』（共著、三学出版、2022 年）、『現代の観光を学ぶ』（共著、八千代出版、2022 年）、『地域産業のイノベーションと流通戦略』（共著、千倉書房、2020 年）などがある。

地域産業の経営革新と流通・マーケティング戦略
地域産業の振興と地域創生

2024年2月15日　初版第1刷発行

編著者　西田安慶・岡本　純・岩本　勇・
　　　　河田賢一・丸山一芳

発行者　千倉成示

発行所　株式会社　千倉書房
〒104-0031　東京都中央区京橋 3-7-1
TEL 03-3528-6901／FAX 03-3528-6905
https://www.chikura.co.jp

印刷・製本　三松堂
装丁デザイン　冨澤　崇

ISBN 978-4-8051-1298-4